当代外国行政法丛书

英美法德日
五国行政法

YING MEI FA DE RI WUGUO XINGZHENGFA

主　编　应松年

撰稿人　张　越　王锡锌　陈天昊
　　　　高家伟　朱　芒

编辑人员　曹　鎏　崔俊杰

中国政法大学出版社

2015·北京

声　明　　1. 版权所有，侵权必究。

　　　　　　2. 如有缺页、倒装问题，由出版社负责退换。

图书在版编目（ＣＩＰ）数据

英美法德日五国行政法/应松年主编. —北京：中国政法大学出版社，2015.7
ISBN 978-7-5620-6186-1

Ⅰ.①英… Ⅱ.①应… Ⅲ.①行政法－研究－英国②行政法－研究－美国③行政法－研究－法国④行政法－研究－德国⑤行政法－研究－日本 Ⅳ.①D912.104

中国版本图书馆CIP数据核字(2015)第166006号

出　版　者	中国政法大学出版社
地　　　址	北京市海淀区西土城路 25 号
邮寄地址	北京 100088 信箱 8034 分箱　邮编 100088
网　　　址	http://www.cuplpress.com（网络实名：中国政法大学出版社）
电　　　话	010-58908435(第一编辑部) 58908334(邮购部)
承　　　印	保定市中画美凯印刷有限公司
开　　　本	720mm×960mm　1/16
印　　　张	19.75
字　　　数	355 千字
版　　　次	2015 年 7 月第 1 版
印　　　次	2015 年 7 月第 1 次印刷
印　　　数	1～3000 册
定　　　价	43.00 元

编写说明

　　《四国行政法》出版已经10年，我在出版时曾写了一个简短的说明——原来是想编五国行政法的，即英、美、法、德、日，但由于"法国行政法要论尚需时日，为供急需，先印四国行政法要论，待日后再收法国行政法补上"。没想到一等就是10年，现在总算收到法国行政法了。乘此机会，也请原四国行政法作者对原著作了不同程度的修改，集为《英美法德日五国行政法》出版，了却了我的一桩心愿。在《四国行政法》出版时，我曾因未收法国行政法而向读者致歉。现在虽已收录，但又因时隔10年而应再次致歉，欢迎读者对本书提出意见。

　　本书作者分工如下：

　　张　越：英国行政法；

　　王锡锌：美国行政法；

　　陈天昊：法国行政法；

　　高家伟：德国行政法；

　　朱　芒：日本行政法。

应松年

2015年于世纪城春荫园

编辑缘起

——当代外国行政法丛书序

对外国行政法的介绍和学习，是中国现代行政法得以迅速发展的重要因素之一，这是理论和实务界的共识。20 世纪 80 年代以来，王名扬教授（以下简称"王老"）的三部巨著《英国行政法》、《法国行政法》和《美国行政法》相继出版。20 年来，其在拓展中国行政法学者的视野，推进我国行政法理论研究，乃至从中获得借鉴、促进我国行政法制的发展和完善方面，都起着重要的作用。可以说，目前正在从事行政法理论研究和实务工作的人，都从中获益。正是有鉴于介绍外国行政法的重要，近年来我产生了新编一套丛书分别介绍若干主要国家行政法的想法：

首先，行政法的特点是它的不断地迅速前进，王老介绍的这三个国家的行政法律制度和与之相适应的理论研究的情况，都已经发生了很大的变化，这是时代变迁的结果。为了使广大读者能够了解这些国家新近的制度和理论，掌握这些国家行政法的新的时代精神和发展趋势，有必要组织编写一套新的介绍、阐述、评述外国行政法的丛书。除了英、美、法行政法外，还应增加其他一些主要国家的行政法，如德、日等国。

其次，目前坊间有关外国行政法的著作也时有所见，但多数都是翻译本。翻译专著当然是需要的，我还希望此类译著能出得更多、质量也更好。但对一般读者而言，王老三部著作的成功经验是值得借鉴的。用中国人的眼光、思维模式和语言习惯，根据中国人的需要，综合众多资料和专著来撰写、介绍，由中国人写给中国人看，将更易于为广大读者所接受。并且，其容量、辐射面也会更大。当然，这无疑要求作者必须精通该国语言，掌握大量最新的第一手资料，既要翔实可靠，又要易解易懂。这样的要求自然是更高更严，但可以肯定的是，其作用和影响也会更大。好在我国行政法学界精通外语兼有很好理论修养的年轻学者不少，我已约请了几位有出国深造经历的青年学者分工撰写。

这套丛书工程已经启动，各部著作将陆续出版。感谢中国政法大学出版社支持这套丛书的出版，感谢他们为推进中国行政法学发展所作的努力。

　　这是我去年就"当代外国行政法丛书"所写的序言，这套丛书除张越的《英国行政法》已经出版外，其他各国的还在编写中。与此同时，我又约请各位作者再写一本"要论"，供急需者阅读，现在已经收到英、美、德、日四国的行政法要论，估计法国行政法要论尚需时日。为供"急需"，先印四国行政法要论，待日后再收法国行政法补上，对此我深以为憾，也是应向读者致歉的。

应松年

2005 年 5 月

于北京为公桥畔

目 录
C O N T E N T S

美国行政法

法国行政法

日 本 行 政 法

英国行政法

【提　要】

"周虽旧邦，其命维新"，孔老夫子的这句名言竟能用于英国，恐怕只有对英国行政法了解了之后才会感悟。英国行政法近年来正经历一场历史性变革；欧盟法的引入触发了对传统的议会立法权至上原则的精神冲击，作为欧洲人权公约本土化桥梁的人权法的通过，则进一步激起了人们对英国传统权利观念、民权体系及权利保障体制重构的期待，而地方权力下放使英国处在了从单一制向联邦制宪法性转型的前夜，上议院的改革则为这个英国最古老的机构的现代化打开了棚门。随着古老的上议院司法委员会脱胎为英国最高法院并于 2009 年正式运作，高举司法改革大旗的英国依然行走在世界改革维新、变法图强国家的前列。这些都是王老第一次将英国行政法介绍到中国时所没有提到的，如今却是英国行政法最热门的话题。

除了这些英国本土作者趋之若鹜、如数家珍的进展外，本书对英国法治精神实质的阐发也投放了极重的笔墨，法治、议会立法权至上、分权这三大宪法、行政法共通的基本原则固然是介绍的重点，部长责任制、自然公正、越权无效三原则也分别作为行政组织法、行政行为法和行政监督法的基本原则有所交待。

以这些原则为主线，本书对行政法基本制度的介绍虽略显局促，但也包括了中国行政法学者比较关心的主要内容，如行政组织中的执行机构、公法人，行政行为中的开放政府与信息公开、行政立法、行政救助、契约政府与行政合同，行政救济中的行政裁判、行政复议，行政诉讼中的令状体系、审理标准等。最后值得向读者推荐的是有关司法体制保障的内容，这是英国法治的外壳、骨架、精髓和魂，如果说中英行政法有何本质差距的话，那恐怕就在于英国有一个独立的司法界。

第一章

行政法的宪法基础

英国是法治（the rule of law）的祖国，行政法是法治国的治国之法，了解和研究英国行政法，必需首先从英国法治的基础说起。本章的重点，旨在提示作为英国的法治根基的宪政结构。

一、行政法的概念

关于行政法定义，英国也同中国一样，有多少本书，至少就有多少种行政法的定义。甚至连韦德爵士这样的大家，也不敢给行政法下一个惟一的定义，而是从不同的角度对行政法的某一方面的特点予以强调。以下便是英国学者对行政法所下的几种定义：

1. 控权说：控制政府权力的法。

2. 规范说：规范行政权力与职责的法。

3. 对象说：Sir Ivor Jennings 认为，行政法就是确定行政当局的组织、权力及义务的法律。

4. 公共行政说：关于公共行政的法。

二、行政法与宪法密不可分

一般英国法学者认为，宪法是关于国家的政府体系的具体规则。行政法是涉及各种执行公共政策的政府机构的组织、程序、权力、职责、权利及义务的公法规范。根据这一宽泛的定义，行政法一方面涉及宪法方面的基本原理和制度，另一方面又包括在成文法或者部门规章中对提供社会服务的行为进行规制、对经济活动（如金融服务）实行规制以及诸如环境保护等方面的具体规则。因此，在宪法与行政法之间没有明确的界限。

宪法与行政是两门紧密联系又严重重叠的学科。例如，法治原则就是一个贯彻于两者始终的基本观念。虽然韦德爵士在其著作中反复强调二者的不同之处，但在韦德爵士的《行政法》这样一本讨论行政法问题的专著中，开篇即提到了宪法基础的问题，这在很大程度上验证了这样一个事实，即在英国，宪法性问题是一个普遍的法律基础问题；同时也暗示着，宪法与行政法之间存在着密切的关系。

更有学者认为，直到不久以前英国才形成行政法体系，而且直到现在也没有行政法院体系。英国的行政法是从英国的宪法中有选择地挑选出来的。也就没有必要在二者之间划一条明确的界线。由于在英国，行政法与宪法往往是在一本书中介绍的，如果不看原著似乎确实看不出什么区别，但原著中专设的行政法一篇，又确实说明不了什么问题。因为行政法部分所介绍的内容显然过于专门化了，将其理解为英国行政法的全部是无论如何也说不过去的。

行政法的宪法基础包括以下内容：中央政府的结构、部长对议会的责任、运用公共机构对公用事业及其他服务的规制、公共权力对个人权利与自由的干预等。议会的立法权至上的原则与行政法的相关性在于，除了与欧共体法相冲突的情况外，任何法院不得认定某一由议会的法律创设的机构的权力是非法的或者无效的。无论法院在监督行政行为方面的角色是否直接建立在议会至上的基础之上，毫无疑问的是，议会可以如其在1998年的人权法中所作的那样，调整法院在解释制定方面所持的立场和方法，并扩充法院在监督公共当局的行为及决定方面的权力。因为在英国，议会和法院以及国王及其大臣所在的部门，都是普通法所确立的机构，而不是制定法所设立的机构，因此才有法院的权力或者角色是否基于议会至上理论基础的问题。而基于这一理论基础的意思就是由议会依法确立。

在英国，宪法与行政法的密切关系突出地表现为，宪制上的任何改革都会在行政法领域或者说必须在行政法领域得到具体的落实。例如，2003年6月，英国政府宣布实施一项宏大的司法体制改革计划，这项本属于宪制改革的计划的结果是，成立了替代原来的大法官部的宪法事务部，以负责所有司法机关的行政管理事务。作为英国宪制改革的进一步成果，2007年6月，英国政府新的司法部成立，取代了刚设立不久的宪政事务部。这些宪制改革的内容，无一不是行政法必须研究的重点。

三、行政法的宪政基础

20世纪末的通说认为，英国是一个实行议会民主、不严格三权分立的君主立宪制国家。21世纪以来的英国宪政改革，已动摇了这种说法。

英国的政治体制在形式上是君主制，但这是一种有限的或者说"立宪"的君主制：以法律的形式授予英王的政府权力，在实践中必须依据法律、习惯及宪法传统行使，或者是由英王在其大臣的建议下行使，或者是由大臣以英王的名义行使。因此，在英国行政法中反复提到的所谓英王特权，其实只是现代行政权的一种渊源及表现形式，与英王本人已经没有什么关系了。英国宪政体制的主要组成机构是英王、议会、中央政府、地方政府和各级法院。这几个部分的大致关系是：

英王是虚位君主，统而不治，但英国所有的政治、法律事务都在名义上与之相关或径用其名义，如每届议会开幕时英王到议会大厦的上议院部分发表讲话，所有法律必须由英王签署后才能生效，首相、内阁成员及其他部长都以英王名义任命并称英王的大臣，各级法官都以英王名义任命等。当然，除到议会讲话外，其他均是形式，真正做主的是向英王提议的人，几百年来英王还从来没有对此等建议发表过不同意见。

中央政府由平民院多数党领袖担任的首相领导，首相提名、英王任命的内阁是主要的决策机构，其决策结果由中央政府各部门执行。内阁成员及部长均为议会两院之一的成员，他们也是其所在部门名义上、政治上、非专业的领导，具体事务由同为议员的政务次长辅佐，政务次长又由各部的常务次长辅佐，常务次长及所有部内其他工作人员属于公务员，不随内阁共进退。

要想透彻地了解英国的行政体制，就不可能回避英国的议会体制，因为英国是一个议会制的国家，政府与议会之间内在的千丝万缕的联系要比表面上所展现的还要密切。英国目前仍是世界上最典型的议会民主制国家，有关英国议会制度的内容是理解英国式议会民主制的基础、议会至上原则的含义等的素材。没有这些素材铺垫，则对议会主权、中央政府、委任立法甚至法院体系、法官体制等行政法关键内容的理解，难免会产生基础信息不真实、不准确、不对称所造成的理解上的偏差。

英国的议会是三位一体的复合立法机关，平民院（下议院）由普选产生，掌握议会实权，所有重要的法律议案均由平民院倡议；元老院由贵族出任，主要是终身贵族，世袭贵族比例已很少，元老院对立法议案仅能作文字调整；元老院过去最主要的职能是英国的最高上诉法院，但随着最高法院的成立，这一点已经彻底改变。

2005 年，布莱尔领导的工党政府在英宪体制的内在张力（主要是指上议院不应集立法权及司法权于一身）及欧盟法（司法人员同时拥有立法或行政权力，司法审判潜在不公平因素违反《欧洲人权公约》的规定）的压力下，着手实施以司法改革为主要内容的宪政改革：一是调整大法官身份及职能，使之脱离行政和立法；二是将最高司法权从上议院剥离，转交给新成立的独立的最高法院。这些改革弱化了英国传统上行政、立法及司法三权的混合色彩，强化了司法独立原则，标志着英国向"分权与制衡"的现代西方国家通行的政治体制迈出了新的一步。

2009 年 10 月 1 日开始运行的英国最高法院（Supreme Court of the United Kingdom）系依据《2005 年宪制改革法》第三章设立的，是英格兰、威尔士及北爱尔兰 3 个司法管辖地区的最高上诉法院，并拥有对相关法律事务的终审权；审理由《1998 年苏格兰法案》、《1998 年北爱尔兰法案》及《2006 年威尔士政府法案》界定的有关"权力下放事务"（Devolution Issues）的案件；审理对海外 33 个国家和地区拥有海外司法管辖权的案件以及就涉及欧盟法律的案件向欧盟法院提出预先裁决的申请；但对苏格兰的法律事务只享有有限管辖权，如无权审理苏格兰的刑事案件，但有权审理来自苏格兰高等民事法院（Court of Session）的上诉案件。2014 司法年度（2013 年 4 月 1 日～2014 年 3 月 31 日），英国最高法院实际开庭 127 天，共审理 120 个案件，对 115 个案件作出了判决。

英国最高法院的行政管理事务由专门机构负责，下设司法行政局和机构服务局。司法行政局负责审判和审判管理工作的正常运转，机构服务局主管人事、财政、图书馆、公共关系、网络系统、提供公众服务等事务。根据该院 2014 司法年度报告，该院该年度司法行政工作的重点是，推进司法公开、建设现代服务型法院以及信息技术在审判工作中的运用。

英国最高法院的前身是上议院司法委员会。该委员会由 12 位同时拥有上院议员身份的常任上诉法官（Lord of Appeal in Ordinary）组成。最高法院 2009 年 10 月 1 日正式成立时，12 位法官中有 10 位就是由原来的上议院常任上诉法官出任的。

最高法院大法官的遴选程序由《2005 年英国宪制改革法》确立：最高法院一旦出缺，将设立遴选委员会负责遴选工作。遴选委员会由最高法院正、副院长和英格兰及威尔士法官遴选委员会、苏格兰法官遴选委员会及北爱尔兰法官遴选委员会各派 1 名委员组成；最高法院大法官候选人必须具有至少 2 年法官或者至少 15 年执业律师经验。遴选委员会最终提名的大法官人选由司法大臣送交首相审核，由首相送呈英国女王正式任命。

2013 年的《犯罪和法院法》取消了最高法院大法官 12 人的人数限定；同时对遴选委员会成员的多元化作出专门规定：确定大法官遴选委员会成员时，若存在同等条件的两名候选人，选择标准应该有利于形成大法官遴选委员会成员的多元化，最高法院副院长不再是大法官遴选委员会的成员，最高法院院长有权提名一位法官担任大法官遴选委员会成员，但是这位法官不能是来自最高法院的大法官。

四、行政法的司法基石

英国司法体制的内容涉及英国的法院组织结构、英国法官及司法界的概况、司法的法律解释权及其应用、蔑视法庭罪的本质及其适用，最后归结到司法独立，在英国则是法官或者司法界独立。从宪法行政法角度研究英国的司法体制，主要涉及三个方面的问题：①法官的任命方式以及为保障法官独立而设计的制度保障措施，以及那些可能危及法官独立、需要克服或避免的体制阻碍；②确保诉讼当事人获得公平听审的权利的举措，以及主要通过蔑视法庭方面的法律规范建立起来的获得公平听审的权利与自由表达的权利之间的平衡；③行政部门在实现公正方面的角色，主要是大法官的角色，以及对于违反公正的行为进行追诉的程序。

英国司法体制对于英国行政法的关键作用，在于其独立性。因为在任何现代国家中，司法独立首先是司法相对于行政的独立。司法独立对于英国行政法的意义，就是法国的行政法院之于法国行政法的意义。没有英国司法界的独立，就没有英国的行政法，几乎可以说就没有英国的宪法，甚至可以说没有英国的法治。但在英国法中，司法独立是一个非常普通的观念，正如每个人、每个民族、每个国家必须独立自主一样普通，没有任何神圣、神鬼的光环，更没有人限制别人讨论这个问题。

英国的司法独立就是法官的独立，英国法官的独立是历史性的独立，司法独立的保障在于法官无牵挂。英国学者特别强调，司法独立因 1998 年的人权法而得以再度复兴，因为《欧洲人权公约》第 6 条要求保证当事人能够获得由一个"独立且不偏不倚裁判者"予以公正、公开听审的权利。英国司法独立的核心是法官应当独立于什么。

（一）法官职能的独立——混业禁止

英国学者讨论司法独立时首先要问的一个问题是，同样的一群人是否同时构成了司法与行政的一部分。从原则上讲，英国是禁止政府不同职能部门之间的兼业的，例如，所有的专职法官都不得竞选下议院议员。

（二）法官独立于行政

司法界之独立于行政，在英国被视为司法独立最重要的组成部分。因为部长们所构成的实体或者说政府，已经在实际上扮演了早先君主的角色，因此现代意义上的法官独立最重要的一点在于，他们的司法活动应当不受行政方面的控制或者影响。

进而言之，就法官独立的一般意义而言，法官还应当独立于政府及政治的压力以外。由于司法的一个主要职能就是保护公民免于行政机构及其官员的非法行政行为的侵害，在依据行政法审理案件时，法官们必须对英国独特的分权原则有足够的把握。

（三）法官独立于议会

法官们秉有适用并解释议会制定的法律的义务；议会则可以改变法院判决的效力，在必要时甚至可以溯及既往。从这个意义上说，法院是从属于议会的，但是法院只受"议会的法律"的拘束，而不受议会的决定的影响，因为议会的有些决定可能是没有法律效力的。1972年的欧共体法提供了一个立法可以凌驾于司法的绝好例证，因为议会的立法直接规定了法院的义务。该法第3条规定，英国的法院应当遵循欧洲法院的有关欧共体法的判例并负责将欧共体法全面适用于英国。这一义务要求法院拒绝适用与欧共体法规定的权利相冲突的"议会的法律"，这反而又限制了议会的权力。

在英国，议会不干预司法的界限在于，议会避免干预正在进行的审判活动，不过问法院对具体案件的判决是议会的习惯之一，这种具有宪法意义的议会习惯既是英国法自身的重要组织部分，而且也在几百年来得到了议会自己很好的遵循。当然，议会在法院作出判决之后，通过修改法律的形式实施对整个法律体系或者司法体制的改革，应另当别论。但因其范围限于事后，因此对于案件本身的公正性就没有根本的影响。而立法与司法的互动，正是法律演化不可分割的动力所在。而且，这也不是说议会可以在司法判决之后再通过一个法律否定已经作出的判决。禁止通过溯及既往的法律的基本立法原则，阻止了议会的这种企图。加之司法的许多最重要的判决都是由作为最高上诉法院的上议院作出的，上议院同时又是议会一院的双重身份也为议会对重要的司法判决说三道四设置了人情上的障碍。除此之外，法官的薪水是由统一基金列支的。这个基金是无需议会每年表决通过的。

司法最终原则属于下议院创设的自律原则，旨在避免议会影响公正的实现或者给人这样的印象。该原则并不影响议会的立法权力，1965年的战争赔偿法就是在针对政府的诉讼进行期间溯及既往地改变了此前的法院判决。而按照议会至上的原则，议会立法的这一改变将迫使法院不得不适用新的法律，从形式上看，这当然属于溯及既往的法律，但却不是不能容忍的，因为这并未给诉讼当事人以更不利的待遇。从旧兼从轻原则中的从轻，也属于这种情形。

（四）法官独立于其法院

在英国，至少在名义上，法院是国王的法院，但是司法职能是由法官来行使的。司法判决不是由法院作出的，而是由法官们作出的。国王即便从形式上掌控着法院，但却确实对法官们没有什么控制力。行政及立法也是如此。法官个人是独立于各种国家权力机构的，法院也无非是他们的办公或者聚会的场所而已。

（五）法官独立于上级法院

在英国，法官在判决作出过程中的独立性表现在，法官仅对上诉审法院的法官负责。下级法院的法官对于上诉审法院的法官而言，既不受上级法官的任命，也不会因判决被撤销而承担任何明确的法律责任。惟一值得一提的就是，从长远的晋升角度讲，下级法院的法官在判决中所表现出来的水平，可能是上级法院的法官在非正式的"秘密寻访"晋升程序中发表个人意见的依据。从这个意义上讲，下级法院的法官可能会考虑迎合上级法院法官的意趣。但从另一方面看，迎合个别法官的意义几乎是微乎其微的，因为上级法院的法官很多，而且是随机组成合议庭审理案件，下级法官根本无法掌握自己的案件在上诉时会落在哪几个法官的手中，更无从知道这些法官究竟在合议而成的判决中处于少数还是多数。加之下级法官必须遵循上级法院的先例，即所有上级法官的判决都必须遵循。在这种情况下，他们惟一能够做到的，与其说是揣摩某几个法官的心思，不如说只能用心去领会法律的命令，即发现其所判决的案件中应当适用的法律。而这一过程从根本上保障了法官只依法律而不受其他影响力的干预的独立性。

（六）法官独立于当事人

法官应当独立于政府，但同时也要独立于案件的当事人。相对于法官独立于政府而言，独立于当事人是司法独立更重要的方面，尤其是在法治的初级阶段。因为很难想象某一影响司法独立的干预不是直接或者间接地来自于案件某一方当事人的。从这个意义上说，凡是有可能影响到案件公正裁判的干预，都属于影响司法独立的因素或者说涉及司法独立的范畴。而行政对于司法职业的任命、立法对于司法活动依据的定夺等，在英国可能都没有纳入干预司法独立的范畴。

（七）法官独立于物质利益

在英国法中，作为一个司法独立方面的议题，他们极少从法官独立于物质利益的角度着手。但从比较法的角度，英国法所有关于法官保障的内容，都可以视为促使法官独立于物质利益的根本举措。当然，法官独立于物质利益绝不是先使法官成为无产者，再对其进行无产光荣的教育。相反，英国首先是从有产者中选拔成功者，再给予优厚的待遇。但这都不是最重要的，最重要的是要保证法官在其作出任何决定的过程中，其与案件本身没有任何物质上的利害关系，这是法官独立于物质利益的最根本的内容。由于有了对法官的任期、离职程序、退休年龄及薪金的成文法的限定，英国法官的职位是相当稳固的，这是法官独立亦即司法独立的基础。

第二章

行政法的基本原则

都说英国是一个典型的不成文法的国家，其宪法是柔性宪法，对此笔者感触最深的是其宪法、行政法的基本原则在其法治运作中的作用。几乎可以这样说，在英国没有什么成文法、判例法，因为无论其中蕴涵的具体规则是什么，都是可以变的，而且不论是通过立法程序隆重地改变，还是通过审判程序庄严地改变，都不是十分困难。相对而言，唯一亘久不变的，就是其宪法、行政法的基本原则，说英国人、英国法官讲法治，其实是说他们讲原则，强调法的基本原则的持久不变、不可动摇的信仰级待遇。当然，对原则的这种强调是建立在这些原则是法律原则，对原则的具体适用只能在法内、经过法律程序的运作才能实现的基础上的，与许多人习惯或者期望的在法外、党内按照组织原则解决一切问题尤其是重大问题的做法，有常人比较容易发现的差别。

行政法的基本原则的数量可观，如何将英国数十本资料中对行政法基本原则的分类归纳为我们可以接受的内容，而又不失其英国风味，具有相当的挑战性。一方面，类似遵循先例这样的原则，显然属于英国法的基本原则，而不是宪法或者行政法的基本原则。另一方面，诸如自然公正原则也应当作为行政法的一个原则，当然应当归入比较一般的、具体的原则，或者说仅适用于程序性审查或者司法审查的原则。由于英国行政法与宪法的区分不明显，尤其是在基础理论方面，行政法的基本原则与宪法的基本原则是互通的。大致来说，英国行政法教材中提到的行政法的基本原则主要有以下几个：议会至上原则、法治原则、分权原则，这是宪法与行政法共通的原则；部长责任制原则、自然公正原则和越权无效原则，这是比较具有行政法特色的行政法的原则。

英国法是一个相当发达的法律体系，行政法尽管是其中的年轻后生，但其完备程度是建立在英国法、英国宪法的雄厚基础之上的。这一点最突出的体现是，在英国行政法中，无论是理论研究还是实际操作，对于基本原则都是不遗余力地重视，由此形成的学术成果和判例，成为英国行政法的一个非常重要的组成部分。特别是就英国行政法学研究而言，英国学者显然已经超过了对现行制定法及判例进行注释说明的阶段，而更重视对现当代英国法的进展的研究，而这主要就体现在对行政法基本原则方面的最新判例的关注上。

有鉴于此，本书也准备投入同样的笔墨对行政法的基本原则予以介绍，而且笔者认为这是我们理解英国法的条文及判例的门径。为了方便起见（主要是避免章节规模的严重失衡），本书将行政法的基本原则分为两个层次介绍：一是行政法基本原则中具有宪法重要性的原则，同时也是统辖行政法各个组成部分的全局性的原则，即行政法与宪法互通的基本原则，如分权原则，法治原则、议会至上原则；二是行政法某一部分的重要原则，如英国司法体制中至关重要的司法独立原则、行政组织法中的部长负责制原则、行政行为法中的自然公正原则、行政救济法中的越权无效原则等。对于前一类原则，在本章中讨论，对于后一类原则，则在相应的具体章节中讨论。

第一节　议会立法至上原则

议会至上原则在英国行政法中有两种表述，比较正统的学者用议会主权，最著名的当属戴西。虽然也可以译为议会至上，但比较勉强。而在现当代的英国同类著作中，则只有议会至上原则。在中文中争论英国的这一原则的准确译法是没有意义的，因为我们的争议的对象本身就不是原文的全部，而且英国学者本身对此也没有一个统一的称谓。笔者姑且将上述两位英国学者的说法合而为一，将该原则在原文中全称拟制为：联合王国议会立法至上的法律原则［the legal doctrine of the legislative supremacy（有时也用 sovereignty）of the United Kingdom Parliament］。从这一全称不难看出，既可以将该原则简称为议会至上原则，也可以将其简称为立法至上原则，还可以简称为议会立法至上原则。因此，就本书而言，无论在行文中使用的是议会至上原则、立法至上原则还是议会立法至上原则，它们都是指联合王国议会立法至上的法律原则。

一、议会立法至上原则的内涵

虽然英国学者告诫我们，不能武断地说，议会立法至上原则将继续以英国宪法的首要原则的形式存在。但这等于反过来说，该原则迄今仍然是英国宪法中的首要原则。英国宪法的最重要的特征是联合王国的议会的立法权至上原则。该原则的肯定方面的意思是指，议会可以合法地通过任何类型、任何内容的法律；其否定方面的意思则是，任何个人或者机构都没有与之竞争或者凌驾于其上的立法权。或许可以这样说，这是英国宪法中惟一的基本法律，也是英国议会本身不能修改的惟一原则。

英国议会的立法权至上原则，是一个法律原则，同时，也是一个政治历史发展的结果，该原则最终还是建立在人民及法院的普遍认可的基础之上的。因此，该原则既是一个法律原则，又是一个政治原则。从这个意义上讲，只要不斩断议会与民众之间联系的纽带，议会至上原则与作为一个政治原则的人民主权原则就没有太多的区别。

议会立法至上原则的本义是，议会（即英王、上议院及从议院所组成的整体）能够通过涉及任何议题、影响任何人的法律，并且没有任何议会不得按照普通立法程序予以修订或者废止的基本法。如此界定的立法至上原则是一个法律概念。事实上，这一原则被称作是英国宪法的基本法之一，因为其特异之处在于，它是不能由普通的制定法所改变的。这里确实有一点矛盾，但其合理之处在于，议会确实不能修改这一法律，也就是不得自剪羽翼。但除此之外都可以。当然，似乎看不出有足够的动力促使议会放弃这一至上的地位，因为这样做的效果与劝说或者迫使人民放弃主权是同价效的。

议会至上是英国宪政的一个有着持续而强有力的影响的突出的特征。特别是，该原则始终威胁着法院的地位，也自然地促使法官们在把持其对行政的态度时倾向于采取谨慎的态度，因为议会是完全处在行政的有效控制之下的。这又是英国的议会民主的现实所造成的一个自然的结果。将议会民主制与此处的议会至上两个原则结合起来便是，尽管从理论上讲，英国存在着可以称之为议会至上的宪法性原则，但是在实际操作中，由于政府是由议会多数党把持的，政府的所有决策同时也就是议会多数党的决策；反过来则是，政府想要采取的决策在正常情况下也总是可以转化为议会的决策、取得议会的支持或者在议会不表示异议的情况下视为得到议会的默许而可以畅行无阻。从这个意义上说，议会从表面上看是完全受政府的有效控制的。但是，我们必须看到，这种有效控制的前提完全是建立在政府是由议会中处于有效多数的政党组成的，否则，如果某党在某届议会中处于少数，靠与其他党团的联合而建立起一届政府，在这种情况下，政府政策的推行就将随时面临议会的挑战，甚至在议会不置可否时会受到公众的怀疑。此时，就不能说政府能够有效地控制议会。在相反的情况下，议会对于政府的决定性影响力则充分地表现出来了。此时，也正是议会至上原则发挥其决定性作用的时候。可见，我们对议会至上原则的理解必须从表面深入到英国宪政体制的历史层面上去。也就是说，尽管从表面上看，英国在近现代的绝大多数时期，都是政府有效地控制着议会，但是，必须看到的是，这些时期同时也是政府所属的党处于议会中的压倒性多数党地位的时期。在这个时期，议会至上原则并不是不发生作用，而是说该原则隐藏于英国当时的宪政事实的背后，只要没有人敢于挑战这一原则，这个原则就会在每届政府及每届议会选举中浮出水面，使每一个执政党及在任政府明确：没有议会的多数党地位，就面临下野的局面，更遑论对议会的控制了。

当然，也许有人会说，所谓的议会至上的原则事实上在英国已经不存在，因为每届政府都能够实际上有效地控制议会，因此应当改称为政府至上或者行政至上。笔者认为，这种观点显然只注重表面现象而不分析其内在原因。举一个最简单的例子，我们对价值规律的认识就不能停留在价格在绝大多数情况下与价值不相符的表面现象的层面上，甚至是在现代经济理论中对于价值发现的重新认识也不应当改变我们对于基础性的价值规律的信仰。因为价值发现模式、形成方式以及构成要素的转变都是单就价值本身这一一元要素而言的，无论价值在新的经济理论中应当如何估定，作为反映其与价格二元关系的价值规律本身并不受其自身变化的影响。同样道理，尽管议会至上原则在英国的表现主要是潜在的、事后的及威慑性的，但这正是规律或者本质原则的特有属性的表现，否则就与表面的现象没有根本的区别了。

议会至上原则固然主要地是一个宪法性原则，但是在行政法领域中对其加以研究的必要性却是不容低估的。英国不成文宪法造成的宪法与行政法的界限不清固然是一个学术研究方法上的重要原因，但更重要的原因还在于，英国的议会民主制的现实使得议会与政府之间存在着几近于议行合一的表象和实际运作形态。既然行政法是研究行政权的控制及救济的，那么，对于作为最高层级的行政权的中央政府的权力的控制就不应当游离于行政法的视野之外，在英国这样一个相对而言地方权力因地方自治而分散弱化、中央政府权力实际上相对较强的国家中，尤其要注意对中央政府行政权的研究。因是之故，在行政法领域中，对于议会至上原则的研究遂提升到如何界定及约束中央政府行政权的高度上。进而言之，由于议会与政府的这种杂糅的关系，议会立法与中央政府立法之间的关系也是很难在实质上区分清楚的，政府可能很轻易地假道议会通过立法而实施对其政策的推行至为重要的法律，同时绕过法院的司法审查。这种可能性是现实的，但是在英国，实际的运行状况肯定不可能是这样的，否则就谈不上法院对于政府行为的控制，也就没有什么控制行政权的行政法了。因此，本书下面的部分，将会重点介绍议会至上原则的实际运行状态，读者要注意发现其中对于解决上述疑惑有帮助的内容。

除了上述宪法方面的价值以外，议会至上原则也是在行政法领域中居于显著地位的越权无效原则的理论基础。此处提到的议会至上原则与越权无效原则的关系问题，也是一个很值得研究的问题。二者的关系应当是，正是由于议会至上原则的存在，使得法院对于行政的监督必须与议会通过的法律保护一致，在这种情况下，对执行法律的行政当局的行为提出质疑的惟一的正当理由，就是该行为超越了议会立法中明确授予其行使的权力的范围，该行为遂因没有法律上的存在依据而经司法审查予以撤销或者宣告无效。由此是否可以得出这样的结论：正是由于议会至上原则的存在，政府的所有行为在法律上的正当性的渊源才全系于议会，没有或者超越了议会直接或者间接的授权，一切行为均没有法定存在的理由，而应当归于无效。这不正是越权无效原则的一种表述吗？

二、对议会至上原则的限制

议会至上原则实际上确立了议会凌驾于国内所有其他国家机构之上的地位，这显然有悖于现代分权理论的制度设计构想。尤其是目前，对立法的控制权已经有效地转移到了政府手中。由于现行的政党体制，议会的独立控制已经日益削弱；同时，各个领域都要求议会通过更多的法律，但这已经超过了它可以仔细审查的实际能力。事实上，议会至上原则的适用有诸多的限制，如对其适用范围的限制、法院特别是作为国内最高上诉法院同时又是议会相对弱势的一院的上议院对于议会立法的解释权的存在等。对议会至上原则的限制主要有：①选举制度的控制；②议会至上原则的适用范围；③自然法观念的限制；④议会不能束缚继任者原则的限制；⑤立法不得溯及既往原则的限制；⑥司法审查的限制；⑦欧洲法的限制；⑧国际法的限制；⑨议会的自我限制。

理论上，议会至上原则是指由英格兰、苏格兰、威尔士、北爱尔兰组成的联合王国议会至上。但实践中除英格兰外，苏格兰、威尔士、北爱尔兰都有自己的议会，并拥有相当的自主权，甚至有举行全民公投以决定脱离英国的权力，其极致表现，就是苏格兰脱离英国的公投。

2013 年 3 月 21 日，英国政府苏格兰首席部长萨蒙德在苏格兰议会宣布，苏格兰将于 2014 年 9 月 18 日举行独立公投，以决定苏格兰是否脱离英国独立。2014 年 9 月 19 日，苏格兰独立公投计票结果公布，55.8% 共 1 877 252 名选民对独立说"不"。

第二节　法治原则

英国学者对于法治原则的诠释与其他原则截然不同。对于其他原则，英国学者基本上都有大体一致的意见，至少有共同的倾向，可以将各家之言综合为我们可以理解的前后一致的体系；而对于法治原则，则是各有各的体系，很难统一在一个体系中阐述。基于此，本节对于法治原则的介绍主要介绍三位较有影响的学者的观点，在此基础上兼及其余。

一、戴西对法律的治理原则的理解

英国宪法是建立在法律的治理原则基础之上的。对此最经典的诠释来自戴西的《宪法》之第四章。1885 年，A. V. 戴西在牛津所作的题为《宪法学研究导言》的演讲第一次正式出版了。戴西的目的是要向学生们介绍两三个宪法的纲领性原则，其中最重要的就是法律的治理原则。戴西给出了法律的治理原则的三重含义：首先，是要确立普通法的绝对权威或优势，反对专断权力的影响。其次，法律的治理原则意味着法律面前的平等，或者说在这个国家，所有阶层的人都应当平等地接受普通法院所适用的普通法的拘束。最后，法律的治理原则还意味着那些在其他国家当然地成为宪法典的一个组成部分的基本原则，在英国的宪法中恰恰不是个人权利之源，而是由法院予以确认并强制实施的个人权利的必然结果。

二、当代英国学者对法治的理解

在当代行政法学者看来，戴西提出的法律的治理原则的这三层意思，产生了相当多的问题。例如，戴西所说的"普通法"是指什么？是否包括社会保障法、反种族歧视法以及 2000 年的反恐怖法？专断的权力又是指什么？当代英国学者认为，戴西对于法律的治理原则的观点，正如其对于议会主权的观点一样，都是基于其对英国旧政府体制的认知，其中的许多方面现在已经无法适用了。按照当代英国学者的理解，法律的治理原则也有三层意思：①法律与秩序优于政府；②政府应当依法行政（Government according to law）；③法律的治理原则是一个宽泛的政治原则。

三、韦德爵士理解的法律的治理

韦德爵士对法律的治理原则给予了极高的评价：英国宪法是建立在法律的治理原则基础之上的，但是该原则得到最广泛应用的领域还是在行政法领域；尽管法律的治理原则是公认的英国宪法的基石，但是该原则表现得最为活跃的领域却是行政法；英国（British）宪法是建立在法律的治理原则基础之上的。韦德爵士认为，法律的治理原则有多重含义，也可以得出多个推论。根据他的总结，法律的治理原则包括四层含义：①依法行政原则或者合法性原则；②严格限制行政自由裁量权；③法律面前人人平等；④法律的平等对待。

四、法律的治理原则的功能

就法律的治理与行政法的关系而言，韦德爵士强调，法律的治理的观念可以称作是行政法的主要精神或者主因。他曾就形式意义的法律的治理原则和实质意义的法律的治理原则作过一番对比，前者仅包括合法性原则，而后者则涉及更广泛的范围和更积极的内涵。但也不应当将法律的治理原则的这两个方面对立起来，因此法律的治理原则既有形式意义的一面，也有实质意义的一面。作为一个法律原则，只要我们对于法律的治理原则的理解不过分地脱离作为其核心和基础的合法性、规律性和公正性，始终着眼于其对专断权力的拒斥，那么，法律的治理原则就可以发挥其最大的价值。

也就是说，除非有非常明显的相反规定，议会绝不应当制定与法律的治理原则相抵触的法律。法律的治理原则的全部功效就在于强化最低限制的实体和程序方面的公正标准。此处关于法律的治理原则的功效或者功能、作用的分析是极为到位的。法律的治理原则就是设立并保证实现最低限制的公正的实现（亦即原文直译的司法）标准，这个标准既包括实体性的，也包括程序性的。也可以说，法律的治理原则最根本的功能，就在确保最低限度的实体公正和程序公正。

第三节　分权原则

从理论上讲，英国学者认为，在一个基于法律而设立的政府体系中，存在着立法、行政与司法三种职能的行使，而最基本的行使这些职能的机构是立法机关、行政机关及法院。正如一位法律史学家所指出的，立法工作者、行政官员及独立的法官这三者之间的分工，是现代社会中法律的治理原则得以确立的一个必要的前提，同时也是民主政府本身存在的前提。国家层面的经验表明，过于集中地将权力授予政府的任何一个机构对于自由构成的威胁，远甚于非正式的分权所造成的损害。这显然是在为英国的非正式的分权作辩解，但从英国的分权实践的实际效果看，这种辩解是很有说服力的，分权是否充分、形式是否彻底看来都不是最重要的，最重要的是要切实建立起权力制约权力的对抗机制，否则，如果形式上的分权无法实质性地避免"集中地将权力授予政府的任何一个机构"的话，分权所要克服的专制并不足以避免。

第三章

行政组织法

按照韦德爵士的说法，现代行政国家有许多职能，履行这些职能需要一个庞大而复杂的行政机器。这个机器中的每一部分都是由行政法的规则创造和调整的。以前我们也有国家机器这样的说法，国家行政管理机器中的每一部分都由行政法创造的说法，却很能说明问题。虽然英国没有统一的行政组织法典，但按照先确定职能，再为职能配置相应的权力的组织法构建思路，大量的法令明确了行政机构的组织结构，赋予它们为履行其职能所必需的相应的权力（包括委任立法权和行政裁决权）。

应松年老师曾经对笔者说，组织法在法治的初期有其必要性，但在法治发达之后，反而不是那么重要了。对此，英国的例子是一个很好的注脚：许多英国的宪法行政法教科书目前已经不再单设地方政府一章，而这一变化仅仅是最近三五年的事。但就中国目前的情况而言，行政组织法却是行政管理体制改革的重中之重。事实也一再证明，许多改革措施若没有组织法的策应，是不可能取得实质性进展的。本章介绍英国的中央政府、地方政府、行政裁判所、执行机构、公法人以及除此之外的所有其他公共行政机构。

第一节　行政组织的财政控制

虽然总的看来，行政组织法不是英国当代行政法关注的热点，主要的原因不是因为这一部分不重要，而是因为英国早已逾越了重视这一问题的时代，进入了行政组织法治化的轨道。而这种法治化的日常控制手段，最重要的就是财政控制手段。但英国公共财政实际上管的不是钱，而是人。在这一点上，金钱万能论似乎有正名的必要：对于行政机关而言，金钱确实不应该是万能的，但没有钱是万万不能的。从某种意义上，英国公共财政的核心思想，就是金钱万能，没有钱就什么也不能干。行政机关自找钱路，哀莫大焉！害莫大焉！

一、公共财政控制的必要性

英国学者非常重视政府的财政问题，他们认为，政府需要拥有筹款及付款的权力。在英国法律体系中，国家财政是由涉及国王与众议院的财政程序规则规范的。众议院的职能是批准绝大部分的公共支出、服务的提供以及绝大多数的税收，并确保其批准的财政预算能够合理地运用。即不仅包括对开支的批准权，而且还包括对预算的执行权。从另一角度看，政府提供任何新的公共服务都必须由议会授权，这是议会与行政关系以及行政权产生的基本准则。之所以如此，是因为任何公共服务的提供都必须以相应的财政开支为后盾，而这是议会的权限所在，政府自己是无权动用公共财政而擅为善事的。同样道理，说行政机关有权提供服务也是可以的，因为其必须取得议会的授权及相应的财政拨款才能维持这种服务。

每年秋季，各中央政府部门都根据由负责各该部门的部长决定并获得内阁批准的政策，准备其下一财政年度的预算。任何部长都不得发生不符合议会所设定的相关条件的行政开支，因为这也是一种越权情形。上议院通过判例确立的原则是，任何公共机构在没有制定法的明确授权的情况下，不得对公众征收任何税费。由于地方议事会的行为能力以及规范私人活动的能力，都源于制定法的规定，因此，关于该原则的最简单的例子是地方议事会超越授权的范围所为的行为，如在 1992 年的 *R. v. Richmond upon Thames Council, ex. p. McChrthy and Stons Ltd.* 一案中，某地方规划当局收取 25 英镑咨询费的行为被上议院认定为违法，因为这种收费并不是依法附属于其职能的。

当存在严格的支出限制时，就产生了一个困难的问题，即公共当局必须在决定其是否能够向某一个人提供某项利益或者必须关闭某些有价值的社会服务的时候，将其预算支出纳入其考虑的范围。此时，法律上的结论（即最终作出的具体行政行为）可能要取决于立法的明确规定，而该具体行政行为所提供的服务或者授益正是基于该规定作出的。制定法可能会规定一项在任何情势都必须履行的义务，也可能授予行政当局有条件履行的义务或者自由裁量权。而在制定法授予有条件履行的义务或者自由裁量权的情况下，其行使可以根据行为对象的具体情势及其他事由酌定。在这类案件中，法院就不会考虑公共当局的政策在政治上的合理性，但必须保护为制定法所保障的个体权利。于是，公共当局为公共利益或者为社会中的个体提供福利时，必须量力而行，不能不考虑自己的预算所赋予自己的行为能力。这里又进一步提到了立法授权：不仅要有授权，还要有财政上的保障。按照英国法治的思路，议会的授权是不可能在没有财政保障的前提下，希望通过雷锋式的执法来实现法律授权的目的的。于是，合理的做法就应当是，议会的授权立法必须同时赋予权力享有者行使其权力所必需的财政支持，而绝不能允许权力本身附随着创收的职能，使权力执行者必须通过权力的行使获得足够的利益来养活自己。

二、公共财政的基本原则

一般而言，公共财政应当由议会控制，但仅有这一粗犷原则显然是不够的。关于政府的公开财政，需要注意三个方面的原则：

1. 政府倡议原则。涉及公共服务的提供以及公共财政开支的议案必须由一名部长向议会提出。它表明了政府对于财政开支及税收的控制权，因为该原则阻止了众议院中的后座议员提出任何涉及财政开支及税收的议案。

2. 下院控制原则。英国议会下议院对于财政议案具有绝对的、垄断性的控制权。这包括三层意思：一是财政议案必须向下议院提出；二是财政议案必须首先向下议院提出；三是财政议案必须先在下议院审查。

3. 上议院不得修改原则。这一原则是对下议院控制原则的进一步补充。当然这同样涉及众议院的特权。众议院可以放弃权力而允许上议院对这些法案予以修改。这些议案包括：①供给英王的议案，往往成为共同基金议案。②税收案，即财政议案。虽然从理论上讲上议院可以像对其他议案一样，根据议会法的规定予以否决，但实际上上议院从来不这样做。

第二节　中央政府

在英国行政法的原著中，中央政府组织的内容是置于"国王"一章中讨论的，因为中央政府及其各组成部分，都是"国王"的。英国的中央政府，包括英王、枢密院、内阁、首相及部长等，其中最具有实质性意义的是内阁及首相，至于部长则在中央政府部门部分介绍。

与内阁一样，首相这一职位也是惯例创设的，并且直至最近才为法律所认可。按照议会民主制的传统，英国首相及其组织的内阁集体对外，特别是对议会承担责任，这一宪法惯例被称为集体负责制原则，或者集体责任原则。当然，这样的原则的确立只能是基于惯例，而不是法院的判例。按照 Lord Salisbury1878 年的说法，集体责任是指，对于内阁通过的所有决议，内阁的所有成员除非主动辞职，否则必须绝对地、无可挽回地承担责任，而且在事后也不能对外宣扬：在某某事项上自己作了妥协，在其他事项上自己是被其他大臣说服的等。只有在坚持所有在任的内阁成员都承担绝对的责任的基础上，才能够建立起大臣对于议会的连带责任制，也才能使之成为议会责任制中最重要的一个原则。此处强调的是，如果不愿意承担连带责任，大臣只能辞职，以此来维持内阁集体的连带责任。

集体负责制原则有助于强化首相的权力，原因在于，部长们据此不能公开批评政府的政策，而且还必须随时准备在必要时为政府的政策进行辩解。这将意味着，如果首相对某一政策作出了明确的指导，那么，这一政策将不会受到来自政府中最具有影响力并掌握着最全面的信息的部长们的批评，而这些人恰恰是对此最有发言权的人。这在无形中形成了这样一种政治氛围：内阁成员及其他所有部长都必须对外与首相保持高度一致，而首相则完全不必强调自己的权威，因为任何敢于抗拒首相的权威的大臣或者部长，即使其威望再高，也等于自取灭亡，因为这等于抗拒英国的政治传统所维系的首相的权威，亦即议会民主制的权威，此时，后果可能只有该异议者请辞一种结局。

但是，这一原则的屏息政府中潜在的批评的功能正在受到削弱，因为政府越来越多的决策不再是由作为一个整体的内阁作出的，而是由首相在咨询少数几个幕僚之后作出的。由此至少可以得出两个方面的结论：一是所谓的集体负责制，不是指部长必须无条件地支持政府的任何决定，更不是指部长不得批评政府，而是指部长们必须与内阁作出的决定保持一致，而不能持批评态度，更不能公开地进行批评。也就是说，政府的部长们集体对作为一个整体的内阁作出的决定负责，而无论某一部长是否为内阁的成员，亦无论其是否参与过内阁的讨论。但是，一旦首相未经内阁讨论而作出自己的决定，尽管其征询了有关大臣甚至是资深大臣的意见，但由于其决定不是由内阁作出的，不属于应当由部长承担集体责任的范围，因此，部长们似乎是可以提出自己的看法甚至是与首相相左的批评意见的。但是，对于这种可能性的现实性仍值得怀疑。因为即使是在这种情况下，部长仍然是首相举荐的部长，他们与首相的关系并不因所作的决定与内阁的关系不那么紧密而变得疏远，他们更不可能不考虑到即使在这种情况下批评首相本人作出的决定，也有可能会对首相领导的政府的整体形象构成损害，除非是那些敢于为了自己的良知而宁愿去职的有骨气的大臣，一般的大臣似乎没有必要也没有人愿意冒这个风险。

第三节 中央政府部门

一、中央政府部门的范围

尽管在英国法中，"政府部门"作为一个术语，并没有确切的含义，但它通常是指那些由公务员组成，费用由财政基金列支，并由一个向议会负责的部长领导的中央行政机关的分支机构。一位部长可以负责一个以上的政府部门，例如，财政大臣既负责财政部及其两个税收部门（国内税务局和关税局），同时又是 2000 年建立的商业局的负责人。此处的商业局不是一个我们所理解的部级单位，至少不是一个内阁部长级的部，故译为商业局，其相当于部委管理的国家局。由于此处是在解释政府部门而不是中央政府的组成部门，故把非部级部门也纳入了。

更为例外的是，某些政府部门由于宪法性的原因，没有一个部长级的首脑，例如国家审计署是由总审计长领导的。这个部门因为要对整个中央行政机关进行审查监督并向议会负责，因此，他不应当由一个首相领导的部长作为首脑，以体现其中立性。

为了王权诉讼的目的，1947 年的《王权诉讼法》包含一个政府部门的清单。同样地，为了便于议会行政监察专员调查，《议会行政监察专员法》中也包括一个中央政府部门的清单，这个成文法载明的清单随着新的政府部门的建立而不断地进行着修正。

有许多具有政府职能的公共机构并未被视为政府部门。这些机构包括地方当局、诸如种族平等委员会或者机会均等委员会等协调机构、诸如艺术理事会或者高等教育基金理事会之类的捐助机构、诸如行政裁判所理事会之类的咨询委员会以及其他向部长报告工作但并不由部长直接控制的机构（例如，英格兰和苏格兰法律委员会等）。通常，这些机构也是由中央财政资助的。可见，英国行政法所说的政府部门，是指中央政府的部门，似乎应当包括其驻各地的分支机构，但不包括地方政府或其部门。而且在实际上，地方政府似乎没有部门之说。

二、中央政府部门的设置与调整

英国的中央政府部门（以下简称部）大致有三种来源：历史生成、英王设立、制定法设立。设立及划转政府部门的职责是制定法和英王特权共同作用的结果。与部门设置的三种形式相对应，中央政府部门的调整主要有三种形式，即制定法调整、枢密院令调整和英王特权调整。

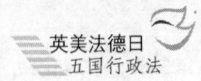

英美法德日
五国行政法

　　在有关英国中央政府部门的介绍中，最常为我们称道的可能就是大部制。虽然按照英国学者的说法，往日的喧嚣已经不再，建立大部的冲动似乎已经消退，但英国的大部制似乎仍作为英国政府组织的一个鲜明特点留在了我们许多人的印象中。将内阁控制在必要的限度内的努力，推动了英国的中央政府部门向着由国务大臣监督的大部合并的进程。只有重要的或者说大的部，其部长才有可能是国务大臣，而从目前的情况看，似乎国务大臣最有可能成为内阁大臣。当初部门合并时的操作方法是，将合并前各部拥有的所有权力授予负责新的部门的国务大臣，旧的部被解散进而消失，就如同法律实体的解散一样——尽管这些部门的人员甚至所有组织可能会在行政上继续存在。部门分立的情况则与此相反。

　　英国政府部门的设置始终处在调整之中，尤其是那些涉及政府社会服务职能的部门，更是每届政府改革与调整的重点，大臣的头衔和职能以及他们所在的部门始终处在不断的变化之中。但是从英国最近几届政府的改革动向看，建立大部（如贸易和工业部或者环境部）的冲动似乎已经消退；1988年巨大的健康与社会保障部被拆分为社会保障部和健康部。现在的环境部（Department of the Environment）是由此前的房屋与地方政府部（Ministries of Housing and Local Government）、公共建设与工程部（Ministries of Public Building and Works）以及交通部（Ministries of Transport）等部门组建而成的。在上一届政府，它变成了环境、交通与地区部（the Department of Environment, Transport and Regions），以突出这几方面的事务的重要性，并由副首相（the Deputy Prime Minister）出任部长。1995年设立的教育与就业部（The Department for Education and Employment）也是由两个先前独立的部合并而来的，而且了反映了这两项内容之间明显的联系。而在另一方面，卫生与社会保障的重要性充分地表现在将这两项内容分别交由两个分立的部门负责，而在此之前，这两项事务都是由一个国务大臣负责的。从这个意义上说，似乎英国对社会服务事项的重视程度在加强，而对于传统的社会管理事项的重视在削弱。

　　三、部门权限的界定与协调

　　英国的部际权力交叉与协调技术也很有一提的必要。由于权力经常被授予"国务大臣"而不指明他所在的部门，于是这样的权力就可以被任何国务大臣所行使，尽管实际上仅由那个与实际发生的具体事项关系最密切的大臣来行使该权力。同时，某项职权也可以同时由两个以上的大臣行使。而且从法律上讲，国务大臣所负的职责是可以互换的，但是在实际上，每一个国务大臣的职能都被严格地限制在那些与其部门相关的领域内。这种职权配置方式的好处是，所有的授予国务大臣的权限，即使由其他不相关的大臣行使了，至少在法律上讲是没有问题的。因此，也就不会出现一旦出现政府部门职能调整时，重新在各部门之间调配权力的问题。因为权力是随着职能走的，而与具体的某一国务大臣及其所有部门没有关系。一旦职能被调整到了其他的部门，该职权也就相应地由该部门的国务大臣行使了。

那么，如何保障与具体事项关系最密切的大臣实际行使所有的国务大臣都有权行使的权力，以避免几个大臣都认为自己与此职权有关而产生权力上的交叉呢？这个问题的解决可以借助以下几种途径：首先，所有的大臣都在首相下工作，都是首相依其私人信赖关系而在议会本党议员中挑选的政治伙伴，并共同组成一个政治团队，无论他们是否为内阁大臣，都有机会经常见面，考虑到各国务大臣与首相的关系及相互之间的密切关系，加之每周二一次的内阁会议，一旦出现这种情况也是比较容易通过协商解决的。其次，实际上，大臣们都会比较慎重地处理这方面的问题，尤其是在不存在争权的利益驱动因素的前提下，大臣们有充分的理性解决权力配置问题的回旋余地。最后，相关的职能调整都不可能不在内阁会议上讨论，而遇到这样的职能调整时，除了考虑财政问题就是人事问题。因此，这些因素综合在一起的结果是，各国务大臣之间就彼此的管辖范围发生争议的可能性微乎其微。

第四节　地方政府

许多英国的宪法行政法教科书已经不再单设"地方政府"一章。英国学者认为，英国现代的地方政府法已经是一个专业化和技术化程度高速增长的独立的法律部门，而不再是宪法或者公法所研究的主要内容。但是，考虑到英国地方政府与其中央政府的巨大差异，特别是英国的地方政府在组织、职能、与中央政府的关系等方面，与我国的地方政府存在着的同样巨大的差异，因此对英国地方政府体制的初步了解，是正确理解英国行政法的一个重要的知识背景。在英国学者看来，经选举产生的地方议事会的宪法重要性表现在，它们加速了地方民主，提供了现实的社会服务（如教育），操纵着对地方事务的管理体系（如根据规划法的规定控制着土地开发、公共卫生和许可等）

众所周知，中央政府部门是由对议会负责的部长领导并由公务员充任的。与此不同的是，当公共职能委托给地方当局时，地方政府的行政组织结构与中央政府是完全不同的，而且对地方当局的政策及地方事务管理委员会（local councils）的决定负政治责任的，是选举产生的议员。因此，地方政府的议事会成员对地方政府负责，与中央政府主要由下议院议员产生的首相或者大臣负责的情形并没有太大的区别。所不同的是，地方议会成员可能是全体负政治责任，而下议院则只有首相或者大臣如此。地方政府的官员也不是公务员，地方的管理方法通常也与中央政府部门的管理方法大异其趣。地方当局议会的运作方式主要是政治性的，政治党团的合法性也得到了承认。但是，这并不排斥保障公共责任制的机制的运行，以确保地方政府官员有适当的行为标准。之所以有此说，是因为地方议会的成员肯定是有党派的，他们同时又是具有行政职能的地方政府的官员，而具有行政身份的公务员在中央政府部门中是不可能有党团身份的。

英国本身是一个联合王国，地方自治的传统根深蒂固，直到今天，英国仍是一个强调高度地方自治的国家。地方政府都是由所在地区的选民选举产生的议事会成员组成的。因此，中央与地方政府之间、地方政府相互之间的关系主要是一种法律关系，而不是我们通常所理解的行政隶属关系和行政领导关系。笔者下面将介绍的是英国地方政府关系的现状，但英国学者预言，在可以预见的将来，地方政府的主要方面还将继续保留，尽管在一个变革的社会中会有来自中央政府和地方的压力。中央与地方政府之间的工作关系必须在一个不甚时髦的伙伴关系（partnership）的理念的基础上重建。伙伴关系似乎在冷战即将结束时非常时髦过一阵。

各级政府间的相互关系主要是通过以下渠道建立起来的：①建立在议会至上基础上的法制统一；②借助司法体系建立的法律关系；③通过中央与地方的分权影响地方；④通过财政转移支付的方式影响地方；⑤通过中央派驻地方的代表机构。

第五节　公法人与国家化企业

公法人是公共所有并由公共机构控制的企业法人，但这些公法人也有按照商业原则处理自己事务的实在的自主权。英国的公法人具有以下三个方面的特点：一是公共所有。当然，这种公共所有不是公共按股份享有所有权的普通民事共有（因为股份制是英国私有制企业的主要表现形式），而是类似共同共有性质的由国家所有。二是公共机构控制。此处的公共机构不是负有一般的行政管理职能的国家行政机关，而是专门为控制这些公法人而设立的类似监事会之类的机构。三是经营自主权。从这三个意义上看，除了有专门控制公法人的公共机构以外，其他两个方面与我们的国有企业相同。但据笔者了解，正是负有控制功能的公共机构的存在，使英国的公法人的运作方式和盈利水平与我们的国营企业殊为不同。

例如，在 1964 年的 *Charles Roberts and Co. Ltd. v. British Railways Board* 一案中，一家制造铁路油罐车的私人公司要求法院发宣告令，确认作为公法人的英国铁路公司的董事会无权决定制造某种油罐车并卖给一家油品公司，以便用于英国的铁路运输。但法院认为，法院无权干涉董事会自己的决定，并认为这是董事会在其制定法规定的权限范围内有效地履行其商业职能的活动。法院还考虑董事会的这一决定对其他私营企业主所造成的经济影响。对于本案的发生，读者可能心存疑虑。原告的出发点在于，既然被告是一个垄断性地经营铁路的公法人，其经营范围应当不同于一般的私法人，应当有所限制。于是，为了避免自己在竞争中处于不利地位，原告提出了自己的诉讼请求。类似的做法可能包括水表厂诉自来水公司生产水表。

第六节　非政府部门公共机构

除了由英王的大臣直接控制的中央政府部门和通过地方选举产生的地方政府当局外，英国的行政事务中还有许多是由各类公共机构（public bodies）直接或者在其帮助下完成的。在今天的英国，许多公共事务不是委托给中央或者地方政府，而是委托给差别迥然的公务委员会（official boards）、委员会（commissions）或者其他机构。这类机构中，有些非常著名，如英国广播公司（BBC）、种族平等委员会、ACAS 等。有些则默默无闻，仅为某些公务员或者有关领域的专家所知。仅从这一点看，非政府部门公共机构肯定与公务员所在的中央政府部门交道频繁。

英国学者普遍认为，由公共委员会经营主要的工业似乎要比由政府部门管理更富有效率和灵活性，公法人的存在就是一个最强有力的证据。在1945～1951 年间，主要的公共事业、交通和能源供应等都由国家掌握，但却不是委托给政府部门经营，而是委托给新的立法所设立的公共机构。由此可见，即使是在英国国有化之风最强劲的战后初期，其对国有企业的管理也不同于我们自以为然的工业部模式，而是更接近于其目前私有化之后的管理模式。这样说来，英国私有化的过程其实并不是一件多么惊天动地的大事，而更具有英国式的改良主义的渐变特点。

第七节　中央政府的公务员

本节讨论的是中央政府的公务员，地方政府的公务员属于地方政府，与此名分上不同。英国中央政府部门的具体行政管理事务都是由公务员完成的。公务员履行的职责非常广泛，从政府政策的形成到具体落实。尽管自 1979 年以来，公务员队伍的规模、开支及组织等已经成为一个争论激烈的政治问题，但是，英国学者依然认为，如果没有公务员队伍，就没有现代政府。

英国学者比较一致地认为，公务员的概念难以有一个简单、普适的定义，而公务员作为一个整体也没有特别的法律地位。更准确地说，从法律的字面上看不出公务员有什么区别于一般私人的特权，这正是英国学者曾经为之自豪的普通法有别于大陆法国家的特别之处。因此，英国的学者们将公务员定义为：工作在某一民事部门的非政治、非法官、任期无特别规定、为国王服务并依据公务员清册支取报酬的官员。包括英王名下所有常任的非政治性官员和雇员，但武装部队除外。所有这些官员和雇员组成中央政府的常任行政职员队伍。

第四章

行政行为法

第一节 行政行为

英国的行政法，特别是其行政实体法或者说行政行为法，与我们有很大的差异，有些内容是他们所没有的，如行政处罚；更多的内容是他们不怎么重视或者与我们的重视程度迥然有别的，如行政许可、行政收费等；还有一些内容，则是我们没有或者没有引起足够重视的，如行政计划、行政合同、行政调查、人权保障等。行政计划在我国曾经异常发达，但那时的计划是纯行政性的，没有法律属性，也不承担任何法律责任，英国的行政计划则有相当完善的法律程序，但似乎不包括土地发展及利用规划，因为那是行政许可方面的内容。行政调查，如公开调查程序，在英国一般采取严格的听证程序，主要从行政司法性调查的角度着眼，但按照中国行政法的语境，这不应当属于行政司法，而应当是行政程序，但与美国听证程序不同的是，它不是行政程序的标准版，而是一个例外。

英国行政法中没有行政行为的概念，与之类似的称谓是公共当局的行为或者决定，或者行为或者命令。但同一作者在同一页中也会反复混用"行政行为"、"行政行为或命令"、"行政行为或决定"等几种表述。但概括说来，英国学者对于行政活动大致地分为两类：一类是行为，另一类是决定命令。其中的决定命令，当然是指法定行为，即以正式文书形式作出的意思表示行为，既包括我们的具体行政行为，也包括抽象行政行为；而所谓行为，则主要是指一种状态或者结果，包括正式决定命令以外的所有的行政权实施方式，特别是事实行为。对于这种不经意的区分，我国似有借鉴的必要。

不仅如此，严格说来英国也没有我们意义上的行政处罚制度、行政许可制度、行政救济制度等。英国对于行政处罚、行政许可的研究没有成为行政法的重要内容的关键，可能是他们的法律是生长出来的，而不是制定出来的。这个逐渐演化的过程使得诸如行政许可、行政处罚等制度由于过深地融入各行政子部门法中而难以提炼或者没有提炼的必要了。更主要的是，英国并没有我国意义上的行政处罚，只有刑罚。行政许可的范围也比我们窄得多得多。行政征收有强制征用土地、征税，分别由不同的子部门法研究，如规划法、税法。因此，英国确实没有统一研究这些制度的基础或者必要。或者说，这些制度彼此之间的共性太少、例外太多。而只有行政司法、委任立法等还比较统一，这些内容才成为作为行政法总论的英国行政法专门研究的内容。

第二节　行政行为的基本原则——自然公正原则

自然公正原则，就是公正原则。之所以要加上"自然"这一修饰语，是历史上为了赋予该原则以崇高的权威，而借力于自然法的痕迹的残留。如今，自然公正原则已经属于英国法制史的范畴，被与其具有同质含义的公正原则取而代之。

关于公正，在英国流传着一句著名的法谚，Lord Hewart 在 1924 年的 *RV. Sussex Justices*, *ex. p. McCarthy* 一案中是这样表述的："公正不仅应当实现，而且应当让人明明白白地、不容置疑地看到其实现。"国内有所谓"公正不仅应当实现，而且应当以人们看得见的方式实现"的译法，练达上口，但精义也丢得差不多了：只解决了明明白白的问题，而没有解决毋庸置疑的问题。这也符合我们当前的现实：公正被主要地理解为形式或者程序上的公平，庭审也罢、听证也好，只能表达一种形式上实现公正的姿态，以达到表面上让部分人旁观这一过程的要求为满足，但对于最关键的标准，即令人不容置疑的要求，则要么实际上根本还没有意识到，意识到了也会被讥为不切实际。而英国学者此处强调的恰恰不是看见与否的问题，而是不但看见了，而且看后能够排除合理怀疑的问题。这个标准显然就比看见高得多了。因为仅仅看见这个标准确实要容易一些，尽管要保证全部看见也不容易，但要做到全部看到且对公正没有疑问那就更难了。我国的现状是：一般民众既没有看见，更心存疑问。更糟糕的是，即使没有看见也推定为肯定没有公正。在这种情况下，公众对公正的信赖度确实存在着比较严重的危机。当然，如果能够根本禁止人们表达自己对公正性的评价，那么是否让其看见，以及其心中是否存在疑问就都是次要的了，甚至公正问题本身都完全可以无视。

公正的实现标准中的不容置疑准则的现实性在于，公正从本质上说应当是公众的正义观念的民主化表现。一个人的观念不代表社会普遍的公正信念，无论是法官还是行政官员，他们在现代法治社会中都秉有一项内在的揣摩、追逐社会或者公众的普遍的公正观念的执业义务。正如韦德爵士所指出的，所有有关比例原则及合理性原则的各种期许的讨论，都应当把普通人对于公正的一般信念作为惟一的检验标准。在 1964 年的 *Ridge v. Baldwin* 一案中，为了反驳自然公正原则的内涵过于模糊以至于近乎没有意义的观点，Lord Reid 援用了一个有理性的人在给定的条件下所应当认为公正的程序作为把握自然公正原则的标准。采用所谓的理性人的模型作为判断某一合理性的标准，是英国法中惯用的方法，甚至是其所为的合理性的最后的依归，换句话说，所谓的合理性，就是理性人在给定的案件条件下认为合理或者公正的行为方式。而在 1967 年的 *Re HK* 一案中，Lord Parker CJ 则指出，良好的行政的要求无非是行政官员必须公正地行事，只有在这个意义上，所谓的公正原则才能得以适用。就本案而言，所谓的适用自然公正原则的良好行政，无非就是履行公正行事的义务而已。而 1972 年的 *Pearlberg v. Varty* 一案则进一步指出，即使行政机构在其作出决定前并没有必要举行言辞对辩制的听证，该行政机构也必须公正地行事。

从这一论断看，法律人对于公正的理解与把握是其全部职业生涯的立身之本、成败所系。而恰恰是在这一点上，许多职业法律人忽视了其作为一个普通人的良知在其职业生涯中的基础性作用。法律是可以习得的知识体系，但是，法律人研习法律的过程首先应当被视为一种对于法律本身所蕴含的公平与正义常识的体会。在这个意义上，法律人学习法律首先不是为了获得法律中关于公平正义的有关知识，而是取得通过法律程序实现法律内涵的公平与正义的历史性经验。这种学习过程的结果是使法律人获得超出一般人之上的，对于法律所要实现的公平与正义具有更为敏锐的洞察力，并使这种洞察力与其作为一般人的公平正义观念紧密地结合起来，形成自己对于法律所要实现的公平与正义的牢固的、不易为外界的威逼利诱所动摇的正义观与正义感，即法律的良心。当然，从技术层面观之，如此重塑过的法律人的内心世界是不可避免地与其饱学法律知识的大脑共生于一个世俗之躯之上的。在正常的情况下，或者说对于绝大多数的普通的法律人而言，现实的、足以动摇其法律良心的威逼利诱应当是经常地存在着的，从而使其不时地出现内心中两个自我斗争的局面。这是我们应当预想到的基本现实，从法治的精神出发，任何制度都不应该也不可能杜绝这种内心斗争，任何企图杜绝这种人性本身固有的脆弱与本能的社会性手段，也都是既不明智也徒劳无功的。理性的作法只能是减少外界的威逼利诱存在的范围、作用的强度，并提高事后的成本。这一切都是建立在这样的一个前提的基础之上的，即法律人的学习过程首先是一个确立法律良心而且实际上实现了这一目标的过程。但是在我们目前的环境中，这一点并不是当然的，法律教育的一个重大的失败或者说至少是一种潜在的失败的危险是，法律教育未能够在大多数未来法律执业者内心建立起起码的或者足够强度的法律良心，使得许多法律的执业者根本体会不到面临外界的威逼利诱时内心痛苦斗争的心理体验，他们的全部法律教育恰恰告诉他们：要从事法律职业，就是要学会如何屈服于法律之外的权威以及如何笑纳职业道德标准等而下之的利益的技巧。对于对此全面接受并且甘之如饴的法律执业者来说，他们因缺乏法律的良心而不能称之为法律人，但更重要的是，他们也同样不适合于针对法律人设计的任何监督制约机制。这可以在很大程度上解释为什么许多在其他法域内有限但效果良好的监督制度，在我们这里却根本发挥不了作用。

第三节　行政程序——听证与公开调查

英国是一个具有比美国更为悠久地拥有重视程序传统的国家。在英国，行政程序的引入，是与行政行使司法职能的现状相因应的，或者说是为了避免行政职能行使的不公正而增加的防范措施。英国学者认为，如果民事或者刑事案件的审理等最基本的司法职能转给行政当局行使，司法独立的价值将会大打折扣。然而现如今，许多公共服务过程中产生的纠纷并不是在普通法院的诉讼中解决的，而是转给行政裁判所来裁决了。诸如就业和社会保障裁判所之类的行政裁判所已经构成了司法机制的一部分，并独立于有关的政府部门之外从事着它们的工作。还有许多事项不是授权行政裁判所，而是授权中央政府部门及其部长们进行裁决。为了达到公正、公开的标准，还专门为有关的中央政府部门规定了程序，如公开调查的程序等，这些程序都是有关中央政府部门在作出决定前必须遵守的。可见，英国行政法中的强制行政程序，是作出决定前应当遵循的程序，而非实质性的主意已经拿定后对外摆摆样子。正是因为这些案件的判决需要充分考虑有关中央政府部门的政策，而不是仅仅基于对法律规则的司法性的适用，才使得这些事项保留由政府部门或者其部长作出决定。

事实上，很难明确地区分应当将哪些案件分配给法院或者行政裁判所来裁判，而将另外一些案件交由有关行政当局来裁决。当一个新的制定法体系刚刚建立的时候，对于因这一新的法律体制而产生的纠纷的解决，当事人在上述不同的程序之间进行选择的空间是比较广阔的。分权原则本身确实很难就某一特定类型的纠纷应当由谁解决的问题给予直接的指引，它只能提示人们，那些应当独立于政治影响而作出的决定应当交由法院或者行政裁判所来完成，而那些应当由部长对议会负责的决定则应当交由政府部门来抉择。这是一个非常重要的原则，是区分行政性决定与司法性决定的指导性原则，但却不完全是指导行政程序与司法程序适用的惟一指针，因为英国当代行政对于政策性决定也提出了司法性程序的要求。

当然，英国与我国在行政程序领域的最大不同在于，作为英国行政行为的基本原则的自然公正原则，究其根本，实为一个正当法律程序原则，而这个原则在英国历史上曾经有过的重要作用铸就了英国行政法骨子里蕴含着的尊重程序、依自然公正的标准办事的精神，如听取对方意见、不作自己案件的法官等基本程序原则。这些原则是如此地根深蒂固，以至于无需成文法的明确规定，行政当局也不能将其忘在脑后，否则，一个远在200年前的判例一旦被翻出来，也足以使行政当局败诉。从这个意义上讲，英国行政程序的传统不是表现在其成文法对于程序的详细的规定中的，而是表现在成文法语焉不详，而行政执法活动依然能够达到不因程序失当而违背自然公正的相当高的标准。这恰恰需要一个法律从字面渗透到法治现实中去的漫长过程。如果一味地嘲笑英国成文法中程序立法之缺如，则恰如国人曾一度嘲笑某国物资匮乏、人们不得不经常排队买汽油一样。

公开调查其实就是英国的行政听证，该程序是由裁判所与调查法一并予以规定的，属于正式的听证形式的调查程序，其地位与功能相当于美国正式的听证程序在美国行政法中所具有的法律地位和功能。

制定法规定的公开调查包括两种，一种是由部长举行或者代表部长举行旨在满足任何制定法所规定的强制性义务的调查或者听证，其核心就是要为当事人提供其反对部长拟作出的决定的意见被作为决策者的部长听到的机会。另一种是所谓的自由裁量的公开调查，即由部长在没有制定法强制性规定的情况下为行使某一制定法规定的自由裁量权而主动举行的调查，为此目的而举行的调查一般由成文法律规范予以规定。如果认为举行公开调查是一种拘束的话，或许有人会提出部长为什么要为自己设这个套、它不在成文法律规范中规定行不行之类的问题。也许还有人会进一步提出自由裁量的调查是否必须由成文法律规范规定，如果没有规定是否也可以举行等问题。这些问题的存在，反映了这样一种思维定势，即任何行政公开或者听取对方意见的行政活动，都构成对于行政当局的一种拘束、制约或者负担，除非制定法有明确的规定，行政机关应当或者本能地避免这种倾向。而据笔者了解，英国之所以存在政府部门自行通过其制定的规范性文件为其设定举行此类公开调查的义务（因为一旦设定则成为必经程序，而不再是可自由裁量是否举行的了，这是自由裁量公开调查的本义），是因为这是一种非常简便、经济地了解所有利害关系人对拟采取的行政行为的反应的最有效的方法。行政管理职能正当行使的必要性促使行政部门自行设定此类公开调查程序，以拘束其部门工作人员的行为方式，保证大臣所领导的部门作出的行为能够既在实体上保证其适当性（公开调查所搜集的意见显然有助于成就这一目标），又在程序上树立其公正性，以便最大限度地赢得公众，当然最终是选民的支持。短期而言，有助于由此采取的行政行为得到民众的支持，减少贯彻执行的成本；长期言之，则有利于树立执政党的形象，维护长治久安。正是基于以上的理由，政府部门愿意自行设立自由裁量的公正调查。

第四节　行政公开——开放政府与信息自由

政府公开是英国行政法强调的一个重点，这种强调不仅是历史传统使然，更是现代行政之必需。就历史传统而言，虽然英国也通过了公务保密法，但其总体上行政公开的程度，尤其是在议会制前提下的重大决策、制度变革的研议等的公开程度，是一般人难以想象的。就现代行政而言，公开性更是政府立命之根基，如果所有的行政决策、行政审批、行政合同以及所有手执权柄者都置于十目所视、十手所指之下，特别是在公众级行政官员的言行、交游、财产、出入等足够公开的情况下，许多罪恶不仅仅是可以被发现，更主要的是可以被避免；也不仅仅是许多的刑戮可以被避免，更主要的是公众无法通过这些刑杀所挽回的损失可以被避免。当然，公开必须建立在民主的基础上，而民主更是以公开为主要表现形式的。

在英国，开放政府是与信息自由联系在一起的，按照英国政府出版的《开放政府》白皮书的说法，"开放政府是有效民主的一部分"，这一观念的不断增长，首先导致了《获得政府信息操作规范》的出台。随着1997年的政府换届，进一步促成了2000年《信息自由法》的出台。显然，英国的政府文化正在经历着重要的变化。此前的将所有事情作为秘密保护起来视为当然的做法已经被新的观念取而代之，政府及其他公共机构现在不得不面对未能依申请将有关信息公开是否正当的诘责。公民与国家的关系正在发生着显著的变化。可见信息公开并不是一个简单地将有关情报公布一下的问题，而是涉及国家与公民关系这样一个宪法性的命题,英国学者对此显然给予了高度的重视。在英国学者看来,开放政府的关键,是对公众开放公务信息,而信息自由在很大程度上也就是公务信息流通的自由、获得的自由。于是,开放政府与信息自由的关联就是自然而然的了。

英国现行的信息自由方面的议会立法包括:1987 年的《个人档案访问法》,1988 年的《医学报告访问法》,1990 年的《医学纪录访问法》,1992 年的《环境信息规范法》,以及 1984 年实施、1998 年修订的《数据保护法》。从这些立法的内容看,信息公开的范围是非常广泛的。对于信息公开的理解,显然不能局限于公开政府制定的拘束公民权利与自由的规范性文件这一狭隘的内涵,而至少应当包括以下两个方面的内容:一是政府掌握的公共信息应当尽可能地公开;二是政府掌握的私人信息应当得到充分的保护。只有兼顾这两个方面,才能既保证政府手中能够掌握足够的决策信息(不保护私人信息就难以保障这一点),又能使政府掌握的信息不至于损害作为信息来源的私人的利益。

第五节 行政立法——委任立法

行政的立法职能是英国行政法与中国行政法对位比较准确的一个分支。但行政立法与委任立法在英国存在些微的区别:英国至少有两类非行政机关实施的立法活动是冠之以委任立法的名号的:一是单独一院的委任立法;二是权力下放地区的委任立法。因此,严格说来,委任立法不完全是行政机关的立法,因为行政机关制定的成文法律文件最终的命运不掌握在行政机关手里,就像政府向议会提出的法律草案的命运至少在形式上看最终不掌握在政府手中一样。

当然,在立法至上的英国,虽然不像美国宪法那样明确立法权属于议会,但立法职能根本上应当属于议会,行政方面的立法原则上都应当属于委任立法。而且从法院的态度看,囿于议会至上,法院对于议会立法的一般原则是只解释不审查;而对于行政立法活动,无论是直接受议会委任的立法,通过枢密院令发布的王权立法,还是行政机关的附属立法,从法律上讲都可以成为司法审查的对象。

英国学者认为委任立法作为现代政府不可避免的特征主要基于以下几个原因:一是议会会期的压力;二是立法涉及的实体问题的技术性;三是灵活性的需要;四是紧急状态。此外,英国议会中非常普遍的一种委托给部长的权力就是发布命令而使制定法全部或者部分付诸实行的权力。这一授权给了相关部长相当的审时度势以决定相关法律何时付诸实施的恰当时机。这对于那些涉及众多的既有法律的调整，以及前瞻性的立法的实施，显然是一项非常实用的立法技术和行政管理手段。

英国学者对于委任立法必要性的认识，是与其对于委任立法可能的破坏性的看法同时并存的。这种清醒、全面的对比认识，表现为对委任立法的施行情况的极大关注，其结果则是对于委任立法的法律节制手段的不断丰富和监督控制体系的不断完善。英国学者对委任立法的批评主要集中在以下四个方面：一是缺乏民主参与；二是数量太多；三是次级立法，即委任立法不是由那些获得原始权力者制定的；四是缺乏有效的控制。

基于这种认识，英国学者得出的结论是，如果委任立法是现代社会的一种必要的现象，那么以下几点是非常重要的：①在其制定的过程中应当咨询各利害关系方的意见；②议会加强监督和指导被委托出去的权力的行使；③委任立法本身应当公开出版；④一旦出现需要对委任立法的合法性提出挑战的事由，委任立法则应当在法院受到挑战，即受到毫不留情的全面的司法审查。因此，对委任立法的控制包括：①制定过程中咨询专家；②公正发行，从而可以接受公众的挑剔；③议会的监督，包括推翻委任立法（如就同一事项进行议会立法，从而使委任立法自动失效）、确认程序、否决程序（40天内）、委员会审查、议员提问、上议院的监督（上议院虽然不能否决提议中的法律案，但可以否决委任立法，例如 1968 年否决了一项根据 1965 年的南罗德西亚法而对罗德西亚政府实施制裁的命令）；④法院的控制：司法审查。虽然由于议会至上原则，制定法绝不可能受法院的挑战，但是委任立法却可以。据此，我们可以得出英国行政法中对于委任立法进行监督和控制的以下几个途径：①在授权环节限制委任权、明确委任立法的程序；②在起草阶段强调咨询利害关系人的意见；③在审议通过及事后的备案程序中加强议会的控制；④在生效实施后的执行过程中加强司法控制等。

第六节　行政救助

行政救助是现代福利国家的政府所承担的一项最为主要的行政服务职责。韦德爵士精辟地指出，福利国家的运作，无疑是行政法的首要问题。较之我国而言，英国学者显然将大量的注意力放在政府的服务功能、救济功能上了，这可能有点脱离中国的现实。因为我们现在所面临的许多问题都不是严格意义上的法律问题，也不是一个严格意义上的法治国家还会面临的问题，而主要是制度转型时期如何姑息既成现实、照顾既得利益者的问题。这些问题在很大程度上不是通过制度完善所能解决的，而是以既得利益者淡出主流社会圈层而消除的。因此，作为一部前瞻性的著作，笔者并不打算将着眼点完全集中或者局限于我们目前所面临的问题上，行政救助显然就是我们目前已经显露端倪，并且将日益发展成为我国行政法的一个重要增长点的崭新领域。

英国的社会救济的范围非常广泛，主要解决的是人的基本生存问题，即所有与人的基本生存有关的领域，只要是英国公民，即享有法律上的生存的权利，并可以由此要求政府给予其必要的生存所需要的一切，具体包括住房、医疗、教育、公正、饮食等。

第七节　行政许可

英国没有统一的许可法，但存在行政许可制度，行政许可制度是在各单行法中分别规定的，如规划、消防、娱乐场所、酒类销售、公交车运营、电视收视等。而绝大多数的许可都是地方政府实施的许可，至少从英国行政教材中介绍到的许可案件看是这样。

英国行政法中最常讨论的行政许可行为是涉及土地开发利用的规划行为（planning）。规划法（Planning Law）是英国行政部门法中的一个重要的分支，其地位与警察法相当。规划行为成为行政法研究热点的原因在于：一是土地是英国最主要的不动产，而不动产是英国人最主要的财产，而土地被英国民族视为最重要的财产权益，因此涉及规划的行为影响重大的财产权益，容易引起人们的重视；二是英国的行政许可种类有限，具有普遍性的非规划莫属；三是规划法是英国法中一个相当重要的部门法，有比较丰富的资料。

行政许可既可以由中央政府的部门实施，如电视收视许可是由内政部负责的；也可以由地方政府或者地方公共当局实施，如地方规划当局通常就是一个地方公共当局。这就意味着，既然是一个地方公共当局，它一般是既独立于中央政府，又独立于地方政府，而只服从于法律的。

英国行政许可的强制实施，与其他强制执行制度一样，主要是通过刑事制裁手段而非行政强制手段予以保障的，当然所定之罪都是轻罪。正因为如此，有时也会出现刑罚过轻，违法行为扣除刑罚成本后仍有利可图，从而屡禁不止的情形。于是，告发人之诉派上了用场。在类似的情况下，告发人诉讼一直被用于针对那些发现违法行为有利可图的人，以强制措施落实规划控制、消防等方面的法律。如在 1931 年的 Attorney-General v Sharp 一案中，某一车队的主人无（许可）证从事公交运输违反了地方法规，但他被起诉了 48次之后仍继续无证运营其公交车，因为他发现上缴罚金后仍有利可图。法院认为，由于涉及公众的权利，并且地方法的规定效力不足，因此决定同意签发强制令以作为一种补救。强制令的效果是禁止其再从事运营，而不是罚款了事，如果其不服从该强制令，则构成蔑视法庭罪。届时，就不会再简单地处以罚金了事了。

第八节　行政计划

英国是世界是最古老的资本主义国家，其市场经济的历史甚至长于其资本主义的历史。在我们与计划经济渐行渐远之时，看一下英国当代的行政计划，不知是否会使读者耳目一新。英国的行政计划给笔者的印象是：凡事预则立，不预则废。

从制度上看，英国的行政计划都是由某一制定法规定的，该制定法就特定的事项推行某种计划作出布置，如规定谁负责起草计划、如何组织实施、财政如何保障等。从性质看，英国的行政计划主要是自愿性质的，当事人是否参与计划，依其对计划所能提供的利益或者服务的权衡而定。从计划实施的手段看，一般采取合同方式，通过政府一定的财政投入，赎买计划参与人所控制的产品或者资源，以实现设立行政计划的立法所要达到的目标。

第九节　行政处罚——轻罪

从不严格的意义上说，英国只有罪与非罪之分，而没有刑罚与行政处罚之别，因此，凡是纳入我们行政处罚范围之内的行为，除了违反户口管理的规定以外（英国没有户口管理制度，但对来自中国大陆的侨民实行类似的登记管理制度，并收取 36 英镑），都是犯罪行为。

在英国单独管理领域的立法中，行政法与刑事法之间并没有明确的界限，但几乎看不到行政机关直接实施处罚行为的规定，规定刑事责任条款却非常普遍。当然，这种刑事责任条款的前提往往不是违反某一法定义务本身，而是在违反该法定义务的行为发生后，由行政当局发出一项警告性的执行通告。只有对我们所说的限期整改通知后仍不思悔改的行为，才能施以法律规定的相应刑罚。这种情形相当于赋予整改通知以司法判决的权威，违反该通知的后果就是蔑视法庭，因而应科处刑罚。

这方面最典型的例子，就是前述规划领域对于在指定时间内拒不遵循强制执行通告者所实施的刑罚。如果非要说英国也存在行政处罚制度的话，笔者只能承认英国的行政处罚与刑罚的区分仅有时间上的先后区别，而没有类型上的区分，任何与行政管理有关的行为都可能构成刑事犯罪，但在此之前，都有一个行政当局对此发出警告性的通告。该通告一般由法定行政当局根据制定法的规定针对特定的违反行政管理事项的行为发出，该违法行为本身并不构成犯罪，但是在通告指定的时间内拒不改正的行为却可以构成一种类似蔑视法庭罪类型的犯罪，对原违法行为的惩罚也仅在此后才可以实施，在此之前，有关行政当局无权实施处罚。至于通告的核心内容，就是纠正制定法所规定的违法行为，而不包括其他任何实质性的处罚。当然，按照我国行政处罚法的规定，这种恢复原状的决定本身也是一种行政处罚形式。但在英国，这种通告的性质仅在于预警，尽管其实质上会造成接受通告者因遵循该通告而承担必要的恢复原状的损失，如拆除未经许可的建筑，但这种损失不视为是一种惩罚。只有当通告的内容未被遵循时，原违法行为与不遵循通告的行为复合的结果，才构成一项犯罪，并将因此而面临实质性的处罚。当然，一般就是刑罚了，但就种类而言，主要以罚金为主，与我们行政处罚所说的罚款并没有区别。而且，通告所规定的内容也是要实现的，如由规划当局予以拆除，由当事人承担相应的费用。

英国行政法中不乏值得借鉴的设计得相当巧妙的处罚形式，如对于非法入境的承运人将没有适当文件的旅客或者秘密进入者带入英国的，可能被罚款并且要承担将他们送回去的费用。这种处罚方式的好处在于，尽管对于被处罚人而言，处罚的数额在一般情况下可能是个不确定的数字，但对于其承运人职业而言，他们应当比一般人更了解这种费用，因此用这种办法惩罚他们可能更有效，这是英国行政处罚设计中的一个技巧之一。

第十节　行政强制

一、行政强制与警察权

在英国，提到行政强制，首先考虑的就是警察权的现实性及其控制，因为警察是维护"女王的和平"最主要的强制手段。但在英国的宪法行政法的教材中，警察权是作为一个非常重要的内容加以讨论的。但其讨论的重点涉及公民宪法权利的保障及刑事侦查领域的公权保障等内容，与本书关系不大。本书已在行政权一章中将警察权作为行政权的一种特殊形态，从组织到行为直至监督，均作了比较系统的介绍，可参阅。

英国行政法中另一个重要的行政强制类型就是强制征购土地。这是英国土地管理制度中与行政规划同等重要并且紧密联系的领域。英国土地管理制度的一个基本现实是，一脉相承从未中断过的土地所有权制度已经有长达千年的历史，每一寸土地都是四至明确、所有权清晰的。同时，英国是一个私权重于公权的国家，因此，就行政法而言，对于土地的管理除了通过规划调整其用途外，就只能购买，而不是强制征收。为了公共目的而强制征购土地的可能性久已存在，许多政府部门、地方当局及公法人拥有此项权力。然而，所有这些权力都在中央政府的控制之下，因为每一项购买都必须取得部长的认可。中央控制土地强制征购权力这一事实所透露出的更为重要信息是，这是中央加强对地方控制的一个证据。决定是否可以取得土地的程序以及是否必须告知利害关系人等，由 1981 年的土地获得法规定；而对征购土地价款的估价则依 1965 年的强制征购法确定。为使征购土地的公共当局能够安全地拥有土地的所有权，对强制征购土地的命令不服提请救济的期限为 6 周，该期限自强制征购令经部长确认后并予以公告之日起开始计算。这个时间并不宽裕。这一期限并非最终关门时间，有许多的例外。

二、行政强制执行与蔑视法庭

英国没有专门的行政强制执行法，行政强制执行除了治安法院承担的地方议事会税及增值税的强制征收等少数例外外，主要是由行政机关诉诸法院，经法院审理后，以执行法院判决的形式保障其行政方面的意志得到实行。从这个意义上讲，法院所执行的并不是一个行政的决定，而是其作出的司法判决。而法院执行其判决的手段似乎也只有一个，就是签发一个令状，要求受送达人按其中的指示行事，否则即以蔑视法庭罪论处。

由法院通过特权令状来强制执行中央或者地方的命令，这正是英国司法系统的特点。在任何一个司法系统中建立一种自上而下的约束机制，以实现上令下从，似乎并不是司法系统的特点，而是行政系统的特点。但是英国学者的本意是指，司法的目的就是执行法律，而中央或者地方的命令如果是合法的，就应当有机构为其落实，而这个机构在英国就是法院。因此，韦德爵士这里所谓的司法系统的特点，就是指司法体系用以执行命令，作为一种强制执行手段的功能。通过司法体系由法院来强制执行中央的命令，这似乎是英国的一个传统，历史上这是由英王的法院完成的，在英国建立统一的中央政府之前的数百年间，英国就是这么过来的。

　　因此，如果行政行为超越了其职权（越权），法院就需要撤销它或者宣告它非法（事实上这两种判决没有什么区别），此后，任何人都没有必要再去理会它了。在这种情况下，因为行政机关已经不可能再在法院方面谋取强制执行，而老百姓只需要服从法院的强制执行，于是，就没有任何老百姓再有理会这个决定的必要了。至于行政机关，如果它不是那么坏的话，也不应该再提这个茬；而且即使它真的坏到了非要找这个茬不可的地步，老百姓也完全可以基于法院既有的无效判决，而提起一项禁止令的诉讼，请求法院免除滋扰的令状，如此一来，也就没有什么事了。至于是否可以追诉如此行政的行政官员的责任，这个问题似乎没有多少英国学者研究，至少从笔者的阅读范围所及是如此。笔者姑且认为英国已经超越了这个令学者尴尬的发展阶段。

　　对于法院作出的判决，部长、行政裁判所或者其他行政当局在法律上没有别的选择，只能而且必须作出一个新的决定。这个决定必须与法院的判决一致，即法院判决发放许可证则只能发放。至于我们所关心的如果他们不发怎么办的问题，英国学者会用另外一个问题作为回答：他们为什么不发？他们可能不会想到确实会有人坏到即使在这种情况下也不发的地步，这对于他们来说，也许是真正意义的匪夷所思。

第十一节　行政合同——契约政府、
合法期待与信赖保护

　　韦德爵士将这一角度的政府职能称为契约政府，并重点强调了英国当代政府在这方面的最新作为。用韦德爵士的话说，以前完全由国家承担的政府行为的私营化日益普遍以及在可能的情况下引入某种形式的竞争机制，是英国在过去的 15 年间行政管理模式方面的重大转变中与执行机构的大量设立并驾齐驱的另一个例证。这一发展是基于这样的认识，即国家提供服务和行使职能的效率往往不是很高。而私营部门由于受竞争的驱动，往往能够更有效率地行使这些职能和提供这些服务。应当给予公众选择的权利，他们自然会选择更好的服务。于是，在这些领域中，国家的角色就将局限在决定如何引入市场约束机制以供各竞争者遵循，并向私营部门提供机会以使他们能够提供这些服务和职能。"政府只掌舵，但不划船"就是誉美这一转变的恰当比喻。这些变化暗示着行政法领域的显然变化。以前由应当受司法审查监督的某一政府部门或者其他公共机构提供的服务，现在由基于某项合同的一个私法主体具体提供，而该服务通常的接受者却往往不是该合同的缔约方。

按照英国学者的说法，合法期待（Legitimate expectations）的概念是英国公法中不断发展起来的一个与公正原则有关的概念。从英国行政法的研究情况看，合法期待原则的意思，与我们目前炽热地讨论的信赖保护原则差不多，但是信赖保护可能更主要地是从德国法的角度，特别是德国民法中有关公序良俗的角度展开讨论，而英国公法中的合法期待则主要从合同法及普通法上有关习惯的法律理念方面进行推导。英国学者认为，英国法在合法期待领域的发展在很大程度上应归功于欧洲法。2001 年的 *Coughlan* 一案增加了比例原则的判据取代对行政行为的不合理性为审查重点的 Wednesbury 判据的可能性。

合法期待名下需要讨论的情形主要有四种：①公共当局作出了一个影响某甲的决定，但后来又试图用一个新的决定替代原来的决定；②公共当局作出承诺将采取某种程序或者政策来处理影响某甲的事项，但事实上却并非如此；③公共当局虽然没有作出任何的承诺，但却长期以来一贯遵循一种相沿的作法，以至某甲认为这一做法如果没有通知要改变的情况下会延续；④公共当局公开声明自己将在某一事项上遵循某一政策，但却在决定某甲的案件时改变了这一政策，使其决定与某甲所预期的相左。

可以假定，上述任何一种情况的结果，都要比当事人的期望值要低。但是，对于上述分类中的每一种情形，即使证据确实存在，要想取证也总是不那么容易的。例如，在第二种情况下，即公共当局作出承诺时，某甲对其与某一行政官员某丙的谈话的理解可能与某丙本人的理解相差悬殊（某甲可能坚持认为某丙许诺某甲的申请将会成功，而某丙的记忆则是他只是说类似某甲提出的申请具有公平地取得成功的机会）。如果双方的交流是书面形式的，则同样会产生对于文字的确切含义的理解问题。在某些案件中，公共当局的官员可能超越了自己的权限范围对某甲作出了承诺，而另一个公民可能与某甲具有相互冲突的利益。

第十二节　行政司法——行政裁判、行政裁决

如果说研究英国行政法有哪个议会立法是不容回避的话，那么，《裁判所与调查法》显然属于首屈的那几指之一。该法衍生出三个概念，即行政裁判所、公开调查及行政调查裁判所，此外还涉及我国行政法中的行政裁决的概念。

英国的行政裁判所种类很多，数量更多，但就各类行政裁判所承担的职责而言，无外乎两项职能：一是裁决与行政管理有关的民事纠纷的行政裁决职能；二是裁判对行政决定或者行为不服提出的申诉的行政裁判职能。这两项职能对于不同类型的行政裁判所有不同的分布，有些是纯粹行使行政裁决职能的行政裁判所，有些则只承担行政裁判职能。广义言之，行政裁决与行政裁判都是行政机关以司法者的身份居中裁决与行政管理有关的行政争议的行为，据此可以笼统地称之为行政司法。

但仔细分析就会发现，英国学者所说的行政司法，与我们所说的广义的行政司法一样，都是既包括对民事争议第一次适用法律的行政裁决，又包括对公共当局已经适用过一次法律后作出的行政行为或者决定不服提出的申诉进行第二次适用法律的行政裁判。对于前者，笔者将其归于行政行为，并放在行政行为篇讨论。对于后者，则将其定位为一种行政救济职能，在行政救济篇的行政裁判一章中介绍。当然，这种分类属于笔者根据中国行政法的需要而作的学理分解，在英国法中则统称为行政司法或者行政裁量。

但从行政裁判所的组织上，我们还是可以区分出行政裁决与行政裁判的职能的，如职能限于一裁的就业裁判所、土地估价裁判所，这些裁判所的裁判行为属于行政裁决。就业行政裁判所与其他行政裁判所的不同之处在于，它们所裁决的纠纷中绝大多数都是发生在两个私人当事方之间即雇员与其雇主之间的，雇主可以是一个公共当局、商业企业或者私人。虽然其中涉及公共当局，但公共当局是作为雇主，即一方当事人参与裁决的，而不是作为行政管理者一方。

然而，作为就业裁判所的二审机构的就业上诉裁判所，其职能则限于审查当事人对于就业裁判所的裁决不服提出的上诉，是对一个已经由某一公共当局适用过一次法律之后而作出的某一行政决定所引起的争议或者是非的裁判，从这个意义上说，就业上诉裁判所行使的是行政裁判的职能。对于这种区分，英国学者是不会注意到的，英国的法院甚至将就业裁判所、就业上诉裁判所都视为法院，而且至少就业上诉裁判所就是由高等法院的某一法官主持的。这都没有关系，我们是从比较法的角度研究英国行政法的。介绍英国的制度固然重要，但在准确译介的同时，准确地与我国的概念与制度对位，如果不是更重要的话，至少同样重要。

尽管英国的行政裁判所中相当一部分承担着上述意义上的行政裁判职能，总的说来，向行政裁判所申诉是下文"行政救济"一章中将要提到的抱怨链的重要一环。从行政救济的角度看，设立行政裁判所作为解决部分对行政的抱怨的一个主要的动因在于成本的考虑，行政裁判所恰恰可以为那些虽有怨言但却认为不值得起诉的不平者、抱怨者提供一个合理的发泄渠道。

因此，行政裁判所更主要的职能是受理以下三类申诉并作出裁判：对行政当局作出的决定不服提出的申诉；对专门的行政专员受理当事人对行政决定不满提出的申诉并作出处理后当事人仍不服而提出的申诉；对行政决定不满向部长提出申诉后对部长的决定仍不服而提出的申诉。对于行政裁判所的这种职能，笔者将其归入行政救济，更具体地说则是裁判所复议的范畴。

第五章

行政救济

第一节　救济的多样性——救济链

在英国行政法的著作中，"救济"是一个出镜率相当高的词，但似乎没有哪个英国学者给救济下定义，正如没有人给不满、抱怨下定义一样。但几乎所有的英国学者都将救济与对政府的各种层级的不满和抱怨联系在一起。由于没有救济就没有权利的观念根深蒂固，对行政行为的救济是英国行政法中的标志性内容。任何类型的政府所真正需要的，是通过某种经常性地顺畅运行的机制，对来自对政府不满的顾客们的反映作出必要的回馈，并经过无偏私的对抱怨的评价后，校正任何可能已经犯下的错误。此处有关政府的顾客的提法，充分体现了政府的服务职能。一个仁慈的政府体制应当采取措施减轻这些不满，这不仅仅是为了公正，也是因为，在一个民主的国家中，不满的积聚将会严重地阻碍行政效能。韦德爵士的这一认识的重要性在于，它回答了这样一个问题：英国之所以要设计如此繁复的救济渠道和环节，就是为了使每一种不满都尽可能地或者总可以找到宣泄的渠道，以免其郁积。正因为如此，英国才产生了种类繁多、数量巨大的各种救济类型。随之而来的便是分类的必要性。

庞大的中央政府官僚机构在提供那么多的服务、实施如此广泛的控制的同时，也不可避免地产生许多的冤情和抱怨。即使是合法的政府行为，如果实施该行为的政府部门行事轻率、不公、误导当事人、过分地拖延或者恶劣地对待当事人时，也会同非法的政府行为一样引发正当的不满。这是一个基本的、客观的、必要的认定，没有这种认识，就不可能产生任何现实的对于救济的必要性的同情心。人总是处在抱怨之中。在人们交流的语言中，抱怨占了相当的成分。当然还有更多的抱怨，因为没有机会，埋在了心里。越是民主的国家，人民的抱怨就越多，因为他们有更多的机会，也因为他们有更多倾听他们的不平之声的"自己人"——村议会议员、区议会议员、市议会议员、国会议员、欧洲议会议员、议会行政监察专员以及警察、消防队员、济贫专员等。于是，在英国，有抱怨链之说，所有的不平，都可以按照这个链的指引去申诉：①向原决定机关申诉；②向部长申诉；③向上级行政机关申诉；④对警察的不满向警察当局申诉；⑤就专门领域的问题向该领域专门设置的行政专员申诉；⑥就专门领域的问题向该领域专门设置的行政裁判所申诉；⑦向专门行政裁判所的上诉裁判所上诉；⑧向法院提起民事诉讼；⑨向法院申请民事特权令状；⑩向法院提起刑事诉讼；⑪向法院申请行政特权令状——司法审查；⑫向议会行政监察专员申诉；⑬向本区国会议员或者地方议事会议员申诉；⑭向欧洲人权法院申诉；⑮向欧洲法院申诉。

其中，第①~⑦项属于行政救济的范围；第⑧~⑪项属于司法救济的范畴；第⑫~⑬项属于政治性而非法律性的议会救济，其中向议会行政监察专员的讨论合并在"行政监察专员"一节；第⑭~⑮项属于域外救济，但绝不是没有救济，英国政府在这种场合败诉的情况非常多。

第二节　行政复议——向行政机关上诉

严格说来，英国没有系统的行政复议制度，这不仅表现在其没有统一的行政复议法典，更重要的是没有系统的如法院一样的常设复议机构。但是，如果将行政复议理解为由法院以外的公共机构对行政行为实施审查和救济的活动的话，则英国确实存在这种意义上的行政复议。当然，正是由于没有行政复议的概念和制度体制，英国行政法也不系统地讨论行政复议制度，本节的内容包括三部分：①原级复议，即由公共当局自己提供的救济；②层级复议，即由公共当局所在的行政系统提供的上下级救济；③裁判所复议，即由公共当局所在行政系统以外的非法院的其他公共机构提供的救济，主要向行政裁决所提出。

对于裁判所复议需要强调的是，从行政救济的职能角度看英国的行政裁判所，大致可以将其分为两类：一类是就已经作出的行政决定进行裁判的行政裁判所；另一类是直接就当事人之间的民事争议作出裁判的行政裁判所。前者具有对已经作出的行政决定实施救济的功能，笔者将其归入行政救济的领域，称之为裁判所复议；后者则属于作为一种特殊的行政当局的行政裁判所履行的一种职能，即行政裁判职能。这两种职能的行政裁判所在英国都存在，但据笔者了解，似乎前者占的分量更重一些。

第三节　行政司法——向行政裁判所上诉

行政司法是现当代英国行政法一个非常活跃的领域，也是当代英国行政法学者必须讨论的内容。英国学者指出，在英国公法领域中存在着的一种非常强的发展趋势是行政活动的司法化倾向，这种倾向的一个表现就是将大量在司法中创立的原则，如自然公正原则，引入到行政决定之中。而另一个表现则是司法的行政裁决机构的出现，以及由此而产生的一种日益具有相对独立性的行政行为方式，即行政司法，其标志就是大量的行政裁判所的建立。

裁判所在英文中的含义是裁判机构，不限于法院，更不限于行政裁判所。对此最强有力的注脚是《欧洲人权公约》第 6 条第 1 款规定的"由一个独立的不偏不倚的裁判机构听审"的权利。这一广为引用的著名条款中规定的裁判机构显然是指行使司法性职能的裁判机构，当然包括法院，但也不排除行政裁判所，甚至也可以适用于行政当局依法作出裁决的行为。

从行政裁判所适用的程序看，其司法化的趋势越来越明显，以至于英国学者建议，在谈到今天的英国行政裁判所体系时，最好不要使用"行政"这个限定词，事实上，这不仅仅是个用词的问题，更主要的是一个标志，说明英国的行政裁判所体系中行政的因素已经非常有限，而裁判的色彩日益浓厚。但为了在中文中突出这一制度，笔者仍用行政裁判所的译法。正如我们在提到政府部门时都加上中央一样，英国的地方政府没有政府部门，因此他们提到中央政府的部门时都是直接用部门而不必提中央政府，而在本书中若直译显然会引起误解。

随着 2005 年《宪制改革法》和 2007 年《裁判所、法院和执行法》的实施，有关英国裁判所性质的争议或者讨论已不复存在。因为这两部"宪法性法律"均宣布，裁判所是英国司法体系的部分，受司法独立原则的保障。因此，目前在英国，裁判所与法院已没有实质区别。

行政裁判所涉及范围广泛的政府活动领域，但是它们都是由不同年代的零碎立法分别设立的。受政府所承担的变化着的压力的影响，行政裁判所的体制也在不断地变化之中。例如，移民上诉案件的体系在 20 世纪 90 年代变化了好几次，社会保障及教育领域的上诉结构也发生了类似的变化。任何上

诉体制都必须适应案件负担的波动并能够经得起根据《欧洲人权公约》第 6
条所建立的审查标准的考验。2001 年在英国引起广泛讨论的问题是，是否应
当建立一个贯穿整个政府的统一的行政裁判所体系，以取代目前零碎的、数
量众多且各有其独自的权限范围的行政裁判所。这些新的发展进一步强化了
福兰克斯委员会于 1957 年得出的结论：内部的行政程序不足以保护个人的利
益。政府所有的权力都必须公正地行使，但如果能够在制定法中设计必要的
程序加以推动的话，公开、公正及无偏私等原则将更有可能得到维护。

　　2006 年 4 月，英国政府宪法事务部成立了一个工作部门——裁判所服务
局，负责与裁判所有关的行政管理事务。如今承担这一职责的是新成立的司
法部下设的裁判所服务局，上述设立统一的裁判所体系的设想，是该局的一
项重要工作。

　　按照 2007 年的《裁判所、法院和执行法》的设计，英国既有裁判所的
管辖权将全部移交给两个新设立的裁判所，即初审裁判所（First-tier Tribu-
nal）和上诉裁判所（Upper Tribunal）。初审裁判所主要负责审理一审案件，
可以处理事实和法律问题。上诉裁判所主要负责受理不服初审裁判所裁决的
上诉案件。两个裁判所将各分设若干个法庭，每个法庭负责一个类别的案件。
2008 年 11 月 3 日，这个统一的裁判所体系正式诞生。初审裁判所设立了社
会保障法庭，健康、教育和社会福利法庭，战争补助与军人赔偿法庭，税务
法庭；上诉裁判所设立了行政上诉法庭、财政和税务法庭、土地法庭。

第四节　行政监察专员

　　韦德爵士将议会行政监察专员制度誉为英国引入的一项宪法性的改进。
当代英国的行政管理体制已经建立起一种以行政监察专员制度和行政裁判所
制度为核心的结构模式。这一结构模式的大致构成是：在每一行政管理领域
都设立一个行政监察专员，受理对该领域的行政管理事务提出的申诉，对该
行政监察专员就此作出的处理不服的，可以再向专门设立的行政裁判所申诉，
如果还不服再寻求司法救济。制度意义上的英国行政监察专员制度包括五个
不同层次的组成部分：一是最狭义的英国议会行政监察专员；二是狭义的英
国议会监察专员制度；三是广义的议会监察专员制度；四是较广义的行政监
察专员制度；五是最广义的行政专员制度。

　　议会行政监察专员经常会对那些因不良行政而受到不公正对待的个人予
以赔偿。议会行政监察专员的任务之一，就是调查个人提出的有关政府行为

的申诉，并对公务错误（official errors）所造成的损害予以公正的救济。但是议会行政监察专员完成这一任务所采用的调查手段与传统的法院程序却没有太多的瓜葛。正如 Sir Cecil Clothier（当时的议会行政监察专员）在 1984 年所言，议会行政监察专员在裁决公司与其政府之间的纠纷时所履行的是一种几近司法性的职能，但是它却不是司法界的一部分。一直以来，议会行政监察专员对于议会的救济手段及司法审查的救济产生了一定的影响，但随着私有化的进行及对于市场要素实施的公共行政管理的普遍化，公私部门之间的界限日益模糊，不可避免地会影响到议会行政监察专员模式对于议会的救济手段及司法审查的救济作用。这种影响本身或者说其作用的程度及方式，也会发生一些变化。

议会行政监察专员所采取的对行政的不满进行调查的方法，具有议会程序所缺乏的所有优点：这种调查程序是不偏不倚的、非政治性的，并且能够穿透部长责任制下议会与政府部门之间设置的屏障。韦德爵士这样说的背景是，由于部长责任制下，部长与议会、部长通过内阁与议会建立起来了错综复杂的关系，使得议会要按照部长责任制的原则探究对某个政府部门的抱怨存在着一种难以逾越的韦德爵士所说的屏障。但是，话又说回来了，在议会行政监察专员情况下，这种屏障就可以消除吗？惟一的希望就是，此时议会行政监察专员是以个体身份参与案件的调查，其调查的结果也是由部长及其下属承担个人责任，而不再是由整个议会或者内阁来承担集体连带责任。这就使得这种调查机制免去了许多难为情、下不了手的尴尬。从而出现了韦德爵士所说的效果。

议会行政监察专员并没有权力强制某一中央政府部门提供救济，但如果因不良行政导致的不公正没有得到救济，议会行政监察专员就可以向议会提交一份报告。向议会提交的第一份这样的报告是在 1978 年，该报告促使政府决定引入相应的立法以对不公正的待遇提供制定法上的救济。但是在 1995 年，第二份这样的报告的结果却是政府拒绝承认交通部在规划英吉利海峡隧道铁路项目中举措不当，以及该项目对肯特郡内受影响的财产所造成的损失。直到 1997 年，交通部才提出了一项赔偿某些所有者的计划，议会行政监察专员认为这一计划是可以接受的。也就是说，两次这样的报告都有了交待。

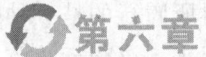

第六章

司法救济

第一节　司法救济的基本谱系

司法救济是与我国的行政诉讼制度相对称的概念，英国行政法中的现成概念，如救济、法律救济、司法审查、特权救济等，都不足以与我们的行政诉讼制度完全对应。司法救济特指由法院对行政行为提供的救济，故基本上可与我国的行政诉讼制度对位。但是，司法救济并不是英国行政法上的概念，而是本书作者为了制度比较的需要，以中国的行政诉讼制度为蓝本，对英国对应法律制度的拟制。为此，笔者尽量对司法作严格的限定，即由法院实施的解决争议的活动，也就是由法院实施的对行政活动的不满进行的救济。据笔者估计，英国比较成形的司法救济类型有 10 种：①一般救济之一——民事诉讼的救济；②一般救济之二——刑事诉讼的救济；③一般救济之三——强制令；④一般救济之四——宣告令；⑤一般救济之五——告发人之诉；⑥特权救济——人身保护状；⑦司法审查之一——调卷令；⑧司法审查之二——阻止令；⑨司法审查之三——训令；⑩制定法救济——上诉。

第二节　司法救济的基本原则——越权无效原则

按照韦德爵士的说法，关于任一公共当局都不得在其权力范围外行事（越权）的简单命题，可以当之无愧地称之为行政法中心原则。Lord Browne-Wilkinson 更是将"越权无效原则视为司法审查的法理学基础"。尽管如此，笔者之所以仍将越权无效原则放在"司法救济"一章讨论，主要是因为这一原则对于英国以司法审查为中心的司法救济制度的突出贡献及传统作用。在有的英国学者看来，司法审查的一个关键性基础是得到广泛认同的越权无效原则，该原则对于司法审查的意义在于，所有的司法审查的基础都是通过对制定法的解释发展起来的，而且依靠议会的立法本意符合司法审查的原则这一根本假设而存在。

从越权无效原则本身而言，如果将越权中的权视为制定法授予的权限，则越权无效原则在司法审查领域中的应用，确实涉及对于制定法有关权限的规定的解释。当然这恰恰是越权无效原则的应用问题，而不是越权无效原则产生的本原。从与议会至上原则相统一的角度看，认为司法审查需要依靠"议会的立法本意不可能违反司法审查原则"这一根本假设似乎又是有道理的。因为从历史角度看，这是司法审查制度存在及进一步发展的一个前提。如果英国的立法在越权无效原则发挥作用的几百年间根本不顾及司法审查制度的存在以及法院对于议会立法的矫正性的解释的话，那么英国的法律体系早就分崩离析了。正是议会、行政与司法之间的默契、妥协，才在几百年间维系了英国的议会民主体制。

英国学者对于越权无效原则的理解，在很大程度上沿袭了英国法院几百年来对于该原则不断运用所取得的成果。因为法院已经通过扩充和提炼越权无效原则，在很大程度上发展了这一主题，使之衍生出许多分枝，其中有许多已经具有高度的技巧（artificiality）。事实上，任何人都不难理解越权无效原则的本义，但对于如何在实践中掌握"权"的范围、"越"的尺度、"无效"的后果，却并不是一件简单的事。特别是在授权立法出于行政管理实际的需要变得越来越宽泛、越来越含混的情况下。以下就是英国学者对于法院解释议会授权中的几种比较棘手的规定的一些技巧，包括：①实体方面对主观限定词的解释；②程序方面对自然公正原则的适用等。

这些技巧中最主要的或者说最常采用的，就是所谓的默示条款（implied conditions），即法律或者合同中不言自明的内容，以区别于明示条款。英国法院对授权立法中的默示条款的假定或者推断，是一项非常重要的法律解释技术或者法律执行信念。这既是司法审查过程中法院据以对行政行为进行审查的依据，也是在很大程度上对立法行为本身进行限制性解释的主要依据。这在某种程度上可以说是国王不得为非原则的现代版。而正是通过这种将所有的立法活动都解释为基于上述默示条款的良法，而只对不当的、恶意的违法行为进行纠正的司法审查的指导思想，解决了英国议会至上的宪法原则与司法审查的关系，维护了法律特别是成文法律本身的权威，同时保障了司法审查对于一切行政行为审查的范围和深度。

第三节 司法救济的受案范围

英国公民现在对于司法审查程序的利用要比此前的特权令状的运用充分得多。如果司法审查的申请涉及公共当局或者官员，那么法院总是愿意将其纳入自己司法审查的范围，除非存在相反的理由。因此，基于英王特权而作出的决定可以司法审查，除非其主要事实在法律上不具有可裁判性。同样地，对于地方当局限制人们对公共财产的使用的决定、启动法律程序的决定以及为签订合同而发出邀约的行为等，也可以提起司法审查。但是，正如英国行政法从不将司法救济作为一项统一的制度进行研究一样，司法救济受案范围在英国也没有对称的概念。但英国行政法显然也讨论某一案件是否可以提起司法审查、是否能够上诉等问题。如对英王特权的讨论、对司法审查与议会至上关系的讨论等。

但是需要提醒读者注意的是，英国行政法对于受案范围的讨论是建立在某一潜在的原则基础上，作为例外加以讨论的，其讨论的内容总是说某某类型的案件何以不能司法审查，而很少述及可以司法审查的案件的范围。而这个潜在的前提，就是笔者以下对其确定受案范围的理念的归纳：①法院管辖所有的司法性案件；②所有行政争议，除个别例外外，都可寻求司法救济。

英国司法救济中一个非常值得我们注意的问题，是其对于受案范围的理解存在两个不同的标准，即形式审查标准与实质审查标准。对于不同的标准而言，受案范围是截然不同的。

实质性审查标准涉及案件的胜诉权。实质审查意义上的受案范围，是指法院是否具有实质性审查权限的案件范围。例如，一般认为，基于议会至上的原则，对于议会的立法，法院没有审查权限，就是指其实质性审查权限；同样的例子还包括法院无权审查自由裁量行为、无权审查不具有案件性的行为等。

形式审查涉及的是案件的受理问题。笔者提醒读者务必注意的是，法院对于某一案件的实质性问题没有管辖权限，并不意味着法院不可以审理这个案件，而只是说法院无权作出实体性的裁决。但对于形式问题，即某一案件所涉及的问题是否属于法院的管辖权限的问题，则是法院当然有权审查的问题。这就是案件的形式审查标准。

不仅如此，笔者还想提醒读者注意，司法救济的受案审查阶段解决的问题，并不限于形式审查权限的问题。英国法院对于自己是否对某一案件具有实质性管辖权的审理，如某一规范性文件是否属于议会立法，属于正式的审理程序解决的问题，而不是受案审查程序解决的问题。也就是说，即使法院仅具有形式性的审查权的案件，也并不妨碍法院将其纳入正式的审理程序进行审查，惟一的限制是，如果法院经审查最终认定自己没有实体审查的权限，则法院除了宣告这一结论外，不能作出任何实体性的判决。但是这一非实体性的判决也并不妨碍其成为一个具有拘束力的判例，因为它毕竟解决了某一个案是否属于法院的管辖权限的争议。

一、自由裁量权应当接受司法审查

即使在英国，也并不是所有的人都能够接受或者自觉运用任何情况下都不得授予不受拘束的自由裁量权的原则，代表政府部门的出庭律师往往就属于此类。他们常常会申辩说，议会某某立法赋予某某部长的权力是不受羁束的自由裁量权。韦德爵士强烈地谴责这种不讲原则、一味迎合委托人的抗辩行为，将他们的这种抗辩称为对宪法的亵渎。可见，对于自由裁量权是否可以司法审查的问题，在英国的理论界与实务界之间还存在一定的距离，因为政府的出庭律师或者与之对簿的原告方律师以及法官，至少不会认为这种抗辩严重地违反行政法的常识，否则，就不会成为英国学者提到的完全可能发生的正常现象了。

二、事实审的进一步拓展

英国法认为，任何裁判机构及其他决定者都没有对于其管辖权限的范围的最终决定权，这一原则在新的历史条件下作了进一步的拓展，即管辖权事实认定原则的确立。该原则是指，即便有必要以某一"先决性事实"作为确定某一决定者的管辖权限的根据，这一先决性事实也必须由法院确立而非由决定者自己确定。以内政大臣所享有的在其认为有利于公共利益时驱逐外侨的权力为例，如果 X 因依此权力将被驱逐出境而被先行拘禁，该 X 声称自己是英国公民，因而不是被驱逐的对象，于是，其国籍问题就成了法院必须裁判的先决性事实。法院必须审查与 X 的国籍有关的证据，并根据这些证据作出自己对于这一事实的决定。可见，就这一问题而言，法院所扮演的角色并不限于一个监督者。

三、对议会立法的司法审查

尽管英国传统上强烈地反对法院拥有对初级立法的合法性进行审查的权力，但是法院仍然无法摆脱对某一声称具有立法效力的规范性文件进行审查以确定其是否属于"议会的法律"职掌。事实上，这等于宣告：英国的法院尽管不能对议会立法的合宪性进行审查，但却可以对某一议会通过的立法是否就是"议会的法律"进行审查。而这种表面上看来自相矛盾的结论的价值在于，从逻辑上看显然是错误的结论并不当然地没有制度的价值，而英国法中恰恰不乏这样的制度。同时，英国法院在这一问题上所表现出来的这种倔强的态度、执着的精神，只能产生于独立的、无所畏惧也无所企求的头脑之中。

基于此，英国学者进一步指出，议会至上原则既是一个普通法方面的议题，同时也是一个重要的政治现实，但现有的先例均不能证明在任何情况下该原则都不得由司法判决予以评价，更不能说该原则不可能被法院加以改变。但笔者觉得，英国学者说这话的时候，信仰的成分多于经验的成分，因为他们始终也举不出足够的使人确信不疑的例子来证明英国现在确实存在着可以感知的法院对于立法的司法审查。虽然从其他方面我们可以相信，这种审查还是存在的，但都是围绕着一个中心问题而采取的迂回策略，而对于中心问题的解答似乎总是处于回避的状态，没有一个旗帜鲜明的答案。

总之，从现有资料看，英国并不是没有对议会立法活动的司法审查，但法院在其中只发挥部分的作用，这种作用除了此处介绍的对于某一规则是否是议会的法律的审查之外，还包括对于某一属于议会的法律中所包括的规则的本义的司法解释。此外，英国宪政体制中存在的议会与政党、选民及舆论之间的微妙均势，也在一定程度上弥补了司法之不足。

四、制定法排除司法审查条款的有效性

由于我国行政诉讼的受案范围主要是由法律亦即制定法规定的，因此，关于制定法是否可以排除某类行政行为的司法审查的问题的借鉴意义是显而易见的。

在特权令状及其他救济形式的请求程序未改革之前，英国法律实务界已经形成了丰富的寻求这些救济的办案技巧，由此导致的一个后果是，过去的立法在规定寻求司法审查或者制定法上的上诉的程序时，往往规定得非常简单。这些立法又常常涉及政府的特别权力，而且还时常包括一些排除其他形式的司法审查的规定，其表述如"禁止在任何司法程序中提出质疑"。尽管如此，法院仍不遗余力地对这些规定作出有利于司法救济的解释。在司法判例为了推广司法救济而对这些本来旨在限制司法审查的范围的制定法条款的新的解释中，往往充满着普通法特有的智慧，对人类的语言能力的发展也具有令人瞠目的贡献。

关于普通救济的立法排除问题，韦德爵士指出，必须首先强调的是，英国法中有一个基本的假设：不得对法院的监督权实施任何限制。Denning L. J. 曾经在一个案件中指出："据我所知，除非制定法以最清楚无误的字眼作出明确的规定，否则，调卷令的救济手段绝不能被剥夺。"我们也许会问：有

这样的文字吗？如果有的话，那么岂不是还是可以限制的吗？这就要看语言的确定性程度了。而实际上，所有人的语言都不太可能达到这种程度，因此，只要法官认为某一制定法的规定不应当排除普通救济，他总可以找到其表达不够准确无误的地方，甚至可以在任何情况下一概将其认定为不够准确无误。

其他行政法学者也指出，在英国学界，存在着这样一个强势的推定：立法绝不可能存在任何排斥司法的企图。例如，在议会指定某一特别行政裁判所作为强制落实某一新的权利或者义务的公共机构时，有必要将这一规定仅仅理解为将该行政裁判所规定为第一审级，而非替代司法审查的最终审级。除非制定法规定了与司法审查完全相当的救济途径，则行政裁判所的决定就应当接受司法审查。也就是说，英国的法院在解释议会的立法时，有一个根本的出发点，即议会的立法绝不可能号召人们远离法院。正是基于这一强大的推定，才会将制定法中可能使人产生议会立法在排除司法审查的误解的文字，解释为与其字面意义完全不同的内容。而此处所说的与司法审查相当的救济，就是指制定法所规定的上诉，或者其他司法审查以外的令状救济程序，而司法审查则可能仅限于三种特权令状。而这些途径的一个根本前提是，其最终的结论在任何案件中都可以而且最终在法院得到，否则，就谈不上与司法审查相当，因为司法审查总是法院实施的。

五、对行政规范性文件的司法审查

对于那些公共当局的权力来自于其他的立法途径，如北爱尔兰、苏格兰或者威尔士的立法性文件或者仅在本地区有效的立法，其中主要是指地方权力下放后当地议会制定的立法性文件，法院可以审查该公共当局的权力的合法性，以及基于对此项权力的信赖而作出的决定的合法性。与议会立法不同，这些制定法文件不属于议会至上立法的范畴，因此，属于法院审查的范围。因此，在涉及行使这些权力作出的行政决定的案件中，不仅要审查决定的结果，而且还要对作为决定的依据或者说决定者信赖的对象的授权法律文件本身的合法性进行审查。

由高等法院对公共机构所作出的行政决定及所制定的规章的法律性进行审核（check），这是英国法学界的常识。因此，英国并没有所谓的具体行政行为与抽象行政行为的区分，所有由政府实施的行为是否可以由法院进行实质性审查，其决定因素不在于其影响了一个人还是所有的人，而在于其是否影响了申请人。当然，英国的司法审查自有其例外之处，如国家行为，但抽象与否显然不足以构成与之等量齐观的例外。

六、对国家行为的司法救济

尽管英国学者难以认同国家行为的统一的概念，但关于国家行为有以下几项重要的否定性的结论：

1. 一般而言，宣称国家需要并不足以赋予那些否则就是违法的政府部门的行为以合法性。也就是说，政府部门的违法行为不能因为其宣称该行为是出于国家需要而具备合法性，是行为本身的本质决定其法律定性，而不是其权力的渊源、行为的目的，更不是行为的借口或者由头。这在很大程度上可以打消那些千方百计文过饰非者的侥幸心理。

2. 英王已经获得的领土或者已经签署的条约等诸如此类的事实本身，并不形成针对英王的可强制实施的权利。

3. 从狭义上理解，对于那些为了寻求民事侵权赔偿或者要求获得补偿而诉诸英国法院的案件，向法院宣称所涉及的行为为国家行为的目的，只是宣示该案件不属于法院管辖权。

4. 当宣布对某一国家进入战争状态时，该国在英国的公民有义务以敌对国家公民的身份被拘留，而在英国的法院中提出的将其释放的请求将有可能面临该行为属于国家行为的管辖异议，或者（也许更令人满意地）以该行为系行使英王特权的行为为辩护理由。英国学者显然更倾向于后者，即法院至少应当先受理此案，给原告一个说理的机会。

5. 如果针对某一外国政府的行政行为（如签订条约）在英国法院提起诉讼，也会涉及该行为属于外国的国家行为的管辖异议申请，同样地，法院会拒绝管辖，理由是这种两国之间的纷争不可能在国内法院解决。在这个意义上，国家行为反映了不宜由国内法院管辖的基本原则，该原则可以描述为"法院不裁决主权国家之间的事务"。英国的法院无权裁决外国的宪政问题的合法性。

七、对人事行为的司法救济

根据制定法的规定，公务员享有基于雇佣合同而取得的对受雇者的保护，并因此具有通常意义上的对不正当的解雇行为提起民事诉讼的权利。而且，英国公务员还可以通过内部程序对不公正的解雇提起申诉，并可最终上诉至公务员上诉委员会。而对该上诉委员会的决定还可能再提起司法审查。虽说公务员的上诉程序基本上是内部程序，但最终都可能通过对内部最终裁决的司法审查而使其外部化。而所谓的内部最终上诉程序，是就内部程序而言的最高或者最终程序，不是就外部程序而言的。

但是据英国学者介绍，在法院提起的对涉及公务员的雇佣方面的英王特权的挑战，则大都不成功。目前做到的仅仅是可以挑战，但不一定成功。这表明法院还是不太愿意承认可以在这一领域挑战英王特权，这可能与法院希望公务员通过私法渠道以雇佣合同违约为由寻求救济的出发点有关。

八、对公法人行为的司法救济

正如前文所言，涉及公法人的法律领域中，至少存在四个公法机构：政府一方的部长、专门监控公法人的管理者、公法人本身、作为公法人服务对象的代表的消费者委员会。

关于上述四类主体的行为是否可以提起司法审查的问题，应当区别不同的主体而论。就消费者委员会而言，其行为主要是咨询、建议性质的，作为或者不作为的强度都不至于达到需要由司法救济予以保障的程度。而作为政府代表的部长，以及作为监控者、管理者，其行为的行政属性决定了这些行为的可救济性。最关键的问题，也是中国学者最关心的问题，还有公法人本身的行为的可救济性。

对于公法人而言，同样困难的是通过诉讼程序要求法院强制落实某一公共机构的职责，因为这似乎是制定法留给部长会议考虑的事情。但是，如果公法人的行为构成民事侵权或者合同违约，或者其超越了制定法赋予的权力，或者未能遵循制定法规定的程序，或者未能履行制定法规定的特别义务，那么，公法人的这些案件将属于法院管辖权的范围。显然，这些案件中既有民事案件，又有司法审查性质的行政案件。

第四节 司法救济的审理机关

一、审理机关

按照我们的定义，司法救济就是由法院实施的救济，因此，这一节似乎纯属多余，其实不然。恰恰是在司法审查的审理机关这个关键环节上，英国体制与我们存在着重大的、足以产生质的差异的不同。这就是，英国的司法救济基本上不是由设在地方的基层法院作为主要审理机关的，而是由作为英国最高法院之一的高等法院作为审理机关的。

法官法学功底深厚、职业操守卓绝、地位独立、法院超脱、审理法院的层级较高这五大因素，是笔者认为司法救济得以成功地发挥其有效作用的最主要的原因。这些因素在英国都是具备的，而不是所有建立了行政诉讼制度的国家都具备。其间的差别，主要就在审理法院的级别上。因为法院的级别一旦达到高等法院，法官的法学功底深厚、职业操守卓绝、地位独立等因素自然不在话下。其不但对于地方的案件没有了地域利害冲突，即使对于中央政府部门的案件，法官和法院也有足够的资本硬得起来。

在英国学者看来，司法界在司法审查中的角色的本身，就如同足球比赛中的裁判，法官的职掌就是在出现违反规则的情形时予以干预。对于是否需要设立专门法院审理司法救济案件的问题，在英国行政法名分未立的戴西时代即已开始讨论，此后即不绝于杏坛，但一直也未见大的动作。惟一值得一提的是最新命名的高等法院行政分庭，但也仅仅是将原王座法院已经行使的职能在称谓上稍作突出而已。

英国学者反对成立独立于普通法院之外专门审理司法救济案件的特别法院的理由在于，他们认为，行政当局与私人的惟一差别，就在于行政当局所拥有的一定范围的权力。行政法的一个重要的特征是法院或行政裁判所对这些权力的控制，特别是涉及公民权利的领域。而对公民的救济则可以交由普通法院，也可以由特别的法院或者行政裁判所通过适用特别的规则或者管辖权限予以救济。自成体系的行政法庭或者行政裁判所并不是行政法存在的基本条件，例如比利时，直到1946年才设立最高行政法院。但是类似法国那样长期存在特别的行政裁判所（其中最著名的就是法国最高行政法院）专门审理普通民事法院管辖权限以外的案件的做法，无疑将有助于行政法在该国的系统化。可见，英国学者对此还是多少有点羡慕的。

二、法院的司法裁量权

据说，司法自由裁量权居于行政法的中心位置，对于许多行政争议的司法解决不可避免地要涉及某些司法裁量权。其原因在于，即使与该案相关的法律原则是清楚的，但如何运用这些原则却很少是清晰的。法官的自由裁量权存在的事实，以及某一涉及部长的政策或者重要的地方当局的司法判决的政治影响，自然会招致对于法官存在政治偏见的批评。之所以会有这样的批评，完全是因为在英国的传统观念中，法官应当是政治中立的，是不应当有政治偏见的，现实与观念的这种差距就是批评之风由来之穴。

最能说明这种情况的例子出现在1981年，工党把持的大伦敦城议事会低成本经营伦敦的政策，被保守党控制的某一委员会提请法院予以审查。尽管上诉法院的两位法官使用了某些过分的语言来声讨大伦敦议事会的政策，但当该法院的判决被上议院全体一致地予以维持时，上议院判决中的措辞就谨慎得多了。

在法官行使其司法审查职能的法律根据中，有些在普通法中久已确立，如反对偏私的规则、公平听证的权利等，有些则仍在发展中，如比例原则、合理期待等。在20世纪90年代，许多司法审查案件都或多或少地起因于政治纷争，但是对于法官而言最重要的是，他们对于这些案件的裁决应当基于法律，而不是基于与法官个人的政治观点相关的原因。

第五节　申请司法救济的事由

司法救济的类型不同，提起救济的事由也不同。就司法审查而言，司法审查的事由包括实质性的越权、程序上的越权、无理性。

一、实体性事由

司法救济的实体性事由，涉及对公务决定或者公务行为的实体或者内容进行审查的事由，包括：①越权无效原则；②滥用自由裁量权；③事实上的错误；④侵犯欧洲人权公约规定的权利。

二、程序性事由

即使某一公务决定是在作出机构的权力范围内作出的，该决定也可以因程序性事由而在法院受到挑战，此类司法审查案件的焦点问题在于，确保该决定合法所必需的程序性要求是否得到了满足。许多这样的要求可以在授予作出决定的权力的制定法中找到。其他的要求则可以由普通法中的自然公正原则（即目前广为人知的公正原则）推导出来。

第六节　司法救济的申请人

英国司法救济中与我们的申请资格相对应的制度，是申请司法审查的标准。英国学者对此的讨论可以分为两个方面，即主观标准和客观标准。

一、客观标准——足够的利益

在寻求申请司法审查的受理许可审查阶段，法院只有在认为原告在与申请有关的事项上拥有足够的利益（sufficient interest）时，才颁发受理许可。足够的利益的检验标准是由法律委员会于 1976 年提议的，是一个允许进一步发展的起诉资格规则。该规则一般允许法院就何谓足够的利益行使自由裁量权。例如，一名普通的纳税人具有足够的利益来挑战政府关于为欧共体提供额外的基金的提议；机会平等委员会有资格以自己的名义对违反欧共体法所规定的权利、歧视妇女就业者的制定法的规定提出挑战。这个极端的例子旨在说明，所谓足够的利益有时非常容易满足。

起诉资格方面的判例法并不允许代表机构及压力集团以自己的名义提出司法审查的请求，除非他们是违反公约权利的受害者。而且这些机构必须确保有一个或者更多的受害者提出司法审查请求，以确保其能够依据《人权法》第 6 条的规定提出司法审查申请。

二、主观标准——不平、不忿

英国制定法上的救济可以由任何心怀不平的人援用。这一表述也为普通法所采取作为界定获得调卷令、阻止令的标准。由于这一标准承载着非常宽泛的含义，因此，事实上，与救济事项存在任何联系的人都有可能落入这个范围之中。事实上，任何关心自己的人都可以纳入这个范围。不仅如此，这一标准还被用于许多其他的制定法中，其含义也是同样地宽泛。

从字面上看，"任何不忿的人"的范围是非常广泛的，英国学者也反复强调此类案件的申请人范围之广。而且如此广泛的申请人也确实值得人们注意。但从实际执行情况看，法院也可以对不忿作出解释，即法律上的不忿者与法律之外的不忿者，从而限制可以申请制定法所规定的司法审查者的范围，使这一范围并非如字面上所看到的那样广泛。由此看来，前面所说的"这一为时 6 个星期的对强制征购土地和规定决定的权利是给予任何不忿的人（any person aggrieved）的"，既是就该条文本意的理解，也是英国当代普遍接受的理解，而其间介绍的 1962 年的例子，则仅仅是对于达成目前这种理解的曲折过程的介绍而已。当然，person aggrieved 也可以理解为权利受到不法侵害的人，因此，按 1962 年的案件的理解，邻居的权利可能确实没有受到损害。而按照现代的标准，则不再是权利受到损害的意义了，而是更为间接的和广泛的"不忿"。

第七节　证据规则及举证责任

对于英国司法审查的举证责任的配置，应当建立在这样的认识的基础上，即司法审查是对某一行政决定本身的合法性的审查，而作为其审查标准和原则的越权无效原则、自然公正原则等，已经对行政当局作出行政行为时的证明标准作了要求，而司法审查过程中，法院把握这些标准的过程，也就是行政当局履行举证责任的过程。如此说来，在英国，司法审查中由行政当局承担举证责任是没有问题的。

第八节　司法救济的程序

几乎可以这样说，在英国，有多少个单行法规定了司法救济，就有多少种彼此多少有所不同的司法救济的具体程序；至于在制定法之外的特权救济及普通救济，则更是如此，而且各类救济程序的差异更甚。因此，英国司法救济的程序不能作为一种统一的制度来理解，而应当作为不同种类的救济制度的集合来总结。简单地说，英国的司法审查的受案范围、申请主体或者申请程序等，都是没有多少学术价值的，甚至是不严肃的。正如描述英国的宪政体制时简单地说英国没有宪法一样。

英国的司法救济固然不限于司法审查，但主要以司法审查的审理程序为蓝本。英国目前的司法审查制度，是通过 1977～1982 年的一系列改革最终完成的。特别值得一提的是，在新的程序下申请司法审查的范围并没有明确界定，而且普通法的许多方面显然原封不动地被保留了下来。

一、司法救济的申请期限

司法审查的一个重要的规则是，诉讼请求必须尽快提出，并且在任何情况下不迟于形成诉讼请求的事由第一次产生时起的 3 个月。当然，此处的提起诉讼的事由产生的时间肯定不是行政行为或者决定作出的时间，甚至也不是送达的时间（如果在送达时没有告知其权利的话）。但是，申请的期限可能会更短（如果立法对某一特定类型的案件有特别规定的话）。

如果法院认为某一案件属于需要采取紧急行动的案件，如对学校的入学决定提出挑战的诉讼案件，法院可以拒绝没有及时提出的申请，即使其没有超过 3 个月的期限。因为这在法院看来似乎这种懈怠已经足以证明原告对该行政决定并不热心，因此反过来可以证明原行政决定对其并没有足够的利益。但法院同时也可以在其认为有充分的理由时，延长申请期限。这一自然裁量权的存在赋予了法院对行政当局在作出行政决定时及此后送达、告知方面的瑕疵进行监督、审查的广泛权力。

二、司法救济提起程序

司法审查可以按两种程序提起：一种是本人直接向法院提出申请，这要求本人有足够的利害关系；另一种则是为了公共利益，由本人或者公共利益的保护组织（包括行政当局）通过告发人之诉的程序提起。

（一）自行申请司法审查的程序

1. 受理许可程序的建立。1981 年《最高法院法》第 31 条第 3 款要求每一种司法审查的申请，都必须取得法院的许可。因此，司法审查的第一步应当是先向法院提出请求获得申请司法审查的许可，待法院准予提出司法审查申请时才可以提出正式的司法审查申请。这一规定源于早先的特权令状程序，其含义是要按照两个程序阶段进行申请：①法院决定是否要给予某一司法审查的申请以许可的程序过程；②正式的听审司法审查的请求的过程。

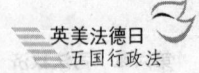

2. 起诉申请表的内容。根据民事诉讼规则，原告要填写一份申请表，申述拟提请审查的行为或者决定、相关的事实、请求的理由以及所请求的救济类型。

3. 受理前的告知与抗辩环节。原告提出的申请的情况必须告知被告（即实施被申请审查的行为或者决定的机构或者官员）及其他利害关系方。被告及其他被告知者必须在21天内向法院申诉其是否有意对原告的诉讼请求提出抗辩，而且如果提出的话必须简要地说明抗辩的理由。可见，在英国的司法审查程序中，法院在作出受理决定之前，需要通知指控者及申请书中提起的其他已知利害关系方。这样做的一个最直接的好处是，让被告或其他利害关系方与闻其事。笔者相信，在一个文明的社会中，如果诉讼双方能够以这种方式确信对方有将诉讼进行到底的决心时，在绝大多数情况下各方是会更加充分地考虑实现这一决定的成本和收益的，从而在绝大多数情况下会以息诉或者庭外和解的方式了结案件。因此，在诉讼案件受理之前为未来的诉讼双方提供一次正式的交流机会，无疑是减少诉讼以及由此造成的社会成本的一个非常好的制度设计。

而受理后再答辩给人的印象，特别是给被告的暗示是，既然已经成了被告，面皮已经撕破，那就只能奉陪到底了。司法的全部价值在于公正的经营，如此双败的诉讼心态显然不是经营得很好的公正。

4. 受理许可的决定——书面审理为主。受理许可的决定通常由一名法官以书面形式作出，但该法官也可以要求各当事方参加一个公开的在法庭上举行的简短的听证。如果申请临时救济，也要举行听证。此外，民事诉讼程序规则允许司法审查的请求由先期开始的普通程序转化而来，当然，这仍要经过法院的许可。反之，一个司法审查的请求也可以转为一个普通的民事请求。

5. 未被受理的救济——必须听证的复审。根据《最高法院法》第31条第6款的规定，如果法院认为给予原告其所请求的救济将有可能使任何人陷入实质性的艰难、对任何人的权利构成实质性的侵害或者有害于良好行政，法院可以拒绝受理许可或者拒绝原告所请求的救济。

对于这一含义模糊的自由裁量权的规定，英国学者也颇有微辞，法院在决定给予救济时的自由裁量权的规定与程序规则交互作用的结果，造成了大量的困难。但现有的普遍做法是，一旦发出了司法审查的受理许可，则法院在实体性听证阶段不得以原告在申请时存在不合理的迟延为由而取消该许可。相应的结果可能是在实体审理阶段不再审查受理阶段中应当解决的问题。尽管如此，迟延可以成为法院拒绝给予本来应当给予的救济的理由。如此看来，在实体审理阶段似乎还是要审查原告寻求救济迅速与否，这不完全是个态度问题，而更主要地是一个对自己的权利重视程度的问题。相信对于英国的原告来说，对于行政决定不服首先考虑的似乎应当是司法审查。但他们又确实有行政救济，行政救济的期限是否包括在 3 个月内？很可能不包括在内，因为在行政机关承诺予以处理期间，按照合法期待的理论，是完全可以得出相应的寻求救济的事由尚未建立的结论的。

如果申请未予受理、只获得部分受理或者附条件的受理，原告可以要求就此举行一次听证予以复审。可见，无论是否受理，都要先告知各当事方，甚至先就临时性救济申请举行听证后，才会作出是否受理的决定。也就是说，在正式受理之前，当事各方已经有至少一个轮次的交道要打。至于对未全面受理所进行的复审，则强调必须是在听证中进行复审，而此前的决定是否受理则以书面审为主，偶尔听证。可见，对于救济，是不能含糊的，而英国人也许认为其表示自己的真诚态度的最好的方式，就是给对方提供一个面对面申述的机会，即举行一个听证。

6. 复审仍未受理的救济——向上诉法院上诉。如果申请在复审听证后仍没有获得受理许可，则原告可以向上诉法院上诉。

（二）以告发人名义提起司法审查的程序

以 1977 年的 *Couriet v. Union of Post Office Workers* 一案为例，告发人之诉的程序大致是这样的：邮政员工工会要求其成员联合抵制南非来的邮件 1 周，以抗议其种族隔离政策。公民 Gouriet 认为，根据 1953 年的邮政法，这种抵制行为是刑事犯罪，请求检察总长同意其针对工会提起强制令（injunction）之诉。检察总长拒绝同意其提起告发人之诉。Gouriet 于是从上诉法院获得一个临时强制令。向上议院上诉后，上议院认为，当检察总长拒绝同意提起告发人之诉时，认为公共利益受到一种可能的刑事违法行为侵害的公民个人是不可能到民事法庭提起救济的，无论是寻求强制令还是宣告令都不行。公共权利只能由检察总长代表公众在民事诉讼中得到申张。检察总长就此类决定的自由裁量权不可以在法院中接受司法审查。

实践中，检察总长显然拥有绝对的自由裁量权来决定是否同意告发人之诉。虽然检察总长就其决定向议会负报告责任，但是，不能要求检察总长向法院证明其决定的合法性，法院也不能推翻这一决定。法院有更终局的决定权，即是否支持其诉讼。仅此一项即足矣。而如果允许检察总长的决定被推翻的话，则法院就有预断的嫌疑，而且将极大地限制这种公益性的救济途径适用的范围。

三、司法救济的审理

一旦作出了受理许可决定，就要提出进一步的证据，而实体性的听证将由一名独任法官或者分庭法院主持。在英国行政法的理论著作中，极少讨论法庭的具体审理程序。事实上，英国关于司法救济方面实务操作的指导方面的资料还是非常丰富的。但限于篇幅，本书暂不讨论。本书定位于介绍英国行政法、行政诉讼法总体制度的比较。因此，在写作过程中笔者涉猎的范围限于理论著作。

有英国学者列出了法院在司法审查过程中应当考虑的与公法方面的特点有关的五个重要问题：①司法审查的范围；②司法审查的申请资格；③替代救济的效果；④司法审查是否具有排他性；⑤法院在给予司法审查方面的自由裁量权。估计是因为文化上的差异，这五个方面的内容显然不是司法审查的程序中应当介绍的内容，而且也不适于在一章中予以介绍，笔者只能按照我国的习惯，将有关内容分别安插到我们的分类体系中。

四、司法救济的审理依据

法院以及调控诉诸普通法院的涉及政府及公共当局的争端的规则，都尽可能地适用"普通的法律"，也就是说，除非有成文立法的调整，概将公共当局视同享有所有的通常法律义务和责任的普通人。这就是英国学者反复强调的：适用普通法律，将行政当局视为普通人，并由普通的法院作为普通案件受理涉及公共当局的案件。这一切都被视为英国法律传统的真谛，是韦德爵士及英国法学者们引以为豪并刻意维护的。

在行使这一裁决权的过程中，法院所要考虑的行政法的原则都是从先前的司法决定以及针对专门事项的特别立法中发展起来的。因此，一个地方当局或者一个国际性的工业企业对于其各自的雇员的过失所承担的法律责任，是与所有的其他雇主完全相同的。同样道理，尽管部长是以女王的部长的名义行使职权的，但在法律上他却并不享有国王的特权或者豁免，而且从原理上讲与其他普通私人具有相同的法律地位。因此，对于绝大多数由公共当局提起或者针对公共当局的诉讼案件而言，在作出判决时根本不需要区分私人身份或者公务身份。正如在法治原则部分已经解释过的，这样做的目的就在于使政府服从于这个国家的普通法律。

对行政行为的司法审查使得法官不由自主地投身于在复杂而多变的立法基础上发展法律原则的使命中。在英国法的这一活跃的分支中，对于先例的运用必须加倍地小心。Lord Diplock 于 1981 年提出了这样的警告："对于公法领域的任何事项的法律性陈述，如果是 1950 年以前的，那就极有可能对今天的法律产生误导。"

五、司法救济的审理保障

英国行政法学者对于司法救济审理过程的保障的讨论，限于蔑视法庭罪。

这个罪名不重，量刑也较轻，但却很好地起到了维护法庭秩序、捍卫司法尊严的职能。

第九节 行政赔偿——王权诉讼

本节的题目表明，其内容将是一个妥协的产物。事实上，英国法本身就是妥协的产物，而将英国法介绍到中国来，也不可避免地要迁就英国的传统与事实，以及我们的语义通道。对于英国的行政赔偿或者王权诉讼，掌握以下五个方面似乎就足够了：

1. 本节讨论的内容的范围及于所有行政当局的行政决定或者行政行为所引起的赔偿责任。这种赔偿责任在英国属于不严格意义上的公法侵权责任，其范围不限于王权诉讼。笔者之所以将王权诉讼放在行政赔偿之后，主要是为了适应国内学者基于惯性而产生的对于英国行政赔偿制度的错觉。

2. 英王所承担的王权赔偿责任只是行政赔偿责任的一部分，因此，不属于王权诉讼赔偿范围的行政行为或者决定的赔偿责任，仍是我们需要关注的问题。特别是考虑到英王的赔偿责任仅限于中央一级的政府，而大量的地方事务，特别是警察事务是由不属于英王的地方行政当局和警察当局承担的。英国的中央政府与地方政府、中央政府部门与非部门行政机关的这种关系，决定了许多情况下纳入本节介绍范围内可以称之为行政赔偿主体的，不仅仅是英王，而是一个公共组织。撇开这些行政当局的赔偿责任不谈显然是不能与我国的行政赔偿完全对位的，更不能了解英国全部行政当局承担的行政赔偿责任的全貌。

3. 英国的行政赔偿程序正如其司法救济程序一样，具有丰富的多样性，而非仅王权诉讼一个途径。甚至行政救济的类型中也有许多可以产生行政赔偿的后果，而这些后果显然不属于王权诉讼法所规定的范围。特别值得引起我们重视的是，普通的民事救济途径，以及这些救济途径所发展起来的法律理论，如侵权法、合同法、财产法，对于英国行政赔偿理论的贡献，在某种程度上甚至高过一般的行政法治理论。

4. 普通法以及普通法的"普通"的观念，对于英国行政当局的影响不容忽视。行政当局在英国法中被首先视为与其他法律上的人格没有本质区别的法律主体；公务员、地方当局成员以及警察等个人在普通法上首先被假定为与其他公民（包括囚犯、难民）具有同样的法律地位并应当承担同样的法律责任。这一基础性的平等意识，对于英国行政赔偿的认定所产生的影响的深远程度往往超出一般自以为具有相当民主意识的国人的想象。

5. 王权诉讼所产生的赔偿责任，归根到底是一种雇主责任，即雇主对于其所雇佣或者任命的工作人员的行为所承担的代位责任。这种形式不是王权诉讼法之后才产生的，而是古已有之。

第十节　司法救济的判决

一、司法救济的形式

本节罗列前文提到的各种司法救济的最终判决结果，以便读者了解英国的行政当局在法律上承担的责任的具体形式，并以此作为本章及英国行政法部分的总结。英国法院通过司法救济可以向当事人提供的救济包括：

（一）支付赔偿金

在英国行政法领域，获得赔偿金并非只有王权诉讼，即我们所说的国家赔偿一种途径，除此之外还存在普通法的渠道。早在 1765 年的 *Entick v. Carrington* 一案中，英国就曾有过国王派来的国务大臣因非法搜查而被法院认定为非法侵入，受害人按照普通的非法侵入诉讼取得了 300 镑的赔偿金。这是王权诉讼法颁布前近 200 年的事。

（二）禁止侵扰

执法扰民是一个令我们非常头痛的问题，具体的疼痛部位有两个：一是逻辑上说不清，代表最广大人民根本利益、执行体现人民意志的法律的执法机关竟然扰民；二是实践中清不掉，点多、面广、频发，让人无从下手。对于这一问题，英国似乎也存在或者存在过，他们的对策是通过普通民事诉讼途径控告那个实施侵扰的人或者行政当局。例如，如果某人的土地根据一项因某种原因而非法的命令被强制征用了，该地产主就可以提起一项普通的非法侵入的诉讼，来控告任何侵扰他的财产以期实施这一决定的人。

从控制执法扰民的角度，此处对非法侵入案件的特殊理解很值得重视，即如果强制征收令是非法的或者原主认为是非法的，原主就可以以后来的占有者非法侵入为由予以控告。也就是说，没有取得合法性的征收命令的实施行为，也是一项非法侵入。这类案件在公共征收中肯定不在少数，但这种处理方式可能大大出乎我们惯常的思路。同样道理，如果某人认为强制征用其土地的命令是非法的，而执行该命令仅仅是一种威胁的话，那么该地产主也可以取得一项强制令来禁止这一命令的执行。

关于强制令的这种用法，对于解决我国目前存在的执法扰民问题很有借鉴意义：如果当事人感到一种威胁，就可以运用法律手段消除之，以取得心灵上的安宁。而我国是没有这样的制度的。当然，禁止令是否可以用来捍卫心灵的安宁的问题，也是值得进一步研究的。也许是笔者的理解在这个方面美化了英国的现有制度，但如果真实情况如此，确实是很值得借鉴的。法律只能制止肉体的侵害是远远不够的，必须能够在更广泛而崇高的意义上守护公民的心灵的安宁。当然，这种过于绅士的做法在中国未必行得通。笔者觉得似乎可以考虑藉此建立一种公益诉讼机制，专门针对那些非法设立各种许可、处罚、收费及强制措施等的规范性文件。因为这些文件的存在也构成对于从事相关职业的人的侵扰，他们不得不担着随时可能被强制许可、处罚、收费及被采取其他强制措施的心。

（三）刑事追诉与蔑视法庭罪

对于一个不享受国王的豁免的公共机构，它是有可能面对刑事追诉的。而且，1993 年上议院也确实因内政大臣拒绝遵循高等法院法官的命令而被认定其蔑视法庭罪成立。这是英国法院第一次面对国王的大臣是否构成蔑视法庭罪的抉择。

（四）作出实体判决

英国法院在某些情况下，可以在撤销原行政决定的同时，直接就行政案件的实体问题作出一个覆盖原行政行为、满足申请人要求的决定。例如，对于行政当局拒绝向依法应当取得电视许可权的人颁发该许可的行为，法院可以作出一个要求该机关颁发该许可的令状，以作为对该不履行职责的行为的救济。这个要求的意思不是颁证机关对申请人的要求重新进行审查以决定是否颁发，而是直接执行法院的判决，给申请人颁发法院判决书中载明的许可证或者履行法院判决中要求的其他行为。对于法院的此类判决，有关行政当局必须履行，否则就将面临蔑视法庭罪的后果。如上文提到的关于准予申请避难的扎伊尔教师进入英国的命令，就是高等法院在判决中给内政大臣下达的明确指示，内政大臣没有按这一指示去做的后果，就是在 1993 年被上议院认定为蔑视法庭。

英国法院替代性判决权的存在，是笔者研究英国行政法最重大的发现之一，相信也是那些正直的但没有足够话语权的人梦寐以求的一个引注。这一权力的具体内容是，如果行政许可机关拒绝颁发某一许可证，法院经审查后认为申请人依法应当取得该许可证的，那么，法院就可以发出要求颁证机关颁发该许可证的判决。这是我国行政诉讼领域甚至行政复议领域在探讨不作为、行政许可等案件时面临的一个疑难问题。

从行政管理专业角度看，这个问题的核心是，作为非专业机关的司法机关是否有权决定作为专业机关的行政机关应当作出的决定。从英国的结论看，这是没有问题的。因为其中的专业问题，说白了，也无非是个政策问题，而不可能是一个科学技术意义上的专业技术问题，否则，即使行政机关中也不会有并且也不应该有这方面的专家，否则，行政机关就有努力变成科学院之嫌。稍有常识的人都知道，没有哪个科技发达国家是这样做的。既然如此，对于所有的专业技术问题而言，专业主管机关的官员与法院都是外行，专业主管机关的官员的专长在政策，而政策是执行法律意义上的政策；法院的专长在法律。二者相比较的结果便是，如果专业主管机关可以决定具体法律适用中的某些政策问题的话，法院就有权审查这种政策适用是否符合法律的本意。至于双方在专业技术领域半斤与八两的区别，则不应当过多地计较，真正的专家还是专业的科学技术专家，应当将他们的意见作为专家意见，成为裁决该案的证据。这样的话，就解决了是否可以对专业性较强的行政许可或者其他行政管理领域的不作为实施司法审查并作出强制性的明确裁判的问题。接下来的答案就更加明确了，即如果行政机关拒绝颁发某项许可证，法院可以审查不予颁发的理由，在这些理由不成立时，应当作出必须颁发的裁决。

从法律角度看，尽管行政机关是所谓的主管领域的专业机关，但就是否应当依法颁证这样一个法律问题上，首先考虑的不是专业问题，而是一个法律适用问题，即谁才是一个国家中对于法律的适用享有最终发言权的人。无疑，这个人应当是法官。如果作出的决定仅仅是法律适用方面的问题，法院是完全可以胜任的。当然，让所有的行政决定都由法院来发表最终意见显然是不现实的，但此处的关键似乎还不在于法官的专业性，因为对于一个法律的执行问题而言，法官在法律方面的专业性与行政官员在其主管领域内的专业性是有得一比的。问题的关键在于，法院解决争议的效率显然要比行政机关处理行政事务的效率低得多。由行政机关处理绝大部分案件，而由法院处理那些因当事人的不满而极有可能存在问题的少数案件，就可以在很大程度上实现效率与公正的统一。因此，在司法审查这个问题上过分强调被审查的行政行为或者行政决定的专业性、部门性的意见，是值得警惕的。按照同样的理由，立法机关对于同样的事项似乎也同样存在不够专业的问题，至于行政管理当事人，则无论在专业领域还是在法律方面都要略逊一筹，那么这样下来，岂不所有的事情都应由行政方面的专业人士说了算？法律岂不成了可有可无的？或者虽然表面上强调法院的重要性，而立法的决策权与司法的审查权实际上却悉听命于行政，这种做法不过是徒有法律之名，而全无法治之实的摆设、幌子而已。

最后，英国的法院也并不是在所有的领域都自作主张，法院自行作出替代性判决的例子只能算是例外，如在公共当局具有完全的是否采取行动的自由裁量权的领域。但是公共当局可能有行使其自由裁量权的义务，例如某行政裁判所有义务听审并裁决属于其管辖权限范围内的案件。即行政当局没有做与不做的自由裁量权，但对于怎么做却有自由裁量权。对此，法院的判决一方面可以通过对立法的解释限制自由裁量空间，另一方面可以要求其履行该自由裁量权，当然法院不能对最终的自由裁量结果作出明确的指示。这一般就是责令重作的内容。

（五）撤销原决定并责令重作

当法院经审查决定取消某一决定，而自己又不打算作出决定时，法院可以将案件发回决定者，并附有适当的指示。这种判决形式与我们的撤销之诉颇为类似。所不同的是，我们的撤销判决即使有责令重新作出具体行政行为的内容，但也仅限于该命令本身，而没有具体的指示。英国的撤销判决则附有必要的指示，内容主要就是如何重新作出决定，而且该指示具有强制拘束力。因此，这种判决方式与法院重新判决没有什么区别。所不同的仅仅在于，对于重新作出的决定，仍可以申请司法审查。法院在判决时也可能采取全盘否定行政当局的各种可能的借口的方式，在事实上代替行政当局作出决定。

（六）变更判决

当法院经审查决定取消某一决定时，如果法院并不打算将案件发回原决定者重新决定的话，法院也可以自己作出决定。这种判决形式属于我们的变更判决，但显然与我们的制度存在重大的差别。我们认为变更判决涉及行政的自由裁量权，法院不应当代为行使，而更主要的原因则是，行政决定具有高度的专业性，法官都是外行，因此，不应当由法院代疱。事实上，这个问题必须具体地分析，不能一概而论。

（七）宣告性判决

宣告性判决有点类似于我们的确认判决。宣告性判决可以通过宣告令之诉获得，但不限于这一程序。

（八）司法建议书

从某种意义上，英国也有类似我们的司法建议书，甚至还有司法抗议。例如，在法院经审查决定取消某一决定并将案件发回决定者让其重新决定时，法院的决定中会附有适当的指示。这种指示类似于我们的司法建议，但要明确得多而且具有强制力，拒不执行的行政机关将会面临拒不执行法院判决的法律后果，如蔑视法庭等。因此，法院的指示所明确的内容，就是行政机关

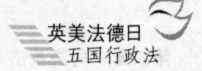

必须遵守的内容。

二、英国司法判决的特点

英国司法判决具有如下特点：

1. 操作性强。绝大多数判决直接就实体问题作出裁判，可以径行付诸实施，因而避免了法院裁定由行政机关实施某行为，而行政机关拒不执行的尴尬。

2. 权威性强。事实上，法院判决权威性的惟一保障就是蔑视法庭，但也许是因为英国人面子比较薄，仅此一项，就把英王以下的所有人——上至首相下至在英国寻求庇护的外国难民都治住了。原因何在？就中央政府部门而言，部长责任制、法治的权威以及议会民主制是根本的原因。由于部长责任制，一旦中央政府部门被认定为蔑视法庭，则部长要直接承担责任；在法治的无上权威下，蔑视法庭就是蔑视法治；而在议会民主制下，如果政府蔑视国民信以为权利与自由的最后屏障的法治，是可忍孰不可忍。

3. 说理透彻。英国法院的判决，尤其是司法审查方面的案件的判决，由于出自高等法院王座分庭、上诉法院或者上议院上诉委员会等著名法院的高级法官之手，其英文水平之高，可以在法学专著中直接引用；其学理水平之高，可以直接构成英国行政法法理学的原则。当然，最主要的原因在于法官的素质。这主要是选拔的结果，不是培训所能使然的。

美国行政法

【提　要】

　　行政法的主题首先是关于行政机关的组织及其运作。出于内容安排与结构上的考虑，本章以行政组织及其运作为主线介绍了美国行政法的宪法背景、行政法的范围、行政行为的程序形式、行政行为的控制以及侵权赔偿责任等。其中行政法的宪法背景介绍的是美国宪法制度的特点及其对美国行政法规范和实践的影响；行政法的范围则介绍了美国行政法的一般范围和具体内容；行政行为的程序形式是美国行政法中非常重要的内容，本章介绍了行政程序的结构以及行政裁决、规章制定和行政调查等主要行为的程序形式；行政行为的控制分为两部分：一部分是司法控制，另一部分是司法以外的其他控制形式，包括政治控制、政府公开以及专门的监督机关等；侵权赔偿责任则包括主权豁免、侵权诉讼以及公法合同的救济等。限于篇幅和体裁，本章对美国行政法的介绍主要集中在抽象的原则和基本的理念，要想获得对美国行政法的进一步了解，需要进一步考察美国有关司法审查的大量判例资源和行政法实践。还需要指出的是，由于美国联邦制的影响，各州的行政法制度不尽相同，甚至可以说，在美国存在51种行政法制度。本章介绍的仅限于联邦行政法制度。

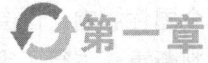

第一章
美国行政法的宪法背景

第一节　美国宪法的特点

宪法的全部内容都是围绕着权利和权力的关系展开的，而行政法所调整的主要内容则是行政权力和相对人权利之间的关系。可以说，每个国家的行政法理念都离不开其宪法背景，而且每个国家的宪法制度都具有其自身的特色。所以介绍评价美国行政法，也应当从美国行政法的宪法背景开始。

首先，美国联邦宪法具有最高性。联邦最高法院早在 1803 年的著名判例中就已经宣明：任何其他形式的法律都不得与联邦宪法相抵触，抵触无效；而判明抵触是否存在则是法院的权力。[1] 进而，任何机关的行为都不得与宪法相抵触，即使有立法机关的授权亦不可。因此，与其他国家一样，美国联邦宪法对行政法仍具有优先性。而且只有通过修改宪法才能改变最高法院的合宪性判断。其次，也是美国宪法的更为明显的一个特点是实行联邦制。与单一制国家下的地方组成单位相比，美国各州是独立的、与联邦之间存在着特定政治联系的实体，而非联邦政府的从属部分。有人也把美国宪法的这种安排称为权力的分立（垂直方向），也就是分散政府权力、增强公民对抗政府专制能力的另一种方式。[2]

按照美国宪法和政治理论的理解，联邦行使联邦宪法所列举的立法权，剩余的立法权保留在各州。这就给我们认识美国行政法带来了两个问题：首先是联邦与州的分权以及各州各具特色的宪法和政治结构，给全面研究美国行政法带来了巨大的困难。基于此，本章讨论的重点是联邦行政法和一些支

〔1〕　Marbury v. Madison, 5 U. S. （1 Cranch）137 （1803）.
〔2〕　R. Brwon, Seperated Powers and Ordered Liberty, 139 U. Pa. L. Rev. 1513 （1991）.

配州行政法的联邦法律问题。另外一个是联邦立法优先原则，由此附带产生的问题是如何界定联邦和州立法权的范围。自新政以来直至 20 世纪 90 年代中期，法院通常扩大解释宪法所列举的联邦立法权，似乎只要某件事项具有全国性影响，国会就可以就该事项立法。90 年代中期以来，最高法院对前述判断重新进行了审查。[1]但即使存在争论，对联邦立法优先原则也不会构成颠覆性的挑战。

第二节　宪法的稳定性和变迁

美国联邦宪法修改的复杂程序带来了宪法的适应性问题，两个多世纪前的制宪者们无法想象工业和后工业社会带来的巨大的社会变迁，以及回应这些变迁的政府机构及其职能调整。当然，这并不是说当时没有想到宪法在未来的时间内需要进行调整，美国宪法文本的开放性就可以说明这一问题。这一问题的解决是由美国的法官们来完成的，其方式就是按照变迁了的社会结构来解释联邦宪法，根据变化了的需要重新解释公民权利。这种通过重新解释宪法和公民权利实现宪法变迁的方式，可以说是非正式的宪法修改方式，具有非常深远的意义。[2]

尽管司法"修正"宪法的"修正"是出自实际的需要并且实际上得到了接受，但却给法理学者带来了难题，批评者有之，拥护者亦有之。批评者认为，由司法机关宣布代表民意的立法机关的法律无效带来了"反多数的难题"。[3]因此他们认为，只有当法院直接依据宪法问题来实现宪法变迁时才是正当的，并且应当慎重；而拥护者则认为宪法文本是对政府行为进行合宪性审查的依据，法院按照自己所理解的道德前提进行推理，为保护个人不受政府权力侵害提供了充分的保障。[4]

---

〔1〕　United States v. Lopez. , 514 U. S. 549 (1995); United States v. Morision, 529U. S. 598 (2000).

〔2〕　Bernard Schwartz, *A History of the Supreme Court*, Oxford University Press, 1993, pp. 378 ~ 380.

〔3〕　A. Bickel, *The least Dangerous Branch*, Bobbs Merrill, 1962; J. Ely, *Democracy and Distrust*, *A theory of Judicial Review*, Harvard University, 1980.

〔4〕　J. Ely, id. ; P. Brest, "The Misconceived Quest for the Original Understanding", *60 B. U. L. Rev.* , 204 (1980).

第三节 权力分立和制衡

权力分立是美国宪法的核心理念。《宪法》第 1 条规定了立法权，第 2 条规定了行政权，第 3 条规定了司法权，第 4 条规定的则是联邦和州之间的权力分配。每当其他机构受到某一事件或某一机构的重大威胁时，分析者常常就会求助于权力分立理念。当然，可以说"权力分立"不仅仅是控制权力的理论，同样也是政府与公民之间交往的公平原则。[1] 因为制定和实施规则的人不能同时是判断规则运用是否适当的人，但如果这样，我们仅能推导出司法权和行政权—立法权的分立，而非行政权和立法权的分立，可能其与"自然正义"原则的要求更为相似。[2]

与分权理念服务于同一目标（即有限政府的架构）并且同等重要的是制衡原则，这在美国宪法中也有体现，如立法机关被分为参、众两院，总统可以否决立法，立法机关必须批准总统对官员的任命，而同时可以通过否决政府预算和行使弹劾权监督行政行为。制宪者认为，通过分权和制衡可以减少政府超越人民控制的可能性。但是由于宪法文本的不确定性，出现了很多与制宪者的理念不同的事例，其中最明显的有两个：

一、国会创设的独立行政机构与"分权"理论

美国联邦宪法虽然界定了三种政府权力，但是对政府本身却没有进行界定。制宪者仅仅在行政部门设置单一首脑这一点上达成了共识，而总统之下的政府形式应当如何架构则存在分歧。[3] 制宪者将这一问题留给国会制定"必要且适当的"法律来解决。国会创设了大量与总统私人办事处不同的部门，但是在宪法中却找不到有关这些部门与总统和最高法院关系的详细规定。一般来说，国会通过立法授予各个机构权力并且确定其活动所遵循的原则，总统就政策或政治业务方面予以指导，而法院则确保国会和总统遵守法律。但是在国会授权建立的机构中，往往无法完全贯彻分权理念，国会通常会授权某个行政机关行使政府所有三种权力：首先，制定规章确立私人的行为标

---

〔1〕 R. Brwon, Supra note 2.

〔2〕 需要指出的是，自然正义原则主要适用于涉及个人财产利益的问题，而非政治权力的分散。

〔3〕 比较 L. Lessig & C. Sunstein, "The President and the Administration", *94 Colum. L. Rev.*, 1 (1994) 和 S. Calabresi and S. Prakash, "The President's Power to Execute the Laws", *104 Yale L. J.*, 541 (1994).

准；其次，调查私人行为是否违反规章；最后，裁定违反规章的行为是否存在。[1]尽管如此，国会并不认为授权建立这样的机构与联邦宪法的分权和正当法律程序的要求相悖，在美国，这种行政机关的典型代表形式是"独立管制委员会"。

美国最高法院经常运用"分权"理论推翻国会立法，其理由是立法机关行使了其他部门的职权，但是却并不认为独立管制委员会受此影响。[2]因为在最高法院看来，与总统、国会和最高法院的权力由一个机关行使相比，三种政府职能在一个"行政机关"内合并行使对公民的威胁比较小，因为这些行政机关的行为要遵守国会的法律，接受法院对其行为合法性的审查，服从总统的任命和政治权威，这种外部控制"中和"了违反权力分立的情形，因此也不会带来政府失控的巨大危险，而如果总统或者国会试图行使所有三种权力，就必定会导致政府失控。

二、行政机关制定规章的权力

美国联邦宪法规定"所有立法权授予"国会，并且详尽地描述了国会的立法功能。然而，国会议员及其工作人员现在把大量的时间和精力花在立法之外的事务上。美国国会早就发现有必要建立一套独立的立法委员会，这些委员会除了行使实体性调查的职能外，还对行政部门的活动进行听证，对所发现的问题进行一般性调查。国会议员为了再次当选，也将大量的时间投入到社会福利调查和调停选民与联邦行政机关的争执上。美国国会从事了很多偏离其核心职责的事务。

因此国会通常会制定法律授权其他政府部门制定规章，而这些规章一旦生效，即具有法律效力。如 1789 年的《司法法》授权联邦司法机关制定规章调整司法程序。但是这一做法受到了"不得授权理论"（non-delegation doctrine）的挑战，即只有国会拥有联邦宪法所规定的立法权，国会不能合法地将该立法权转授其他政府部门，不过并未成功。[3]后来国会还授权总统和行政机关采取应当由国会以法律方式通过的措施，最高法院认为这种授权是很寻常的，是一项"填补细节的权力"。[4]随着政府范围的扩大以及其所应付的现实环境的复杂性的增强，规章制定权不可避免地并且经常性地被授予

---

〔1〕 Withrow v. Larkin，421 U. S. 35 (1975)。除了军事法庭的特殊情形外，监禁只能由司法部提出并由法院决定是否适用。

〔2〕 P. Strauss，"Formal and Functional Approaches to Separation of Powers Questions-A foolish Inconsistency?"，*72 Cornell. L. Rev.*，488 (1987).

〔3〕 Wayman v. Southard，23 U. S. (10 Wheat.) 1，15～16 (1825).

〔4〕 United States v. Grimaud，220 U. S. 506 (1911).

一些重要的行政部门。实际上，这些规章组成了调整私人行为关系的法律规范的主要组成部分，在数量上差不多 10 倍于国会立法。

行政机关制定规章的程序不同于国会制定法律的程序，法院对规章有效性的审查比对法律的审查要严格得多，而且还经常质疑该权力的合宪性。但是在现代复杂的社会中，考虑到语言、人类的预见能力和实现目标的时间等方面的局限性，不能指望立法机关对所有事项进行"立法"关照。也正是这个原因，尽管批评的声音不绝于耳，但是在美国宪政历史上并未产生多大的影响。既然无法禁止国会授权其他部门制定有约束力的指令，那么法院就转而要求国会必须根据合法授权的标准行事，国会授予行政机关的权力必须予以充分限制，而且法院可以就所授权力之行使是否适当予以审查。

第四节　基本权利

公民通过诉诸宪法来对行政行为或者国会立法的合法性进行挑战的主要理由，通常是宣称其根据《权利法案》或者《第十四条修正案》所享有的基本权利受到了侵犯。适用于联邦政府行为的宪法修正案有第一、第四和第五条等。现在，通过法院司法解释的努力，联邦宪法所保护的每一项权利，不仅适用于联邦，也适用于各州行政法，同样《第十四修正案》的"法律平等保护"的规定也被解释为适用于联邦政府。但是由于基本权利往往涉及价值判断，因此其适用绝非易事，在这里仅简要指出几项。

一、言论自由与消费者保护

美国宪法第一修正案规定，"国会不得制定……剥夺言论自由的法律"。该规定的主要目的是保护政治言论的表达，但是政治言论和非政治言论以及政治言论和言论自由价值的区分如何界定，则是一个棘手（hard）问题。美国法院对第一修正案的理解是，其不仅限制政府对言论的预期（prospective）反应，也限制政府对言论的被动（reactive）反应，而主要是限制前者。在言论公开发表之前就对其进行审查或者采取其他"预先限制"（prior restraint）措施是绝对不允许的。

二、检查与搜查

第四修正案主要适用于下述两个行政法问题：一是政府官员对建筑物的检查；二是行政机关从私人那里取得有关的文件资料。这两种行为很大程度上和获取信息有关，因此对政府管制活动的成败很重要。在最近五十年的发展中，行政机关的"检查"已经被当成了宪法上的"搜查"；第四修正案不仅要求检查合理进行，而且还允许被检查人要求进行检查的机关出示搜查令。但是要求相对人提供信息和文件与宪法上的"搜查"离得就远了点，因此第四修正案如何适用就是个问题。通常情况下政府部门都是根据授权要求人们提供相应的信息。因此，其行为合法性的基础更多的是法律而不是宪法。

三、信息与控告

《权利法案》第 5 条（即第五修正案）除了规定司法机关审查行政机关要求提供信息的行为的合理性之外，还规定了有关人员的抵抗权，即任何"人"不应被要求自证其罪。但是，联邦法院很少认为该权利可以用来对抗一般性行政活动提出的信息要求，否则的话大多数行政活动将不可能进行。首先，自然人、公司以及其他人等不能以此为由拒绝提供公司文件或者信息，而不管该文件或信息会不会用于指控公司和个人；其次，只有通过正面主张才可诉诸该项特权；只有对"证据性的"信息才可以主张该项特权，而在要求按手模时则不能主张；只有在可能自证其罪时，而不是可能导致自己所不希望的管制后果时才能主张；文件或者资料必须属于请求人所有并且在他控制之下。

四、"正当法律程序"

正当法律程序是美国宪法上与行政法关系最密切的基本权利，规定在第五和第十四宪法修正案中。从宪法上看，正当法律程序具有三个组成部分：①程序是否"正当的"；②如果是，应该在何时提供正当法律程序；③正当法律程序都包括哪些基本要求。首先，关于是否所有程序在宪法上都是正当的，最初最高法院是采用"权利"（right）与"特权"（privilege）二分法的，剥夺权利需要举行口头的听证会，而剥夺特权则不需要。就第二个问题来说，最高法院认为除非在事关公众行为的紧急情况下，需要服从临时的甚至无法撤销的政府行为，否则不能推迟必要的听证会。[1]关于第三个问题，1946 颁布的《联邦行政程序法》对审判型程序做了详细的规定，暂时解决了这一问题。

在 20 世纪 50 年代，"麦卡锡主义"盛行，如果有人指控（通常是匿名的）政府雇员，他们的忠诚和安全就会受到怀疑，但是随之而来的调查除了使其名誉受损之外通常没有什么实质性结果，反而促使人们关注政治调查程序的公正与公开，从而保持对政府的信任。而且这些程序也对以前的简单看法提出了挑战，即公职人员是特权者，无权请求正当法律程序的保护。但是这一时期，美国最高法院很少达成一致意见，只是认为正当法律程序条款所

---

〔1〕 N. Am. Cold Storage Co. v. Chicago, 211 U. S. 306（108）；Phillips v. Commissioner, 283 U. S. 589（1931）；Fahey v. Mallonee, 332 U. S. 245（1947）.

要求的内容只有基于特定案件的情况才能确定。

　　大约 20 世纪 70 年代，有关正当法律程序的诉讼猛然增多，这些案件主要涉及社会福利和社会救济问题，并且试图改变前面所说的正当法律程序三个问题的分析框架，这些诉讼的结果是带来了个人程序权利的扩张：①就程序是否正当来说，此时认为这取决于制定法所确立的个人与国家的关系，而不是早先法院一直坚持的"权利"（right）和"特权"（entitlement）的区分；②就何时必须提供程序保护的问题，"首先听证"（hearing first）和详尽调查事实被推定为是必备程序；③就需要什么样的程序保护而言，最初要求提供一系列非常详细的程序。但是在美国法的框架内，不能指望完整列出所有必经的程序。Henry Friendly 法官在其著名的"某种形式的听证"（Some Kind of Hearing）[1]一文中作了一些列举：①中立、无偏倚的法庭；②正式通知当事人已提起的诉讼及提起诉讼的理由；③有权陈述理由，论证不应提起诉讼；④有权出示证据，包括传唤证人；⑤有权获知于己不利的证据；⑥有权交叉询问对方证人；⑦裁判仅就在法庭出示的证据作出；⑧有权委托代理律师；⑨法庭应当制作已出示证据的记录；⑩法庭应当制作其裁判所基于的事实和理由的书面调查结果。

　　但实际情况是，很少有程序同时具备上述 10 个要素，或者没有必要同时具备，甚至有的程序完全不具备这些要素。

---

〔1〕　123 U. Pa. L. Rev. 1267, 1279（1975）.

第二章

行政法的范围

第一节　政府的一般权力

通常可以从三个方面界定美国"行政法"的适用范围："行政机关"（a-gency）在处理公共利益以实现"行政行为"（agency action）时所应遵循的程序制度；对行政行为的司法审查；政府信息的处理和公开等特殊程序。[1]尽管法院、立法机关以及总统与"行政机关"之间的关系也是行政法的内容，但它们不属于《联邦行政程序法》上所说的"行政机关"。此外，这一概念实际上还包含了任何行使公共职权的行政单位。因此，对"行政行为"的界定也相应变得很宽泛，其范围几乎与公共行政领域一样广，这部分也是"行政国"发展的结果。只有传统的刑事法律程序、传统民事诉讼程序以及严格意义上的政治行为被排除在外。虽然行政法不包括刑事审判程序，但很多学者主张行政法应当包括警察和检察官行使裁量权的行为；政府合同不是行政法关注的范围，但国防部的合同及其程序却具有强烈的行政性特征。此外，与政府组织和行为相关的宪法性问题也是行政法关注的重要内容。

在美国体制下，对程序性问题的重视为我们理解美国行政法的核心任务提供了一种有用的分析模式，这种分析模式的核心是：在确保控制政府行为的同时保证必要的效率。尽管人们已经意识到，由于行政机关行为的多样化以及职责和程序的特定化，程序的普遍化和法典化很难实现，但这并不意味着程序问题不重要。所以，对不同程序范式中体现出来的一般程序制度进

---

〔1〕　Federal Administrative Procedure Act, 5 U. S. C. 551 (1), (13).

行分析还是很有必要的。实际上，这些制度对于公众来说也是非常重要的，因为它们能够有效保证连续性。有关程序的这部分内容将在下一节中介绍。

第二节　管制的具体内容

一、经济管制

经济管制是美国行政机关很重要的一部分职责，其不仅有利于个体，也有利于公共利益。普通法与传统的经济理论认为，在正常的市场机制下，市场的参与者通过自己适当的谨慎就可以保护自己。然而，这在某些情况下实际上是无法做到的，何况还存在着市场失灵的情况。经济管制主要表现为管制市场以保护或者提高经济效益，以及弥补因为经济权力失衡所造成的不良影响。美国政府从早期开始，就对跨越重要河流的桥梁和渡口的收费标准进行管制；19世纪末期，由于技术和市场的改变，特别是强大市场主体的公开掠夺性行为，美国政府不得不努力控制市场竞争者的行为；后来技术和经济条件的改变曾一度使人们认为可以恢复竞争，而且分析也表明，很多经济管制都是无效的。[1]结果是某些管制被取消了，那些事务又被完全或者部分归还给市场。目前美国经济管制的主要领域包括：

（一）经济集中

自1890年《谢尔曼反托拉斯法》（Sherman Anti-trust Act）制定以来，美国政府就努力防止经济权力过于集中在私人手中。通常经济集中的调查和报告的职责是由联邦贸易委员会行使的，联邦贸易委员会还可以就公司合并给行业集中带来的影响进行管制。

（二）普通运输工具和公共事业管制

普通运输工具（铁道、公交、卡车、出租车、航空、管道、驳船、通信卫星）和公共事业（水、电、气、电话）在别的国家一般属于国有，但是在美国通常却由私人公司掌控，但是要受到法律非常严密的管制。这种管制有多个层级：全国的、州的和地方的，这使私人主体要受到多方面的管制，比如修建一个发电厂就要同时满足联邦的、州的和地方的管制要求。

有很多人倡导放松美国经济的管制，这主要有以下方面的原因：首先，通过准入、比率控制行业事实上并不具有想象中的那种垄断性经营权力，同样可以存在竞争；其次，管制本身使那些已经参与到相关行业的人免受经济

---

〔1〕　S. Breyer, *Regulation and its Reform*, Harvard University Press, 1982.

竞争的刺激和压力，反而增强了它们对经济的控制能力。自 20 世纪 80 年代以来，美国在经济管制领域进行了很多的改革，很多是这些观点的反映，比如民用航空委员会的废除。但即使应当进行改革，也并不意味着回归自由放任主义，对于公众高度依赖的公共设施，仍有必要继续进行管制。

(三) 职业管制

美国行政法中以公共利益为代价提高被管制者福利的经济管制，最明显的例子就是职业管制。职业管制通常是由州法律规定的，联邦法律很少涉及。通常来说职业管制包括控制职业准入、管制职业业务和惩罚职业不当行为。准入条件通常是学历方面的要求和考核；业务管制则由相应的主管部门进行；惩罚由主管部门通过正式裁决程序决定。除了诸如法律、医师和会计这样的学术职业管制之外，美国的职业管制还包括理发师、化妆师、水管工人或钻井工人等各行各业在内，"确切地说，在各个州中，成百上千的职业都受此类职业许可法律的控制"。[1]

(四) 劳工经济条件管制

在很多国家，劳动力市场的缺陷都会导致出台大量的管制措施。在美国，无论是联邦一级还是地方一级，无论是对私人雇员还是公共职员，许多重要的独立管制机关都运用正式裁决程序调控劳动关系。在员工组织工会、进行经济谈判或罢工时，雇主不得采取强迫性的行为，如果因此导致员工被解雇，则应该予以纠正，并且要赔偿员工应得的工资，恢复其原来的职位。其他管制者则监管工会事务以确保劳工运动的民主性；这些程序的行政阶段很大程度上是非正式的，利害关系人的控制措施非常有限。

其他由劳工部在全国范围内进行的管制，主要内容是保护个体员工的经济地位。自新政以来，联邦法律就试图控制最低工资和工作时间，只要工作场所及规模大到足以影响到州际贸易，联邦政府就有权进行管制。法律的这些规定可以在法院直接强制执行，既可以由私人提出，也可以由主管机构的官员提出。近年来，行政官员通过公布其对行业咨询的回应，不需要采用正式的程序就能够使被管制者服从相关的规定。

(五) 消费者保护

美国各级政府采取了很多管制措施保护消费者的经济地位，并借此保护一般公众的经济地位。这方面最突出的是对全国银行系统、货币供应、信用卡业务、证券和商品交换以及保险业的管制。除了保险业以外，其他管制通常都是由联邦政府进行的，由于历史原因，保险业主要由州政府进行管制。

---

〔1〕 W. Gellhorn, "The Abuse of Occupational Licensing", *44 U. Chi. L. Rev.*, 6 (1976).

这些部门以非正式规章制定程序制定一些标准，通过许可控制准入，并且通常还具有概括性的强制执行权。行政机关的很多行为都是以非正式的方式作出的，尽管正式程序并非不可能，但事实上由于适用这种程序会在相关金融团体中产生负面影响，以至于很少到适用正式程序的程度。

证券委员会消费者保护管制的主要目标在于提供信息，并且确保提供的信息是真实而完整的。其他类似的例子有联邦贸易委员会对衣服商标的管制、食品及药物管理局对食物和饮料的管制。而在州和地方，相似的管制包括房地产发展、度量衡乃至饭馆菜单等。

（六）公共资源分配

某些形式的经济活动必须被限制在一定限度内，才是最有价值的。例如，能够用于广播的频谱波段只能容纳这么多的电台，而且它们的电波发射还必须受到控制以免彼此干扰。同样地，希望在早上某个时间从机场起飞的飞机数量是一定的，在氧气被耗光之前河流能够接受的废水是一定的，一块草地能够容纳的牲畜数量也是一定的。在上限之内，每种活动都是安全的、可接受的，而超过上限则会带来恶果。因此必须对公共物品的利用进行管制，否则不可避免地会发生"公地的悲剧"。

分配手段有多种形式，当代美国的经济学家倾向于使用拍卖的手段，但即使通过拍卖取得的权利的行使也必须受到限制，例如在公地上放牧的绵羊数量也必须受到控制。在公共物品分配阶段也常常运用管制的手段。因而，申请广播或者电视台许可证的人必须向联邦通讯委员会提出申请才能从事广播事业，这样也能避免互相干扰。

二、健康和安全管制

与经济管制相比，虽然保护公民不受科技发达的社会带来的损害发展较晚，但却是过去30年里美国联邦政府管制的主要形式。这些问题在过去主要是用侵权法的方式解决的，管制手段实际上是侵权责任的替代。

联邦对健康和安全问题的管制远超过经济管制，其主要特点是大量适用非正式规章制定程序。为了实现自己的管制职责，各个管制机关，例如美国环保署（EPA）都采用了各种不同的手段，以期使被管制者更有效地服从。这些方法中既有"命令—控制"的方法，也有协商管制的手段。前者无疑是低效率的，而后者则在谋取被管制者合作的同时，还可能取得管制受益者的支持，因而环保署会支持和鼓励工业组织在追求营利的同时进行自我管制。职业安全和卫生署（OSHA）对工厂安全和健康的管制，也体现了从命令—控制式管制向合作性管制发展的趋势。

除了直接与安全、环境和人类健康有关的事项之外，农业部还负责确保全国范围内食品供应的稳定，其管制范围很广，包括鉴别农业害虫、检验被污染的农地或农产品、农产品的检测和分级、市场控制等。

三、私人土地

对私人土地控制通常具有行政性特征，其中最为普遍的是地区规划，其他包括诸如保护历史遗迹或遗址、电气设备或管道等大工业区的选址以及控制采矿或者有害废物处置等危害公众的行为等。土地管制无论在联邦还是州层面都是大量存在的，这些管制形式可以说是经济、安全、健康管制的特例。

四、社会安全、健康和福利

自 1994 年以来，大部分涉及个人财政资助的国家项目是由社会保障署（SSA）管理的。同时，为养育未成年儿童的贫困父母提供福利的国家项目转由各州在联邦规定的条件下进行，而老人和穷人的社会保险则一直由卫生与福利部（DHHS）管理。其他部门也负责管理部分福利项目：劳工部管理联邦工人的损害赔偿；农业部管理为穷人提供食物的粮票；退伍军人管理局（the Department of Veteran'Affairs）则管理退役军人的津贴和福利。另外，地方上还有各种各样的福利措施。

五、税收

征收税款向来是行政的重要领域。在美国早期，估价和征收是全国政府的主要行政职能。[1]联邦的税费事项基本上都是由财政部的机构管理：国内税务局主要负责税收，海关负责进口关税，酒类、烟草和武器局负责特定税收并对这些物品进行控制。这些机关可以通过规章细化法律的规定，解释其管辖范围内的法律，制定报税表，收集和处理报税表，进行必要的调查，以及启动强制执行程序等。税务行政如果发生争议，通常由普通法院和专门法院（如税收法院）管辖，而不是在行政机关内部解决。

六、公共服务

美国政府的很大一部分精力花在管理提供公共服务的项目上，诸如教育、住房、研究和公路建设等。教育部、住房和城市发展部以及交通部每年都要为这些项目管理数十亿美元。与联邦政府签订合同进行研究，如寻找治疗癌症的方法、能源技术发展等，不仅为公立和私立大学，也为商业团体提供了重要的财政支持。在州和地方一级，也有提供这样服务的机构。

七、司法监管机构

州政府指导下的监管机构，包括监狱、精神病院以及专为精神智障的人开办的寄宿学校等，都可以被当作行政机关，其决定对于正当法律程序条款

---

〔1〕 L. White, *The Federalists: A Study in Administrative History*, MacMillan, 1948.

所保障的自由具有特别的意义。在联邦一级，司法部的监狱司管理着一个相当大的监狱系统。不过，监管机构一般都是在州一级的，由州的法律进行管制。无论是联邦一级还是州一级的，作为公共机构，监管机构体现出行政法的特征：制定政策、签订合同、雇佣公务员等。监管机构的性质主要是由其和其所监管的人的关系决定的，而且由于会对个人自由产生重大影响，因此相应的事项必须接受法院的审查。监管机构和监管人的关系以及由此而来的一系列问题，也都是从行政法的视角来处理的。比如，典狱官把犯人从一个地方运到另一个地方所应遵循的程序，是一个行政法问题而不是刑法问题；制定监狱纪律之前应当进行什么样的听证，其所依据的是行政法标准而不是刑事标准。如果监狱工作人员侵犯了犯人的权利，可以适用《联邦民权法》（The Federal Civil Right Act）第 1983 节的规定进行金钱损害赔偿诉讼。犯人是否有机会获得假释和缓刑，不仅取决于监狱内部"行为良好"的行政性判断，更重要的还要取决于假释委员会的判断，这都属于行政法的问题。

八、移民和驱逐出境

与移民有关的法律问题，比如签证，通常是由美国国务院管理的。另外，司法部的移民与归化司通常也受托管理其他相关的移民问题。移民管理职能完全是属于联邦的，在不太重要的续签、永久居民资格、禁止入境、政治庇护以及驱逐出境案件中，由移民与归化司的地方官员支持进行非正式听证，在重大的案件中，则由司法部的移民法官主持进行更正式的听证。

移民法是高度发达并且非常复杂的专业问题，值得注意的是移民法基本上是制定法。法院一般认为把外国人驱逐出境的权力是主权的体现，应当由政府的政治部门行使，不受司法审查。[1]非法进入美国国境的外国人几乎没有任何权利向政府或是法院寻求救济。

九、国际贸易

国际贸易管制是联邦的职权，一般由商务部的国际贸易局行使。反倾销和反补贴法保护美国工业在国外免受差别待遇，这些事项主要由美国国际贸易委员会处理。前述事项的审查由国际贸易法庭管辖，国际贸易法庭是联邦巡回上诉法院下属的审判机构，因为海关法等联邦法律所产生的争议，通常也由其管辖。

十、公共土地及其他政府物品

美国早期行政管理很大一部分是关于公共物品、土地及邮政的。在早期，美国把土地作为可以用来实现自身迅速发展的一种资源，因此那时候许多人

---

[1] Fiallo v. Bell, 430 U. S. 787, 792 (1977).

都有机会成为土地的主人，包括为土地打仗的人、耕种的人、采矿的人以及穿越土地的铁路等，为此美国建立了很大的官僚机构进行调查和保存调查记录，处理根据法律提出的各种请求。自 20 世纪初以来，前述做法逐渐停止或者被其他方案替代。目前在公共土地问题上比较积极的是内政部和农业部，其他比较突出的主体有国家公园司（the National Park Service，管理国家公园及其工作人员）、国家森林司（the National Forest Service，管理国家森林及其使用者）、土地管理局（管理公共土地中的其他部分），此外还有垦殖局（the Bureau of Reclamation，管理西部水资源的开发以及相关的灌溉区）。人们取得这些项目经常通过拍卖甚至是抽签的方式，于是其主要问题是申请人是否具备相关的法律资格，因为无论是在国家森林中采矿还是特许经营国家公园都是有条件的。

十一、政府合同

联邦政府在通过总务管理局（General Services Administration）和国防部处理商业关系时，也是一个经营者，其中总务管理局是整个联邦政府的供应者，而国防部则是所有军需的购买者。这些关系带来了大量的公共管理问题。其中之一是政府通过合同的对价来推进公共政策，但是法律并没有授权总统可以这样做，即使总统动用行政命令仍存在合法性问题。其他问题还有投标人的资格、回报的适当性、解决合同管理中出现的争议等。有时候，政府还可以对供应商的不当行为予以制裁，比如不允许其参加将来的投标活动。"政府合同"是一种特殊的事物，既不属于行政法，也不属于合同法，而是兼具两种法律的部分特征。

十二、政府雇佣

由于公职人员没有要求取得公职的"权利"，原来认为公职人员"仅仅"是处于和政府的雇佣关系中，因此必须接受政府规定的任期，就像他被私人雇佣时必须接受其任期条件一样。但是，这一看法遭到了法院的驳斥。美国法院认为政府无须为在任的公职人员作出规定，但是一旦有所规定，其关于任期和条件的规定就必须满足宪法上的标准，即要求有相当正式的听证裁决程序。

十三、政府企业

在美国，政府企业比许多人想象中的要多。公共实体通常在教育、邮政、交通运输和公用事业方面，提供私人企业也能提供的服务。有时政府企业也提供一些政府需要的生产资料，如南达科他州的水泥、纽约州的矿泉水等。不过，此类企业的行为通常并不是行政法特别关注的内容。除了这些企业的公共性会导致正当法律程序条款适用于它的某些行为之外，企业的运作与私人领域的企业没有太大的不同。近来美国法院试图区分"经营性的"和"政府性的"行为，而不太愿意承认公共企业具有什么社会主义特征。

主要的联邦"商业"企业包括美国邮政局（the United States Postal Service）、美国卫星通信公司、美国铁路客运公司以及两个主要的地区性供电商——田纳西流域管理局（the Tenessee Valley Authority）和博利维尔电力管理局（the Bonneville Power Authority）。

十四、其他事项

除了前面列举的事项之外，还有其他一些事项。比较值得一提的是紧急情况下采取的经济措施，如价格控制，这给美国行政法律工作者带来了很大的挑战。这些经济措施涉及整个经济领域，通常在出现国家危机时才会发生，一般只有非常宽泛的立法指示，由应付紧急情况临时召集起来的官僚机构执行，没有历史经验和实践，遵循高度非正式的程序以保证管制者能够顺利地实施这么庞大的方案。公众对于这种体制的接受程度，是和紧急情况本身有关的，如果很多人认为这是必要的，那么就能够容忍更多在长时间过程中和平常情况下所不能接受的东西。这种一般性的价格控制在美国历史上多次出现，首先是 1942 年第二次世界大战时的"紧急价格控制法"（The Emergency Price Control Act），授权规定"按照其判断是公平、公正并具有可行性"的价格；其次是 1970 年的"经济稳定法"（The Economic Stabilization Act），授权"发布其认为对于将价格、租金、工资和薪水稳定在不低于 1970 年 5 月 25 日所通行水平上来说是合适的命令和规章……"

第三章

行政行为的程序形式

正如前面所述，管制行为的多样性使我们很难对行政行为的程序作出一致性规定。不过，多样化的行政行为在遵守不同的法律、规章以及惯例之外，还要遵守宪法上的正当法律程序条款和许多行政程序方面法律的规定，这促进并保障了行政程序最低限度的一致性。另外，行政程序的一般化也是法治的一项要求，如果不存在普遍适用的程序规则，那么法官和律师也要提出这样的普遍框架以保证对行政机关的控制，这也是美国普通法传统的重要表现。需要指出的是，这些高度抽象的程序概念必须依赖具体的环境和具体的参与者，而不能强求将所有的概念适用于给定的情景与场合。

第一节　联邦行政程序的构成

一、宪法

美国联邦宪法提供了三种类型的程序：与立法、行政、司法"三权分立"相对应的规章制定、调查和裁决。人们通常把这三种程序范围称为"准立法"、"准司法"和"准行政"（这种提法比较少）行为。

宪法所规定的基本程序形式主要约束调查和裁决程序，如第四条修正案禁止"不合理"的搜查和逮捕，政府在搜查时应当获得授权；第五条修正案规定不得要求自证其罪限制了政府的调查行为。第五条修正案还对政府剥夺个人的生命、自由或财产提供了正当法律程序的保护，要求政府举行一个具备相应规定的裁决性听证。

但是对于立法活动而言，尽管最高法院承认宪法对其施加了实质性的限制，比如不得通过立法限制宪法所保护的言论自由，但是到目前为止，最高法院的基本态度是：宪法并没有对根据法律授权制定规章提出特别的程序性要求。美国最高法院早在 20 世纪初期就已经表明，当政府制定将来适用的程序规则而不是具体适用规则时，只能通过行使政治权力限制制定规则的人来保护公民权利，这是唯一途径。[1]最高法院的这个判断在大规模的规章制定出现之后不但没有削弱，反而被强化了。

虽然美国宪法提供了三种程序类型并包含了其中两种的程序性规范，但是应当注意，这些程序性规范在相关领域并不具有普适性。例如，某些检查无论是否得到了授权，都是允许的，而某些信息也是必须提供的；同样，很多裁决也不受正当法律程序条款约束，因为其可能并不涉及对生命、自由或财产的威胁。

二、《联邦行政程序法》

美国《联邦行政程序法》（APA）为联邦政府提供了大部分的程序框架，在经过近十年的有关该法的基本原则是否具有普适性的讨论之后，该法在1946年通过时没有遭到任何反对。

《联邦行政程序法》适用于泛泛界定的"行政行为"，并且在行政机关内部程序、结构安排和司法审查等章节中对行政行为的基本形式作了规定。《联邦行政程序法》仍然遵循前述程序形式的三分法，但主要规定了两种程序形式，即裁决和规章制定。根据《联邦行政程序法》的定义，行政行为的结果既可能是规章（rule），也可能是命令（order）。规章被定义为"行政机关为了执行、解释或者规定法律或政策，或者为了规定机关的组织或程序安排而颁布的具有普遍适用性或者特殊适用性"并且对未来发生法律效力的声明，其中还特别包括了收费和费率的设定（ratemaking）。"命令"是"裁决"的结果，是指行政机关"对规章之外的其他事项的最终处理"，特别包括了许可。《联邦行政程序法》并未将调查作为一种独立的程序类型，原因是该法关注的主要是经过正式程序后作出的对公民产生不利影响的"最终处理决定"行为，而如果对调查这一初级阶段进行过分详细的规定，可能会导致行政事务的拖延，而调查程序中得出的结论一般也不是这里所说的"最终处理决定"（final decision）。

《联邦行政程序法》的基本条款自1946年以来没有太大的变化，除了有关行政法官的内容之外，法律本身的主要修改有：第552节，规定有关政府信息公开的内容以及《信息自由法》；第702节和第703节，减少了因为考虑主权豁免和管辖问题而对司法审查规定的限制。通常认为不属于《联邦行政程序法》组成部分或者不影响一般行政程序但内含于其结构中的《隐私权法》和《阳光下的政府法》分别安排在《美国法典》第5篇第552节a以及

---

[1]　Bi-Metallic Investment Co. v. Colorado, 239 U. S. 441, 445 (1915).

《美国法典》第 552 节 b 中。

三、其他法律

除《联邦行政程序法》之外，还有许多法律为行政程序或者控制行政程序作了一般性规定，如美国法典第 28 篇的《司法法典》以及根据该法典制定的司法程序规则，包含了很多调整行政机关与法院之间关系的条款，如传票的执行、司法审查的管辖和审判地点以及司法部及其官员的诉讼权等。1980 年的《文书工作简化法》（The Paperwork Reduction Act）规定一般化的政府信息收集由政府预算管理办公室（OMB）监管。《联邦咨询委员会法》（The Federal Advisory Committee Act）规定白宫可以限制行政机关采用私人—公众委员会（private-public committee）咨询和提出政策，而且规定此类委员会的工作要公开。

"其他法律"中最重要的一部分可能是关于规章制定的，并且要求规章制定在一些重要的问题上遵循比《联邦行政程序法》复杂得多的程序。例如《全国环境政策法》（The National Environmental Policy Act）最先规定，当政府制定将会对环境产生重大影响的政策时，在开始制定规章时先要进行一般的可适用性分析，很多其他的法律也对制定规章提出了类似的分析要求，如《管制弹性法》（the Regulatory Flexibility Act）等。此外，《国会审查法》（The Congressional Review Act）要求所有规章都要提交国会备案审查。此外，还有人建议把规章制定时的"成本—收益分析"（cost-benefit analysis）的要求以法律的形式确定下来。

最后，规范个别行政机关的法律也可能包括《联邦行政程序法》中找不到的详尽的程序规范。其中有的对管制机关提出了更严格的程序要求，不过基本上可以说这些特殊的程序是对那些一般化程序规则的具体化。

四、总统（和其他政治性）控制

政治性的控制通常不会产生或者形成行政机关内部的公开程序，但是总统对规章制定的提议却可能产生这种效果。总统的提议对规章制定建议公开之前的阶段做了框架规定，上面提到的许多法律都是以这种框架规定为基础的，而且大部分法律所要求的分析和通告也是在总统提议的框架内进行的。例如定期管制议程安排（periodic regulatory agenda）确定了各个行政机关计划从事的重要管制行为，实际上提前通知了规章制定行为，结果扩大了参与；管制影响分析则提供了公众赖以对管制进行评价的文件。

五、法院

司法判决也是行政程序规范的重要源头。美国法院至少在三个方面有着重要影响：一是通过解释宪法性的要求，特别是对正当法律程序条款的解释；

二是通过解释法律规定的程序，如解释《联邦行政程序法》；三是法院行使司法审查的方式造成的氛围。因此，最高法院在20世纪70年代早期赋予了《联邦行政程序法》起诉资格条款前所未有的意义，从而扩大了行政机关认为可能要接受审查的行政行为的范围，并因而使他们在对待自己的行为时也更加慎重。此外，最高法院通过强调参与的重要性，促使行政机关官员吸收一些原本被排除在外的人参与行政程序。从这里我们不难看出，美国法的普通法程序特点，强烈地影响了行政法的内容。因而，不能仅仅把宪法、法律和规章的文本内容作为行政程序的渊源。

六、行政机关

每个行政机关都可以完善其所适用的程序，联邦行政机关制定的许多规章中都有对行政程序的详尽规定，其规模和数量都几倍于美国法典中的规定。这些程序性的规定是每个与具体行政机关打交道的律师必须注意的。

第二节　行政裁决

一、正式行政裁决

《联邦行政程序法》最初定义裁决程序（美国法典第5篇第554节）只适用于"制定法要求经听证并根据听证记录作出决定的"行政裁决，如果制定法并未要求听证并依据听证记录作出决定，则《联邦行政程序法》中有关裁决的程序性规定即不能适用。但是对于正式裁决适用的程序形式是有争论的，是不是只要法律中提到听证，就意味着要适用第554节的规定？即使是适用第554条的规定，由于不同的情形的要求也是不同的，因此所适用的程序规则也应该有所差异，这反映在第554节规定了三种正式裁决程序，而不是一种统一的模式。

（一）听证式裁决模式

这种模式虽然有所简化，但是仍然非常类似美国司法审判的正式对抗性程序，其"正式性"（on-the-record）体现在以下几个方面：

1. 听证必须由行政机关自身（即行政机关的首脑）、委员制行政机关的一个或多个成员或者行政法官主持（通常情况均是如此）。倘若主持听证的官员存在个人倾向或是其他不合格的情形，则其参与听证会的资格将会受到质疑。

2. 就像与法院接触一样，与主持听证的官员的接触也必须是正式的，行政机关中负责调查或指控的官员都不得参与听证，除非作为目击证人或顾问。

3. 主持听证的官员必须草拟听证过程的官方报告，或者是初步决定，或者是行政机关应该如何处理的正式建议。

4. 据以作出决定并要接受审查的记录仅限于听证过程中的证人证言、相关证据以及其他文件。如果行政机关注意到有的事实在记录中并未出现，比如它认为凭其已有的专业知识即可知悉的事情，任何一方都有权"被及时告知提出相反意见的机会"。

由于听证通常不由行政机关首脑主持，所以主持听证的官员会作出一个初步的决定，而当事人则有权提出其所建议的事实和结论，最终决策者必须以书面形式对这些建议作出裁定，并载明"是对案卷中所记载的事实、法律和裁量权争议的裁定、结论及其理由"。这一陈述也是该程序记录的一部分，对后来的司法审查具有一定的重要性。初步决定会成为行政机关自身的决定，除非受到行政机关或其代表审查。

当事人不服初步决定的申诉通常由行政机关的首脑听取，在那些委员会制的机关中，则由一个较小的委员小组听取，在一些较大的行政机关或者内阁部门，通常是由专门受理申诉的机构实施部分或全部的审查职能，这些受理申诉的机构在很大程度上和行政法官一样独立于政治操纵，但是《联邦行政程序法》并没有给他们提供像行政法官一样的保护。[1]行政机关的首脑会保留复审该机构决定的权力，但通常只是针对重要案件的裁量性权力。

在审查初步决定时，当事人可以书面提出任何异议，而行政机关则享有行政法官在"作出初步决定时所拥有的全部权力"，可以自己对案件作出决定而不仅仅是充当审查机构的角色。当然，和行政法官一样，行政机关必须向当事人充分解释其结论和回复，实际上这迫使行政机关无法随意变更行政法官的决定。

(二) 许可证申请程序

尽管通常要求以听证程序裁决许可证申请，但是其处理程序却偏离了我们通常所认为的美国诉讼程序的典型特征。《联邦行政程序法》第 554 节等的规定体现了这一点：①允许行政机关根据申请者提供的书面文件完成申请程序，除非拒绝类似审判的口头听证程序会导致偏见；②没有严格职能分离的限制，行政法官或行政机关的成员可以更自由地以非正式方式咨询行政机关的职员；③允许主管官员而不是主持听证的行政法官草拟决定。

之所以作出这种相对自由的规定，是因为：①许可证申请程序具有高度的技术性，因此必须重视专家的参与，而没有哪个行政机关有丰富的资源雇佣双倍的职员：一部分负责日常工作，一部分为决策者提供建议；②参与这

---

[1] Kalaris v. Donovan, 697 F. 2d 376 (D. C. Cir. 1983).

些活动的职员通常缺少正式程序中的道德约束。而如果由申请人和能够熟练判断其是否符合相应标准的行政官员进行协商，那么可以达成很多目的。这种协商和知识运用的结合在正式的听证程序中将是非常困难的。

（三）对许可的制裁程序

《联邦行政程序法》第三种正式裁决模式的听证适用于撤销、吊销、撤回或废除已获得的许可的程序。通常认为这些程序具有"两极化"而不是"多极化"特征，也就是说，这些程序的当事人通常是两方主体而不是多方主体，这和许可证申请程序有所不同。由于具有惩罚性，因此无论对许可持有者还是行政机关的职员都具有较大的风险。法律要求行政机关以书面形式专门通知其"采取该措施的事实或者行为"，并且除非是许可持有者自愿或者基于保护公共利益的需要，许可持有者必须有机会表明其完全遵守了法律的规定。与前面的程序相比，这种变化与其说是程序性的，不如说是实体性的，主要是通过防止行政机关的随意干预，保护已经授予的许可对其持有者的经济意义。

二、非正式的行政裁决

就大部分行政裁决而言，《联邦行政程序法》并未详细规定其程序，听证也不是法定的程序要求，这些非正式的行政裁决大约占到了政府裁决行为的95%。美国法典只在第5篇第555节（e）对其作了相关规定，即否决任何书面申请都应立刻通知当事人，并且简要说明否决的理由。如果非正式行政裁决的结果构成最终的行政行为，也可以适用《联邦行政程序法》规定的司法审查程序。

《联邦行政程序法》没有对非正式裁决程序作出详尽的一般性规定，反映了制定者难以概括这些程序的一般性要素。一般程序的缺乏，为宪法的正当法律程序条款和特别法中的程序带来了适用空间。正当法律程序爆炸使许多在非正式裁决过程中的程序主张受到重视，因为许多适用非正式程序的裁决也有可能剥夺公民的权利。实际上，研究表明很少有程序完全符合前述Friendly法官列举的10项要素，有的甚至完全不符合。[1]这也说明对于什么程序是正当的看法非常不同，连最高法院自己也指出，法院不能把自己认为适当的程序强加给别人，而只能在正当法律程序条款和特定法律的规定中发现相应的要求。

三、公众参与的要求

除了不断给正当法律程序条款添加新的内容之外，美国行政法中有关行

---

〔1〕　Paul Virkuil, "A Study of Informal Adjudication Procedures", *43 U. Chi. L. Rev.*, 739 (1976).

政裁决最有意思的要属于公众和被管制组织的参与。一般来说，私人强制执行法律的方式有两种：一种是直接的，即授权公民自己在法院起诉公司企业以执行法律的强制性规定；另一种是间接的，即提起诉讼要求行政机关启动某种程序，或者要求参与行政机关的内部程序。

后者实际上包括了两种形式：一种是提起诉讼要求行政机关启动某种程序。按照《联邦行政程序法》的规定，行政机关的不作为行为和作为行为一样都要接受司法审查，而且根据行政机关不作为的申诉越来越多这一情况，法院也认为任何不作为都不可审查这样的假设是不成立的。另一种是强制要求介入行政程序。前一种形式中行政机关没有启动某种程序，而在后种情形下行政机关实际启动了某种程序，但是与行为结果有利害关系的人却没有法定的介入行政程序的权利。因此这里的问题是：是否应当承认其可以参与行政程序以及在多大程度上参与？《联邦行政程序法》本身鼓励行政机关允许"利害关系人"参与行政程序，"只要不扰乱公共秩序"即可。《联邦行政程序法》的规定表明，行政机关掌握着决定利害关系人是否参与的主动权。因此，如果行政机关作出了否定性的回答，能否强迫其允许这种参与呢？美国法院为了鼓励利益代表更广泛地参与行政程序，通常会撤销那些限制参与的行政决定。

四、替代性争议解决方式

1990 年美国国会发布了替代性争议解决方式和管制协商（regulatory negotiation）的规定，最初规定两者都在 1995 年期满，但后来转为永久性的制度。在行政程序中，管制协商的规定更为明显，而且还与规章制定联系在一起。该法收在《美国法典》第 5 篇第 571 节以下，其所界定的替代性争议解决方式包括仲裁、调解、简易程序、调停以及协商等，替代性争议解决方式在中立方的帮助下按照参与者的意思进行，所形成的争议解决机制在各方当事人之间保密，其主要目的是建立一套以当事人的同意为基础的机制。在当事人同意的基础上，行政机关有权适用自己的程序，除非出于其他考虑因素，认为这种简单一致和参与者之间私下解决的做法不合适。

第三节　规章制定

规章制定程序被一位美国学者认为是"现代政府最伟大的发明之一"。[1]

---

[1] K. C. Davis and W. Gellhorn, "Present at the Creation: Regulatory Reform Before 1946", *38 Admin. L. Rev.*, 507 (1986).

和行政裁决一样，《联邦行政程序法》的规定也反映了规章制定的多样性，即规定了规章制定的三种模式：公告模式（publication model）、通知和评论模式（notice and comment model）以及正式听证（formal hearing）模式。除了涉及军事、外交或者政府的经营职能之外，总有一种模式能适用于对私人利益产生不利影响的规章制定行为。

一、《联邦行政程序法》规定的模式

（一）通知和评论模式

规章制定的主要模式是通知和评论模式，有时也被称为非正式的规章制定模式，该模式规定在《美国法典》第 5 篇第 553 节，是法律上规定的规章制定的最低程序要求，特别是对于那些"立法性"规章而言。和法律一样，规章的条文也只有经过和制定相应的程序才能予以改变。

《联邦行政程序法》所规定的程序模式中，通知和评论模式自制定以来受到的影响最为明显。比如《信息自由法》的通过，严重偏离最初设想的司法解释，总统和立法机关要求预告管制议程安排的提议、一系列的管制影响分析等，使这些原本简单的程序变得相当复杂。[1]

《联邦行政程序法》第 553 节规定，通知和评论模式要求首先在"联邦登记"（the Federal Register）上刊登拟制定规章的通知。所谓"联邦登记"，是联邦政府每日的官方公报。第 553 节规定的通知通常要持续 30～60 天，在此期间任何利害关系人都可以提交书面的评论意见，包括"数据、观点和评论"，以供主管行政机关考虑。如果认为可取，行政机关还可以为公众提供更多的参与机会，比如口头听证、进行回应性评论或是第二轮的通知（a second round of notice）。"在考虑了所提出的相关问题之后"，行政机关的义务就是公布制定相关规章的"基础和目的的简明扼要的陈述"和通过的规章。如果没有特殊的正当理由，规章要经过 30 天才能生效。

总的来说，通知和评论模式最为明显的特点就是其非正式性，第 533 节对通知的内容只是作了泛泛的规定，除了指明法律依据和提交书面评论意见的最后期限等程序性规定之外，通知仅需要对"拟制定的规章的条款或实体内容"作出说明，或者对规章所涉及的主体和事项进行一般性的描述。而且通知要晚到规章已经成形的时候才公布。如果公众参与仅限于在某个时间由所有的参与者进行一番简单的评论，那么持批评意见的人就只能直接提出观

----

〔1〕 关于这些变化的讨论，参见 P. Strauss, "From Expertise to Politics: The Transformation of American Rulemaking", *31 Wake Forest L. Rev.*, 745（1996）；P. Strauss, "Changing Times: The APA at 50", *63 U. Chi. L. Rev.*, 1389（1996）.

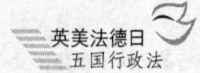
点，而不可能对其他人提出的数据、观点或是辩论进行回应或者挑战。该程序完全没有体现正式裁决程序的特征，如详细的记录（defined record）、初步决定（initial decision）以及职能分离。最后，有关行政机关解释其最终决定的义务的规定也远比行政裁决要简单。

（二）公告模式

当行政机关或者其分支机构制定"解释性规则、政策的一般性陈述或行政机关组织、程序或业务规则"时，一般不适用第553节规定的通知和评论程序。这些手段可以被视为行政机关表明其职权范围内的事情的立场或者程序，但是不具有制定法那样的法律效力。根据修订后的《信息自由法》，最终裁定、裁决的理由、政策性说明、解释或是对公众有影响的职员手册和指示只有在被"适当公开"之后才可以作为行政机关对抗另一方当事人的根据，并且对下级行政机关的职员具有约束力。制定机关可以采用非正式的程序对其进行修改。在美国法院的眼中，行政机关公告的意见仅仅是对作成的决定具有说服力的解释意见。就此来说，行政机关通过公告方式通过的规章会对行政机关自身的地位产生影响，如果行政机关要改变自己的观点，就要承担解释责任。但是对外界来说，公告规章的效力不足以设定新的法律义务。

除了公布其解释和政策之外，每个行政机关还必须为"每个利害关系人提供请求发布、修改或者撤销规章的权利"。

（三）正式听证模式

特定的法律有时候会要求规章根据"听证之后的记录制定"，在此情形下，非正式规章制定所规定的评论阶段和对规章之"基础和目的的简明扼要的陈述"就会被听证取代。在正式听证模式下，制定规章必须公开，当事人有权介入有关证据问题和相关的辩论。而对于最终的决定，行政机关必须予以充分且有针对性的解释。正式制定规章程序最常见的情形是确定公共设施和普通运输工具的费率等。

二、协商式规章制定

在有关法律和行政命令的激励下，行政机关在某些情形下不是通过内部形成规章草案建议，而是通过外部的、被称为"协商性规章制定"的中介程序。应当注意的是，通常这只是提出规章草案建议的程序，而不是制定最后规章的程序。这种程序把法律规定的规章制定程序的公开提前到规章产生阶段，而此前规章草案建议主要是由官僚机构发起的。如果协商制定规章的讨论形成了所有受规章影响的利益代表意见一致的建议，而且行政机关认为该建议也是可以接受的，那么通知和评论阶段就不会有很大的反对意见，而采纳所提出的建议也被认为不会导致司法审查。

《协商制定规章法》（the Negotiated Rulemaking Act）规定了这种规章制定模式的框架，但是比较简单。如果行政机关相信，所需要的规章只会对有限的利益群体产生重要影响，而代表这些利益群体的委员会通过善意的协商是能够及时达成一致意见并提出建议的，那么该行政机关就可以（但不是必须）建立这样一个委员会来实现上述目的。行政机关可以任命一个中立的会议召集人帮助确定哪些是受到影响的利益群体及其合适的代表人选。行政机关必须公告，详细描述其所计划的工作以及委员会的成员资格。该通知还允许其他人进行评论，为未被确定的利益群体或者没有得到充分代表的利益群体提出新的参与人。委员会的成员通常少于 25 人，包括行政机关的代表在内。行政机关还会任命一个"促进者"（facilitator），通常也就是会议召集人来主持会议并且帮助进行协商；如果委员会不同意行政机关的任命，他们就必须自己选举出一个一致同意的"促进者"。委员会要向行政机关报告一致通过的建议，然后该建议就会作为拟通过的规章予以公布。如果不能达成一致意见，委员会要报告已经达成一致的内容，或是委员会认为适当的其他事项。法律并没有规定不得对建议后通过的规章寻求司法审查，但是通常参与协商过程的人会支持而不是反对该规章，法律则完全保留了对最终规章（不是协商过程）的司法审查。[1]

三、行政调查

《联邦行政程序法》对行政调查方面的程序规定得不多，内部指示或是组织调查的守则属于该法要求公开的内容，除非"可以合理地认为公开会带来规避法律的风险"。在正式行政裁决程序中，从事调查活动的行政人员不能参与到行政决定程序。《联邦行政程序法》本身并未授权进行任何形式的调查行为，无论是检查、要求报告还是传唤；但却规定没有法律的授权，不得发布、作出或者执行这种行为或命令，并且还简要规定了司法机关对传唤的强制执行。总的来说，调查程序必须有法律的特别授权，其强制执行也取决于法律的规定。

行政调查程序可以分为三类：检查、要求提供报表以及传唤或者强制性程序。

（一）检查

三种形式中最常见的是检查，检查可能仅仅是调查性的，也可能具有决定性效力。根据 APA 第 554 条（a）（3）的规定，检查无须适用听证程序，该条将"仅仅以检查、检测或选择为基础的决定程序"排除在通常的裁决程

---

〔1〕　5 U.S.C. §570.

序之外。检查的程序问题在美国行政法中发展不快，仅仅在行政裁决的听证程序中有所反映，在该程序中问题变为检查者是否使用了适当的手段。

另一方面，检查行为的运用却催生了相当数量的宪法诉讼，这在前面已经有所涉及。这一发展的结果，是使接受检查的人可以迫使行政机关所拟适用的检查接受法院的审查。

（二）要求提供报表

填写要求的报表是公民和进行管制的行政机关打交道的常见形式。对个人或公司进行分类时就要求提供这样的材料；它可以简单如通关申报，也可能复杂如联邦贸易委员会要求集团公司提交的年度经济报告。一般说来，除非法院认为要求提交报表仅仅是为了获取填表人犯罪行为的证据，[1]那么任何人都无权拒绝提供。通常情况下，提交报表的要求受到严格保护，就像纳税申报表一样。因此，拒绝提交报表本身可能成为罚款或其他惩罚的理由。

在联邦一级，要求行政机关提供报告的规定主要受1980年的《文书简化法》（the Paperwork Reduction Act）控制。该法明确承认了总统监督，甚至包括对独立管制委员会的监督。行政机关如果要适用新的报告要求，则必须取得OMB下的信息与管制事务办公室（the Office of Information and Regulatory Affairs）的同意。OMB的批准程序类似于非正式的规章制定程序，并且对公众开放。

（三）强制性程序

传唤，也可以说是强制性程序，是指要求特定人提供特定文件或信息的行为。传唤可以用于行政裁决过程中，也可以用于听证前的调查中，在这两种方式中后者更为常见。当在行政裁决中适用传唤时，主持裁决的行政法官可以予以必要的控制；法院也允许行政机关给予不服行政传唤的行为类似民事诉讼中不服从法院要求透露文件的命令那样的惩罚。

但是当传唤用于调查阶段时，由于缺少中立的行政官员，而行政机关本身的调查即类似于行政机关的指控，因此在这里，行政机关不可以自行强制执行（self-enforcing）传唤，除非其适用对象愿意服从提供信息的要求，否则行政机关将不得不要求法院帮助强制其服从。

对行政行为的控制：司法审查

　　和英国一样，美国没有一套专门对行政机关行为进行审查的法院系统，而是由普通法院管辖。本节所介绍的是美国司法审查的可能性和司法救济的形式，主要限于联邦法律层面。

第一节　司法审查管辖的基础

一、法定和非法定审查

　　联邦法院关于上诉案件的管辖完全是由法律规定的。采用"法定"（Statutory）和"非法定"（Non-Statutory）审查这样的区分，表面上看起来有点荒谬，但这里是为了区分法律规定的针对行政机关特定行为的有限审查和法律概括性规定的对行政行为的广泛审查。[1]根据《联邦行政程序法》的规定，如果起诉对行政行为进行司法审查，应该首先寻求"法定审查"，具体法律将规定审理的法院、管辖、时限和审查的形式。法律的规定通常会尊重行政机关最高层作出的决定，因此正式的行政裁决和规章制定的司法审查初审管辖通常在上诉法院。原因在于，既然行政机关通过行政程序对其决定已经制作了详尽的记录和充分的解释说明，那么再进行多层级的司法审查就是一种资源浪费。[2]尽管法律有时候直接规定了级别管辖，也就是由上诉法院进行审查，但是可能没有指明具体由哪个法院受理（地域管辖），那么可以由行政机关行为地（通常是哥伦比亚特区）、请求进行司法审查的当事人居

　　〔1〕　Peter L. Strauss, *Administrative Justice in the United States*, 2nd edition, Carolina Academic Press, 2002, p. 298.

　　〔2〕　H. Friendly, *Federal Jurisdiction: A General View*, *Columbia University*, 1973; D. Currie & F. Goodman, "Judicial Review of Federal Administrative Action: The Quest for the Optimum Forum", *75 Colum. L. Rev.*, 1 (1975).

住地或者受被诉行为影响的当事人居住地的法院管辖。根据法律的规定和当事人的选择，所有直接请求司法审查的案件中，大约有1/3是由联邦哥伦比亚特区上诉法院受理的。

《联邦行政程序法》自身并没有赋予更普遍的司法审查，但是却认可非法定审查。该法规定，当法定司法审查"缺位或者不足"时，司法审查的形式可以是"任何可采用的法律诉讼形式，可以向有管辖权的法院提出确认判决、禁止令、强制令或人身保护令等诉讼"。[1]如果"法律规定的可审查行为和行政机关的终局行为的救济不足时，也要接受司法审查"。实际上，除了金钱赔偿诉讼之外，美利坚合众国、行政机关和主管官员都能成为被告。此外，辩护人也可以请求对行政机关强制执行的民事或刑事程序进行司法审查，除非法律在以前阶段规定了充分的审查或者完全排除对这种强制执行行为进行审查。

尽管大部分案件都由上诉法院管辖，但是地区法院也可以根据《司法法典》（Judicial Code）的一般规定取得管辖权，即地区法院而不是其他法院拥有所有有关"联邦问题"的管辖权。[2]但是，只要认为《联邦行政程序法》规定的可审查行为是不合法的，那么必然带来所谓的"联邦问题"，这样一来该管辖权的确立就变成了一个无关紧要的问题。

二、法律对司法审查的排除

（一）明示的排除

总的来说，美国法律假定任何最终的行政行为都要接受司法机关的审查。但是某些法律明确规定，依照该法作出的全部或部分行政决定不受司法审查；或者以某种方式严格限制司法审查。但是法院轻易不会认可法律的排除性规定。法院认为，即使法律规定行政官员的判断是最终的或者是决定性的，也不是一概排除了司法审查，而只是限制了司法审查的范围。[3]与通常相比，在这些案件中法院不会过多地注意行政决定的事实根据是否充分，而是关注法律的授权和必要的程序等问题。

尽管美国最高法院有时候会尊重国会关于明确排除司法审查的规定，但是大部分时候它对国会排除司法审查的规定持保留态度，特别是当法院认为排除司法审查将无法保证法律得到忠实地执行或者会带来严重的宪法问题时，

---

〔1〕　5 U. S. C. §703.

〔2〕　28 U. S. C. §1331.

〔3〕　这样的案件主要是那些会对个人权利产生重要的影响的案件，如移民案件等。Shaughnessy v. Pedreiro, 349 U. S. 48（1955）; Harmon v. Brucker, 355 U. S. 579（1958）; Gonzalez v. Freeman, 334 F. 2d 570（D. C. Cir. 1964）.

即使法律排除司法审查，法院仍可能启动司法审查。

（二）默示的排除

在 Abbott Laboratories v. Gardner[1]案中，政府主张只有当公民违反了规章并且面临强制执行时才能请求进行司法审查，其理由是法律对强制执行阶段进行司法审查的规定，暗示着国会希望排除对规章制定阶段的司法审查。然而，这一理由遭到了法院的拒绝。正如前面所说，美国法一般认为最终的行政行为都是可以审查的，所以默示排除的司法审查通常都得不到法院的支持，即使该主张能够成功，也极为少见。有美国学者指出，"司法审查是保证行政制度合法正当或有效的必要条件，即使不是逻辑上的，也是心理上的……在我们的社会中，传统使我们深深依赖法院作为宪法和立法机关给行政机关规定的限制的最后守卫者和屏障"。[2]

三、法律规定由行政机关裁量的问题

不适用《联邦行政程序法》规定的司法审查的第二个重要例外是，法院认为争讼的问题属于"法律赋予行政机关裁量权的行为"。与前面的例外相比，该规则反映了不同的关注焦点：前者强调的是司法机关所能起到的作用；而这里强调的是行政职能的特点以及司法审查对它的影响。但是，宪法在这里仍然是起作用的，即使断定一个行为属于法律规定的"由行政机关裁量的问题"，也并不意味着法律的这种规定就是合法的，更准确地说是合宪的。因为在美国的政治制度下，对行政行为的控制是由多个部门共同完成的，所以国会可以立法作出规定但不能因此取消其他部门的作用。

即使事务的某些方面确实涉及行政机关的裁量权，也并不必然排除所有的司法审查形式。在这里有必要区分大写的裁量（DISCRETION）和小写的裁量（discretion），前者主要存在于政治领域，由于找不到可以适用的法律，行政官员完全按照总统的意愿行事，因而无论是法院还是国会都不会直接对其进行控制，而主要由总统负政治上的责任；后者主要存在于行政领域，行政官员在法律限制的框架内拥有如何行动的自由，因此要或多或少地受制于法律规定的其行为的内容和行为所必须遵循的程序。[3]这样我们也就比较容易理解为什么《联邦行政程序法》对裁量行为的可审查性的规定包括了两个方面，即例外情形和"裁量滥用"的司法审查。如果认为"法律赋予的裁量"不受司法审查，就无法理解为什么《联邦行政程序法》又规定对"裁量

---

〔1〕　387 U. S. 136（1967）.

〔2〕　L. Jaffe, *Judicial Control of Administrative Action*, Little Brown, 1965, pp. 320~321.

〔3〕　Peter L. Strauss, 91 supra note 28.

滥用"进行审查了。

第二节　司法审查的先决问题

司法审查的先决问题会起到拒绝、推迟或者限制所规定的司法审查的作用。这一部分是美国行政法中最模糊也是最复杂的部分，耗费了法学家和法学学生巨大的精力。在这里我们仅予以简单的介绍，至少它们所针对的问题还是可以表述清楚的，而且在大多数案件中是不存在有关这些问题的争论的。

美国宪法第 3 条规定法院的作用是解决"案件"或"争议"，一般来说这是宪法规定的法院行使审查权的条件，其中包括了一些具体的因素，比如案件和争议必须是真实存在的，而不是主观臆测的；当事人对于争议的解决具有利害关系；应该由法院解决并且当事人能够因此而得到有效的救济。除了这些宪法性的规定之外，法院还提出了一系列"审慎的"（prudential）补充性规定。即使满足了宪法上的条件，但是如果不满足法院提出的"审慎的"要求，也可能无法获得司法审查。这在下面还会提到。

一、起诉资格

美国行政法所说的资格问题，主要是指什么人有权请求对行政行为进行司法审查。美国法律对起诉资格的规定一般是以三个宪法方面的要素为基础的：一是"实际损害"（injury in fact），试图起诉政府行为的人必须受到了"实际损害"；二是因果关系（causation），即损害是由被诉行政行为造成的；三是可救济性（remediability），即法院的判决能够弥补损害。另外还确定了三个"审慎的"要求并不时加以运用：起诉者必须主张他们自身的利益而不是与其无关的他人的法律权利；被诉的行为必须是具体针对起诉者的，而不是全体人都共同承受的不利后果，后者应当通过政治程序解决；起诉者用来支持自己诉讼的联邦法律必须是保护或者管制其所主张救济的利益的。

对于最高法院纯粹出于"审慎的"标准作出的判决，国会可以不予考虑或者不加重视，但是对于宪法的限制性规定，国会却不能通过立法加以改变。当然，国会可以对"实际损害"的评判施加影响，例如规定审美上的（aesthetic）损害作为判断标准，尽管如此，国会不能完全抹煞实际损害这个标准，不能不管行政行为是否造成损害即授权"任何公民"起诉行政行为。[1]

一般来说，对于行政机关管制行为所直接针对的对象的诉讼资格不会有

---

〔1〕　Lujan v. Defenders of Wildlife，504 U. S. 555（1992）.

多少疑问，因为这些行为影响的很难说是"所有或者很大一部分公民共同享有的"利益，这些利益的损害如何发生以及是否能够得到司法审查的有效救济也没有什么怀疑。问题是如果认为行政机关没有予以法律要求其保护的利益足够关照，应该在多大程度上允许那些"管制受益者"（beneficiary）请求司法审查。就诉讼资格问题来说，美国法院实际上在寻求一种平衡：既要使行政机关的政策符合法律的规定，强化政府行为实体和程序上的合理性，同时也要防止阻碍政府的行为乃至使其僵化。因此国会也可以通过调整司法审查请求权的分类，促使行政机关在行为过程中注意区分不同的利益。但是，在美国同意或者反对"管制受益者"诉讼的声音都很强大，而最明显地体现了这一问题的是 1992 年的 *Lujan v. Defenders of Wildlife*。[1] 在该案中，法律规定对《濒危物种保护法》规定的濒危物种的保护必须经过行政机关内部的咨询程序。但是主管行政官员制定的规章，将联邦政府参与外国政府的行为排除在该要求之外。Defenders of Wildlife 以及其他环保组织试图起诉主管官员对法律的这一解释，他们担心这种解释会导致恰恰是该法所力图避免的物种灭绝。最高法院裁定他们不具有起诉资格。首先，尽管他们强调其观赏现在可能灭绝的濒危物种的利益受到了伤害，尽管"希望利用或者保护物种，甚至仅出于纯粹审美的目的"可以成为取得起诉资格的适当利益，但最高法院认为他们没有充分表明其具体受到了什么伤害。最高法院同样驳回了另外一个支持起诉资格的理由：《濒危物种保护法》的规定允许"任何人"请求禁止行政机关违反咨询程序。如果这种主张成立，宪法上要求的因果关系和可救济性就不会带来障碍，因为程序性的错误自身就是造成损害的原因，并且很容易就可以纠正。最高法院认为国会设立程序的权力不是任意的，《濒危物种保护法》的规定不过是"经常可见的对政府的抱怨……而不构成宪法第三条所说的案件或者争议"。如果国会允许提起这样的诉讼，就会使法院拥有居于政府行为之上的权力，使其成为行政行为是否英明和完好的长期监督者。

但是 Lujan 实际上也表明了关于动物利用和保护这种审美上的利益确实受到了具体的伤害，是可以获得起诉资格的，也反映出最高法院接受了国会对利益的规定以支持宪法上的"实际损害"，即起诉者本人确实受到了伤害。

当讨论到"因果关系"和"可救济性"时，其中一直存在争议的是"公共利益代表"（public interest representation）问题。在 1984 年的一个案件中，[2] 公立学校黑人儿童的父母起诉他们认为违法的国内税务局的裁决，因

---

[1] 504 U. S. 555 (1992).

[2] Allen v. Wright, 468 U. S. 737 (1984).

为其给予那些实行种族隔离的学校税收优惠，从而助长了种族隔离，减少了他们的子女接受完全非种族隔离教育的可能性。在这种案件中，我们可以看出因果关系和司法救济的有效性都是主观臆测的。因此毫不奇怪，最高法院会抵制局外人介入涉及其他人的税收问题。

最后有必要指出的是，起诉资格解决的是原告寻求司法审查的适格性，而不是行政决定的可审查性。例如，上面提到的税收问题本身完全应该接受司法审查，诉讼资格讨论的问题是其在多大范围内影响了纳税者的利益。如果从允许请求司法审查的人的广泛性来考察要接受审查的事务，可以清楚地看到不断扩张的起诉资格和公众参与之间的关系。起诉资格的扩张增加了潜在的诉讼者，这就会使行政机关在作出决定不仅仅考虑到被管制一方的利益，而且要进行多视角的考察。

二、特别的时空规则

按照要求只能对"最终的"（final）行政决定进行司法审查，所以当事人在寻求司法审查之前必须要穷尽行政救济手段，行政行为必须是成熟的。这里要解决的是司法机关应当在何时介入的问题，而不是事实问题。实际上，这也是司法机关和行政机关之间的工作如何分配的问题。"最终性"（Finality）是从行政行为的角度考虑的；"穷尽行政救济"（Exhaustion）是从私人一方的行为考虑的；而"成熟原则"（Ripeness）则是从法院的角度考虑的，但是三者之间的边界是模糊不清乃至彼此交融的，而且还和前面讨论的司法审查的排除和起诉资格问题有关。

（一）最终性

"最终性"的基本意思很简单，它是三个原则中唯一在《联邦行政程序法》中有明确说明的，即只有当行政机关的判定是"最终的行政行为"时，才符合司法审查的条件。该原则的基础很容易理解，人们必须等待最终的结果，而不是对可能发生的错误不断申诉，因为最终结果会除掉很多错误，而重复诉讼造成的中断本身就应避免。

但是民事诉讼程序中，法律规定可以在诉讼中提出有限的请求。这些请求借助司法命令可能会处置一方当事人的利益，但并不是整个诉讼的最终处理结果；也可能是请求处理主要诉讼程序的担保问题，这些问题非常重要并且独立于主要诉讼程序以至于不能不进行审查，也不适宜等待。[1]如果法院认为程序继续进行下去带来的代价会大于司法程序中断，那么就应该对这些问题进行处理。在行政程序中虽然没有类似的法律规定，但是于程序中提出

---

〔1〕 Cohen v. Beneficial Loan Corp., 337 U. S. 541（1949）.

类似的请求也是允许的，并且已经取得成功，[1]但是为数不多。通常来说，预备性的、程序性的和中间阶段的行政行为和裁决，都是在审查行政机关的最终行为时一并接受审查的。

除非法律或者行政规章规定向上级行政机关申诉时行政行为不生效，否则不论是否经过宣告、复议或者申诉，就可以说是最终的。如果在规章规定的时间内没有人向行政机关申诉，行政机关也未主动审查，那么行政法官的初步决定就是最终的；当多个行政官员共同作出一个行政决定时，在整个程序初期作出的、并不立刻实施的决定，对于作出该决定的行政主体来说，也是最终的，哪怕对整个行政程序来说并非最终的。[2]

（二）穷尽行政救济

在 1993 年的 *Darby v. Cisneros* 案中[3]，最高法院认为原告可以立即对行政机关作出的初步决定请求司法审查，而无须穷尽行政机关内部的所有救济程序，除非有规章规定他必须穷尽行政救济。一般来说，在行政机关内部的救济途径尚未穷尽之前，司法审查不会介入。但在 Darby 案中，最高法院考虑的是如果当事人必须走完所有的救济程序，可能对其不利。

通常认为，穷尽行政救济手段的要求，是对行政最终性原则的重申，因为，如果尚有其他的行政程序，或许事情还有转机，因此在行政救济穷尽之前还不太适合司法审查。但是如果穷尽行政救济的要求会导致变相的惩罚，或所争议的是法律解释问题，则司法机关有权介入，否则要求穷尽行政救济手段会带来"严重的"后果；但是如果所争议的决定应当由行政机关根据其专业知识作出，倘若没有穷尽行政救济则不能提起诉讼。[4]

（三）成熟原则

当司法审查的收益超过了延迟司法审查给各方带来的代价时，成熟原则允许推迟司法审查显然是最终性的行政行为。在 1967 年的 *Abbott Laboratories v. Gardner* 案中，[5]在引证了行政行为的可审查性之后，最高法院认为，尽管食品和药品管理局（FDA）的立法性规章构成了"最终的行政行为"，进行司法审查还为时过早。而政府也认为在作出强制实施行为之前，对行政规章的司法审查还是不成熟的。最高法院的成熟原则主要是为了防止法院过早地

---

〔1〕 Gulf Oil Corp. v. United States Department of Energy, 663 F. 2d 296（D. C. Cir. 1981）.

〔2〕 Dalton v. Specter, 511 U. S. 462（1994）；Ecology Center, Inc. v. U. S. Forest Service, 192 F. 3d 922（9th Cir. 1999）.

〔3〕 509 U. S. 137（1993）.

〔4〕 McGee v. United States, 402 U. S. 185（1971）.

〔5〕 387 U. S. 136（1967）.

介入诉讼程序和抽象的政策争论，避免行政机关在作出正式决定之前受到司法的干扰。当然，法院也要平衡另一方面的考虑，即如果不进行审查可能给当事人带来的损害。

但是，法院在处理具体的案件时，经常发现上述两方面的考虑都会支持其进行司法审查。理由之一是如果拒绝司法审查，当事人为了避免不服从行政规章带来的严重后果，出于实际的考虑会被迫服从规章；理由之二是法院可以把要求它解决的问题界定为纯属法律解释问题，因此所作出的决定无需依据将来事实的发展，所以适于由司法机关解决。

（四）首先管辖原则

有时在普通的民事诉讼而非行政诉讼中，法院会遇到那些它们认为属于行政机关管辖的案件或者争议，例如请求法院评价铁路的合理价格或者铁路关税的两种价格对于具体的货物哪一种更适当。[1]这些问题在当时都属于州际贸易委员会管辖的事项，因而应该由州际贸易委员会首先管辖。把问题交由行政机关首先解决，和联邦法院面临解决复杂的州法律问题时将其交由州司法机关首先管辖的做法是相同的。在这两种情形下，美国法学理论也引用法官制造出来的规则，要求当事人首先从其他系统寻找答案。

"首先管辖"原则原来在经济管制领域应用最多，适用首先管辖原则的要素有三：行政机关专业知识的存在；全国统一解决相关问题的需要；可以预计司法机关对该问题的处理将影响行政机关职责的实现。但是，当向专业的行政机关提出首先管辖时，法院应该如何处理相应诉讼，是驳回、延期作出判决，还是继续进行？并没有统一的规则。

三、初步救济

如果当事人希望在行政行为效力悬而未决或者接受审查时希望维持现状或者取得其他辅助性司法措施，就出现了另一个司法介入的时间问题。哥伦比亚特区上诉法院的两个判决为这一问题提供了指导：在 *Virginia Petroleum Jobbers Ass'n v. FPC*案[2]中，法院通过四个要素界定了在司法审查中是否中止行政行为：法律事实表明很可能胜诉；如果不中止会带来不可挽回的损失；中止是否会严重损害其他人；基于公共利益的考虑。

第二个判决是关于给予当事人这种救济的法院的。许多法律，包括《联邦行政程序法》在内，都授权司法机关可以给予临时救济，而尤以《令状

---

〔1〕　Texas & Pacific R. Co. v. Abilene Cotton Oil Co. , 204 U. S. 426（1907）; United States v. Western Pacific Railroad Co. , 352 U. S. 5991956）.

〔2〕　259 F. 2d 70（D. C. Cir. 1984）.

法》（All Writs Act）最为明显。该法授权联邦法院"发布对其各自管辖范围而言有帮助的、必要的或适当的令状……"哥伦比亚特区上诉法院推导了该规定的含义，认为当法律规定了司法审查时，只有拥有司法管辖权的法院才可以提供初步救济，其他法院则无权干涉。[1]

第三节　司法救济的形式

司法审查通常都是根据《联邦行政程序法》进行的，根据《联邦行政程序法》进行的司法审查，法院可以提供金钱救济以外的所有其他救济形式：强制执行令、确认判决、指令行政机关或其官员作为或者不得作为的强制命令，或者最常见的全部或者部分维持或撤销行政行为。如果法院裁定行政行为合法，行政机关请求强制执行通常会予以满足；但是有的法律授权法院裁量是否赋予这种救济形式，因此在有些案件中，即使法院裁定行政行为是合法的，也可能会行使裁量权拒绝强制当事人服从行政机关的决定。如果法院认为行政行为有法律缺陷，其有两种方案可供选择：如果是不可矫正的瑕疵，裁定违法并予以撤销；如果行政复审之后能作出合法的结果，那么将行为发回行政机关重新作出或者补足。从这一点来看，类似于上级法院对下级法院判决的上诉审，而不像是私人之间的诉讼。行政机关递交的支持行政行为的"记录"会被退回要求进一步考虑，就像把判决发回下级法院一样。

同样，当行政机关强制执行行政命令或者规章时，当事人可以提出司法审查作为抗辩手段。在这里，可以适用的司法救济形式包括发回行政机关重新决定和停止行政程序（或者强制执行）的执行。最后，金钱损害赔偿诉讼可以适用于非根据《联邦行政程序法》提起的诉讼，这将在第六章讨论。

---

〔1〕　Telecommunications Research and Action Center v. FCC, 750 F. 2d 70（D. C. Cir. 1984）.

第五章

对行政行为的控制：司法之外的途径

通过司法审查的方式控制行政行为，不过是各种方式中最正式的一种，并且也最适合法律工作者。但是司法审查通常是事后审查，而且主要限于对行政行为的合法性（而不是适当性等）作出评判。本节将介绍司法审查以外控制行政行为的手段。

第一节　政治监督

一、听证程序中的政治监督

无论在程序、决定方式还是预期目标方面，要求根据听证记录作出的决定和无此要求的程序存在着相当大的差异。但如果对正式裁决程序暗地里施加政治影响则会违反法律禁止的单方接触，而且一旦被发现，就会被法院撤销。即使在非正式的裁决程序中，可能也会涉及对单方面接触的禁止，因为其影响了程序的结果，从而与"正当法律程序的公平原则"冲突。[1]在听证程序中，公然地施加政治影响也会被法院认为与前述原则冲突。

但问题是，美国的法官"并不是由选举产生的"，而由选举产生的那些政治部门会对某些属于行政机关的政策事项施加自己的影响。解决这一问题的方法是，对政策问题可以自由地讨论，但是不要提及所讨论的政策问题是在什么具体程序下产生的。

二、无关因素

法官反对政治干预的第二个理由在于，政治干预会使决定考虑无关因素，而这些因素会对结果产生不良影响。当然，前提是人们在提起司法审查之前，发现有人运用了这种政治控制，并且在行政决定中这些不适当的因素起到了

---

[1]　United States Lines, Inc. v. Federal Maritime Commission, 584 F. 2d 519, 539 (D. C. Cir. 1978).

一定的作用。但如果行政程序没有体现出非常明显的不适当因素，法院一般不愿意过于深究行政程序背后的东西。

第二节　开放的政府

按照美国人的信念，公开是控制政府行为的一种有效手段，"阳光是最好的防腐剂"。在美国，起到前述作用的法律主要有《信息自由法》、《阳关下的政府法》、《隐私权法》和《联邦咨询委员会法》等。在这里有必要指出的是，开放政府的法律是起源于美国各州的，但这里只能简要介绍联邦方面的法律。

一、《信息自由法》

《信息自由法》于 1967 年制定，当时是作为对《联邦行政程序法》第552 条的修正出现的，此前《联邦行政程序法》主要涉及的是行政机关的架构、程序和政策等方面的资料公开。《信息自由法》在 1974 进行了较大修改之后还经历数次小的变化，并且在 1996 年扩展到电子数据形式。根据该法的规定，除了法律规定的有限例外情形，每个联邦行政机关都必须使"任何人能够立即取得"根据其公布的规章"合理描述的"记录。行政机关可以为这项服务收取一定的费用，但是要受到限制：如果记录用于商业目的，收取的费用包括检索、复制以及审查所需的合理花费；如果用于新闻媒体或者教育、非商业的科学机构，收取的费用不得超过复制所需的费用。行政机关对请求者作出回应和审查的时间非常有限，而不公开有关文件的决定又要接受非常严格的司法审查，再加上对诉讼成本的估算，包括律师费用以及可能的赔偿费用，这些因素使得行政机关通常会主动履行提供信息的义务。

该法的规定适用于"所有人"，包括美国公民和外国人，而且无须表明希望获得信息的理由。申请目的会影响收费，但是与"信息是否应当公开无关"。[1]

美国法律并未规定什么构成"行政记录"，美国法院认为其要素有四个：有关资料是否在行政机关内部产生；资料出现于行政机关的文件中；资料由行政机关控制；行政机关将资料用于行政目的。[2]

《信息自由法》第 552 条（b）规定了 9 项免于公开的"行政记录"，其

---

〔1〕 Bibles v. Oregon Natural Desert Assn, 519 U. S. 335 (1997).

〔2〕 Kissinger v. Reporters Committee for Freedom of the Press, 445 U. S. 136 (1980).

中 5 项被认为是政府的特权，其他几项则是为了避免个人或者公司受到损害。其中属于政府特权的包括：有关国防或外交方面的信息；法律特别规定享有特权的资料；若公开会威胁公共或私人利益的法律强制执行信息；作出正式决定前对政策选择的内部讨论；有关私人规则和业务的资料。剩下的四项例外涉及："从私人那里获得的机密的贸易秘密或者商业和财政信息"；个人档案，如人事或医疗方面的文件；以及两个更具体的规定：在管理和监督具体金融机构的过程中获得信息以及有关油井的地质和地球物理方面的信息。

需要注意的是，《信息自由法》仅为请求公布信息者规定了权利，而未规定信息提供者的救济措施。信息提供者获得救济的方式主要有两种：一是其他法律创设了信息保密的义务，或者否定了行政机关决定是否公开信息的裁量权。而许多行政机关为了鼓励受其管制的信息提供者提供信息，制定规章规定当其提供的信息被请求发布时也可以得到相应的通知，并且有机会参与是否发布的讨论。二是法院发展了一套"反情报自由法诉讼"，信息提供者可以根据《联邦行政程序法》规定的普通审查程序，要求法院发布命令禁止发布该信息。[1]

二、《阳光下的政府法》

随着《信息自由法》的成功，美国国会在 1976 年又制定了《阳光下的政府法》，当时正值公众参与的高潮，该法的通过还体现了对另外一种理念的关注，即被管制组织经常有机会介入行政机关的审议过程，而一般公众却缺少这样的机会。该法适用于所有的合议制联邦行政机关，主要是独立管制委员会。根据该法，委员会的会议一旦预先在联邦登记公告，则必须公开举行；若行政机关的判断存在错误，或者不公开的理由要获得通过，关门会议不仅要受司法监督，还要按照规定制作允许事后披露的录像。

《阳光下的政府法》规定了 10 种公开会议的例外，大致相当于《信息自由法》规定的豁免条款。不过，该模式的一个显著例外是，并未规定在决定一般政策性问题前要关门讨论。

三、《联邦隐私权法》

《联邦隐私权法》制定于 1974 年，是为了解决包含有个人信息的政府文件的准确性和可获得性。该法只保护个人利益，而不保护公司利益。该法总体上反映了卫生教育与福利部的咨询委员会就自动化人事数据系统报告中确

---

[1] National Organization for Women, Washington D. C. Chapter v. Social Security Administration, 736 F. 2d 727 (D. C. Cir. 1984).

立的"公正信息业务"五项原则[1]：①不得存在秘密的个人数据记录保持系统；②个人必须有方法知悉载于记录中的信息以及该信息如何利用；③个人应有方法阻止用于某一目的的个人信息不经同意用于其他目的；④个人须有方法改正有关他的信息；⑤任何建立、保存、使用或传播个人数据记录的机关，必须确保该资料用于既定目的并且防止资料被滥用。这些原则也表明，该法关注的主要是信息使用的正规性，而不是限制使用信息。

四、《联邦咨询委员会法》

20 世纪六七十年代末期，美国行政法学界一个普遍的观念是，在传统程序下运作的政府行政机关已被其试图管制的利益集团俘虏，因而要采取措施来保障管制程序更加透明及更广泛的公众参与。1972 年的《联邦咨询委员会法》是《阳光下的政府法》的先驱，也是当时的立法者对上述问题的回应。该法调整的是行政机关对"咨询委员会"的使用。咨询委员会由专家或者社团成员组成，行政机关把他们组织起来是要其对政策问题提供建议或者作为宣传机构。就各个委员会而言，其成员身份从普通公民到商人再到全国知名的科学家。通常认为，这些委员会并未平衡代表相关社团组织，该法规定的矫正性措施包括平衡的成员身份、预先通知公开会议、和 OMB 一起定期对委员会进行清理。

第三节　监察专员和监察机构

从世界各国的经验来看，监察专员是议会系统对行政行为进行监控的有效手段。但是在美国，虽然在综合性大学中这种官员并非罕见，并且一直得到行政法学界的支持，但是该制度在联邦一级却没有一席之地。[2]或许那些准备再次当选的国会议员在沟通选民和官僚机构的问题上所起到的作用，阻碍了监察专员的出现。

联邦行政机关通常不得不应付一系列服务于总统、国会或者行政机关首脑的监察机构，这种机构与监察专员的功能略有不同，后者主要是通过答复公民个人的质询服务于个体的利益。这种监察机构包括预算管理办公室（OMB）和审计总署（GAO），前者隶属总统，后者隶属国会。1978 年的立

---

[1] Records, Computers and the Rights of Citizens 41 (1973).

[2] W. Gellhorn, When Americans Complain (Harvard 1966); Ombudsmen and Others: Citizen's Protectors in Nine Countries (Harvard 1966).

法还在每个部中设立了一名独立监察官（Inspectors）以反对浪费和滥用，其他立法也试图阻止报复那些揭露处置失当或者低劣行为的雇员。

从 1968 年到 1995 年，美国行政会议（The Administrative Conference of the United States）一直被认为起着一种不同的监督职能，该机构主要负责分析和发展联邦的行政程序。美国行政会议主要由三部分人组成，即少数常任的政府雇员、1 名总统任命的行政官员以及来自公私领域的 12 个人组成的委员会。美国行政会议收集统计数据，出版不定期的资料并且就某些行政法的执行情况提供咨询，例如《阳光下的政府法》、管制协商以及替代性争议解决机制。不过，美国行政会议的主要工作是由一个协商会议（deliberative assembly）完成的，该会议由政府行政机关以及学术界和私人业界的人士组成，定期讨论并根据学术界或者私人律师的实证研究通过某些程序改进的建议。这些建议经常会给行政部门带来巨大的变化，并且采纳了专家对某些问题的看法，如在非政治化的情境下将混合规章制定和总统对行政机关决定的监督结合起来。但是，国会并非像想象中的那样尊重该协商一致过程的结果，并且在 1995 年因拒绝为其拨款而导致其关门。

第六章

侵权赔偿责任

　　本章介绍的是政府机关因为不法行为和不履行合同责任承担的（金钱）责任。侵权赔偿责任在美国行政法中是一个附属性的问题，因为不仅在行政法的课程中会讨论到它，在侵权行为法、合同法乃至宪法性法律（民权法案）中它也是一个重要的话题。

　　侵权赔偿责任在美国的发展，不仅受历史因素的影响，也受到联邦制的影响。因此当侵权赔偿问题涉及主权者时，就会发生争议。制定于1798年的联邦宪法第十一条修正案就是为了禁止联邦法院受理一个州的公民对本州以外的另一个州的诉讼。该修正案带来的结果是，排除了联邦法院受理要求州或其行政机关支付金钱赔偿的诉讼，[1]也排除了对州的土地所有权的诉讼。[2]但是，如果诉讼是针对某些官员个人的行为，即使是其运用职权实施的行为，也可以不受限制，除非判决会牵涉到州的资源。[3]针对州官员诉讼的成功，反过来对承认联邦层面的救济带来了巨大的压力。对联邦法院来说，它们对州的官员的行为强行实施救济而不对联邦官员实施，显然是有问题的。

第一节　针对主权者的救济

　　历史上，美国法院曾一直拒绝受理要求用公共资金进行赔付或者强制转移公共财产的诉讼，[4]它们依赖的基础是主权豁免原则。根据该原则，国家不能在自己的法院被诉，不能强迫它为自己的不法行为负责。该主张为州和

---

〔1〕　Seminole Tribe of Florida, 517 U. S. 44（1996）

〔2〕　Idaho v. Coeur d'Alene Tribe of Idaho, 521 U. S. 261（1997）.

〔3〕　Id.

〔4〕　Kendall v. United States, 37 U. S.（12 Pet.）524（1838）.

联邦认可，而第十一条修正案的制定和迅速通过，就是因为法院在处理州的问题上没有适用这个原则。尽管在通常意义上不能把州作为"主权者"，但在实践中，州在联邦法院和在自己的法院中一样享有豁免权。

后来，这个主张开始衰落，可以把个别政府官员超越法律授权范围的行为作为私人行为提起诉讼，这些诉讼能否成功取决于这样的行为如果由私人做出是否可诉。立法机关还规定，由某些专门法院受理请求州或联邦官员给予金钱救济的诉讼，个别法律还授权对特定行政机关的行为或者特定形式的政府行为进行司法审查。随着责任保险越来越多，州的法官经常在侵权诉讼中推翻基于主权豁免提出的抗辩理由。

在联邦一级，自1976年以来也开始逐渐出现这样的结果，其时联邦行政程序法第702节的修正案放弃了主权豁免原则的抗辩，即若无特殊情形，"美国法院受理的任何诉讼，寻求金钱损害赔偿之外的救济，并提出行政机关或〔其〕官员或雇员……以官方身份或者披着法律外衣的作为或者不作为"都不能以主权豁免作为抗辩的理由。从而，主权豁免不再是美国政府对抗非金钱诉讼的理由。[1]金钱损害赔偿诉讼是由其他法律规定的，如《联邦侵权求偿法》（Federal Tort Claims Act）和《塔克法》（Tucker Act，主要针对违约行为和其他非侵权的不法行为而提出的赔偿请求）。

由于金钱赔偿救济手段是由特别法律规定的，结果在某些案件中，其实际效力是排除了联邦地区法院受理非金钱赔偿救济诉讼，哪怕有1976年立法的规定。国会规定可以获得的救济，被认为是为了避免完全拒绝进行司法审查可能带来的宪法问题，《塔克法》授权对违约行为进行诉讼就是这样的例子。那么在这种可以获得金钱损害赔偿的案件中，就意味着没有授予实际履行这种非金钱的救济手段。因而在地区法院要求实际履行的诉讼，即使属于"非金钱损害赔偿"，也会因为没有法律的授权而被驳回。[2]

第二节　侵权诉讼

一、对政府机构的诉讼

《联邦侵权求偿法》允许公民起诉联邦政府以弥补公职人员的各种故意或者过失行为造成的损失。该法授予美国联邦地区法院审理下列案件的排他

---

〔1〕　Bowen v. Massachusetts, 487 U. S. 879 (1988).

〔2〕　Spectrum Leasing Corp. v. United States, 764 F. 2d 891 (D. C. Cir. 1985)；cf. Idaho v. Coeur d'Alene Tribe of Idaho, 521 U. S. 261 (1997).

性管辖权，即决定"如果作为私人，按照其行为或者疏忽发生地法律的规定，美国是否应当对原告承担责任"。该原则实际上是将是否承担责任交给了各州的侵权法，这样就会因为州和州法律规定的不同而缺少全国统一的标准。不过，标准不统一还不是主要的问题。主要的问题是，赔偿责任在程序方面还受到了限制：必须按照行政程序向主管行政机关提出并且遭到了拒绝；[1]无法获得私人诉讼中的陪审团审理；预判决和惩罚性赔偿也被排除。

许多普通公民遭受的个别损害可以根据《联邦侵权求偿法》获得补救，但该法并未规定政府的无过错责任，现在这种责任在许多州的侵权法中倒是比较常见。《联邦侵权求偿法》还明确排除了一些故意侵权行为的责任，诸如曲解、欺骗、诽谤以及干涉合同权利等。

更重要的是，任何基于下列原因的诉讼也被排除在外，即"联邦行政机关或雇员一方履行或不履行具有裁量性的职能或责任……不论裁量权是否被滥用"。国会对于是否授权提起这样的诉讼还心存疑虑，主要是考虑到司法与行政的职能分离，如果允许提起诉讼会束缚政府的手脚，而且政府的财政资源是有限的，授权公民提出金钱损害赔偿诉讼会破坏公共开支。

此外，规定可以获得金钱救济，在某些情况下就意味着无法获得其他救济手段，"裁量性职责"的例外可以说是"有限救济"的规定。这种例外规定反映了对于某些事项请求进行普通形式的司法审查是可以的，但不能要求承担金钱赔偿责任。因为某些类型的政府行为的控制，要完全留给政治领域去解决。

二、针对政府官员提起的诉讼

（一）责任理论

虽然针对政府行为的起诉并不总能获得损害赔偿，但是对某个特定的政府官员就其行为所造成的损害提起诉讼则是可行的。这种救济途径的渊源有两个：

第一个是普通法上的侵权行为。作为"主权豁免"原则的弥补，法院把政府官员当成被授权进行合法行为的个人，如果其行为超越了合法授权的范围，他应像私人一样为自己的行为承担法律责任。但是这种做法抑制了政府官员的积极性。1988 年，针对最高法院扩大对联邦雇员行为的救济的裁判，国会迅速做出反应，免除了联邦雇员在其职务范围内实施行为的普通法责任，

〔1〕　G. Bermann, Federal Tort Claims at the Agency Level: The FTCA Administrative Process, 35 Case W. Res. L. Rev. 509 (1985).

要其承担责任只能根据《联邦侵权求偿法》而提起诉讼。[1]

第二个渊源隐含于宪法和法律的规定中。自美国内战以来,州和地方政府官员对其根据州法剥夺"任何人……受宪法和法律保障的权利、特权或者豁免"的行为承担侵权责任。[2]在 1971 年一个非法搜查的案件中,该案起因是在清晨对私人住宅的暴力侵犯,最高法院采用了与前述 1983 节类似的侵权责任原则控制联邦官员的行为。[3]最高法院引证了 Marbury v. Madision 案中所说的,"公民自由的真谛就在于无论何时公民受到了损害,每个人都有权要求法律保护"。尽管 1988 年修正案免除联邦雇员普通法上的侵权责任的规定不适用于这些以宪法为基础的诉讼,但是以此为由获胜的诉讼很少。[4]

（二） 责任的抗辩

司法机关承认普通法上的侵权责任给豁免问题带来了三个可能的结果:除了不法行为之外政府官员不承担民事侵权责任;只要可以合理证明其行使所授权力的行为是合法的,就享有"有限的特权";所有以公务名义实施的行为都享有绝对的豁免权。在三种可能结果之间的选择,取决于法院所希望达到的目标之间的张力:一方面,应当保护公民不受政府官员不法侵害,特别是保护其不受滥用职权带来的损害;另一方面,公共事务通常要求公务员勇于做出行为,而不是因为工作风险或者被诉讼打断而逡巡不前,至于他们是否诚实可以用其他方式加以控制。

现在法院通常承认有限的特权。有限特权既包括了主观方面的因素（即政府官员自己是否确信他是在进行合法的行为）,也包括客观方面的因素（即政府官员的行为是可以被合理地认为是其权力的合法行使）。为了避免造成分歧,最高法院把"有限特权"重新界定为只包括客观因素。除非政府官员行使裁量权的行为侵犯了"任何一个理性的人都会知道的宪法和法律明确规定的权利",否则就可以说属于其特权。[5]

三、默示的诉讼理由

如果私人侵权诉讼希望实施的行为规则同样也是行政强制执行的内容,

---

〔1〕 Westfall v. Erwin, 484 U. S. 292 (1988); Federal Employees Liability Reform & Tort Compensation Act of 1988, 28 U. S. C. § 2679 (b) (1).

〔2〕 42 U. S. C. § 1983.

〔3〕 Bivens v. Six Unknown Named Agents of the Federal Bureau of Narcotics, 403 U. S. 388 (1971)

〔4〕 在 1971～1985 年期间 12 000 起针对联邦官员的宪法性侵权诉讼中,只有 4 起的最后判决得到了金钱赔偿。

〔5〕 Harlow v. Fitzgerald, 457 U. S. 800 (1982); Mitchell v. Forsyth, 472 U. S. 511 (1985).

美国法院暗示私人侵权诉讼中的侵权救济也是和行政行为相关的。当所处理的行为规则是由刑法强制实施的时，这种默示的私权诉讼肯定是没有问题的。比如，如果农场主的牲畜被不合标准的饲料毒死了，而且饲料供应商的行为违反了刑法的规定，那么农场主就可以对饲料供应商提起诉讼。20世纪80年代之前，联邦法院通常也愿意对那些行政法所保护的权利或者利益提供类似的救济手段。如果公民违反了行政法规范，就像其违反了刑法规范一样，在另一个公民提起的诉讼中他会被判处承担责任。不过自80年代以来，如果缺少国会明确的指示，最高法院一般都拒绝做出这样的默许。最高法院拒绝的原因是其对国会和最高法院之间关系的认识发生了变化。

在1983年的 *Bush v. Lucas* 案中，[1]最高法院认为《联邦侵权求偿法》并未排除默许的宪法侵权救济对"残酷和非同寻常的处罚"的适用。行政行为侵犯了原告的言论自由，因此构成了宪法上的侵权。但是在该案中，最高法院认为，国会没有具体规定是否提供侵权救济，不过，国会对于公务争端的解决已经提供了"全面而详尽的方案"。即使该方案下可以得到的救济远不如宪法侵权的救济，但是最高法院认为，默许这样的侵权救济，会带来破坏国会试图达成的平衡的巨大风险。

第三节 合同责任

公法合同是一个专门的法领域，受法律和规章的调控，同时还要接受国会审计署（GAO）和总统预算管理办公室（OMB）的监管。政府采购以及采购合同的管理，一般是由特定的联邦机关遵照联邦法律来进行的。合同缔约方的挑选以及政府合同的条款，必须遵守法律和规章的规定。在政府采购若干可供选择的形式中，一般要求采用投标的办法，未中标的投标者有获得行政和司法救济的途径。通常，最终签订的合同中除了一般的内容之外，还要规定一些手段以促进某些政策的实现。这些政策可能是由相应的行政机关监督实施的，这些行政机关的行为毫无疑问属于行政法的内容。政府合同的争议一般都先由行政机关内部负责签订合同的官员解决，对该官员的决定不服的，可以向机关内部的合同申诉委员会申诉，或者向法院提出金钱损害赔偿诉讼，主管法院一般是位于华盛顿的联邦侵权求偿法院，该法院只能给予金钱方面的补救。如果要进一步申诉，就要去联邦区巡回法院（Court of Ap-

---

〔1〕 462 U. S. 367 (1983).

peals for the Federal Circuit)；另外也可以通过国会审计署（GAO）进行监督。

但是政府并非普通的合同主体，公法合同是介于政府主权者和受法律约束的普通组织两者之间的特殊情形，法律对政府国库的保护是普通个人和公司所不能获得的。而在私法合同中常见的理念，如表见代理和禁止反言等在公法合同诉讼中非常复杂。联邦政府适用自己的法律，而不是像在联邦侵权求偿制度中那样受制于各种州法。但是政府以主权者的身份行事也不能豁免其缔约方的义务，因此在某些方面也可以说，公民在政府合同中也获得了在私人领域中无法获得的保障，特别是正当法律程序条款适用于二者关系的情形更是如此。[1]

[参考书]

1. 王名扬：《美国行政法》（上、下册），中国法制出版社 1995 年版。

2. Richard J. Pierce, Jr., *Administrative Law Treatise*, Fourth Edition, Aspen Law & Business, 2002.

3. ［美］伯纳德·施瓦茨著，徐炳译：《行政法》，群众出版社 1986 年版。

---

〔1〕 但是最高法院最近的判例认为，提供普通司法程序解决合同纠纷就足以保证正当程序了。
Lujan v. G&G Fire Sprinklers, Inc., 532 U. S. 189 (2001).

法国行政法

【提　要】

　　行政法往往处于自由主义理念与公共服务理念二者的紧张冲突之中：前者预设了个人对政府的不信任，因而要求对行政权给予限制；后者则蕴含着民众对政府的期待，要求其积极高效地介入社会生活，因而赋予行政主体"超越私法的公共权力"。此二者之间的紧张冲突恰好反映出行政法的基本矛盾，即"止"与"行"之间的矛盾，进而折射出行政法的最终目标，即在保护个人自由与追求公共利益之间求得恰当的平衡。

　　以上述矛盾为中心，围绕行政法的最终目标，本文将按照下述结构展开对法国行政法学的介绍：第一部分介绍行政主体，第二部分介绍行政法法源，此二者即为行政之"行"与"止"的主体和依据，二者共同划定行政活动的范围；第三部分介绍实施行政活动的目的，第四部分则介绍实施行政活动的方式，此二者共同构成行政活动的实施，即行政之"行"；第五部分介绍对单方行政行为的监督，第六部分介绍对行政合同的监督，此二者共同构成行政之"止"。

第一章

行政主体

所谓行政活动的范围，即指哪些主体有权实施行政活动，以及它们的活动应该服从哪些规范。其涉及法国行政法的行政主体与法国行政法的法源。

行政主体乃有权实施行政活动的主体。其仅限于法人，原则上不包括自然人。具体而言，行政主体指承担行政职责，且拥有实施该行政职务的行政职权，并负担由此产生之法律责任的法人。在外延上，行政主体既包括公法人，比如国家、地方行政区、公共服务机构，也包括经由法律或公法人授权而承担某种行政职务的私法人。所谓"机关"，乃指公法人内部的组成部分。

法国行政主体的组织形式在历史上有明显的集权性，但今天却越来越多地体现出分权性。所谓"集权性"，即行政权力集中在某个公法人比如"国家"之手。绝对的集权，即权力仅集中于该法人内部的某个单独的机关，在今天已经不可能，因此在"国家"法人内部亦有所谓的"权力下放"，即"国家"在各个地方派驻代表，由他们代表"国家"并以"国家"名义发布命令，地方代表服从中央的命令，中央亦有权撤销地方代表的决定。因此中央与地方行政机关通过等级科层制组织起来构成"国家"这一法人的机体。所谓"分权性"，即某些机构从"国家"的等级科层制中脱离而获得独立的法人地位，这些机构不再以"国家"的名义而以自己的名义行使职权。"分权"的产生或是出于更好地管理地方事务的需要，或是出于专业技术领域的需要。前者构成地方分权，产生"地方行政区"公法人；后者则为公务分权，产生"公共服务机构"或"公益团体"等公法人，或是产生"行业工会"等私法人。

需要注意的是，法国行政主体组织形式的分权是以单一制国家体制为前提的分权，因此分权法人虽然在行政上不再隶属于国家法人，但却仍然接受有关行政主体的监督，并服从国家制定的法律、法令及条例，服从全国统一的审判体系。

第一节 国家

国家法人可分为传统行政机关和独立行政机关。前者负责传统的行政事务，以上下隶属的等级制为基础构建，而后者则介入特殊领域，并因此需要保持一定的中立性，故而独立于传统行政机关。传统行政机关内部，在"权力下放"的影响下又可分为中央国家行政机关与地方国家行政机关，地方机关隶属于中央机关。下面首先介绍构成传统行政机关的中央和地方机关，然后介绍独立行政机关。

一、中央国家行政机关

中央国家行政机关由总统和政府组成，后者则包括总理和各部部长。

（一）总统

总统具有崇高的政治地位，其主要负担某些重要的政治事务，但仍然可以通过主持部长会议的权力介入行政事务。部长会议是法国行政事务的最高级别会议，在总统的主持下，总理、各部部长以及负责相关议题的部长助理或国务委员参加。具体而言，总统可以行使下述权力：

1. 提交法律草案、签发法令和条例的权力。政府拟订的法律草案必须通过部长会议的审议之后才能提交到议会，政府拟订的法令也需要经部长会议审议并由总统签字后发布生效。此外，总统有权决定部长会议的议程安排，还可将某项行政条例的草案纳入议程表。

2. 任免高级公务员的权力。总统有权任免总理和政府的其他组成人员（各部部长、国务委员），并有权通过部长会议任命最高行政法官（Les conseillers d'état）、审计法院大法官（les conseillers maîtres à la Cour des comptes）、驻外大使、省长、驻海外行省代表等。需要注意的是，即便法令草案、条例草案或人事任免案经过了部长会议审议，总统仍然有权拒绝签字，只不过这种情形在实践中非常少。

2008年宪法改革对总统行使人事任免权增加了议会监督。根据《宪法》第13条第5款规定，总统任命某些高级公务员需要首先听取议会两院内部相关常设委员会的意见，若上述委员会的成员超过3/5表示反对，则总统不得进行该项任命。

（二）政府

政府负责日常行政事务，决定并引导国家政策。关于政府该如何组成，1958年宪法并未详细规定，因而主要由总统与总理共同商定。具体而言，首先由总理提出各部部长的人选，然后由总统任命并发布条例，规定不同部门的具体权力划分。法国政府采用集体负责制，总理与其他部长之间的关系并非隶属关系，而是平等的合作关系，总理如同这个领导集体的代表，因而其垄断政府发布行政条例的权力（只有总统可以与之共享该权力）。

1. 总理。总理领导政府的决策和行动，垄断发布行政条例的权力，并有权任命高级公务员，但是这些权力的行使要以尊重总统同类权力为前提。

1958 年宪法设计了双头制，即国家决策由总统和总理共同作出，但总统偏重政治事务和重大的行政政策，比如外交、军事以及处理与其他宪政机关（比如议会）的关系等；而总理偏重日常行政事务，包括具体政策的制定和实施以及行政权的日常运作。在政治实践中，这二者之间的分工会根据具体的政治形势而发生变化：若议会多数党与总统的政治派别一致，那么总理相对弱势，而总统会更为强势地介入行政事务中；而若议会多数党与总统的政治派别相左，即政治学上的"左右共治（La cohabitation，原意为同居，即不同政见者同居于政治—行政权力核心）"，那么总理会更为强势，而总统相对弱势。

2. 各部部长。各部部长是所管辖事务的全国最高行政负责人，也是国家政策的实施者。但是在"权力下放"的影响下，部长仅有权处理全国性事务，而无权处理地方事务。更为常见的是部长掌握其管辖事务的政策方向，地方行政机关则决定具体措施。为此，部长可以发布"指令（directive）"与"通函（circulaire）"，这些文件并没有规范效力，而仅是对下级机关如何实施中央政策的建议，下级机关必须在考虑行政事务的具体情形之后酌情处理。此外，部长仍然有权发布一般性的规范：部长令（l'arrêté du ministre）。但该部长令仅以维持本部门正常运作为目的，因此其效力仅限于部门内部而不具有外部效力。

需要注意的是，部长无权发布行政条例，如前所述，该权力原则上由总理垄断。但是总理发布某项涉及专门领域的行政条例时，也需要相关的部长联署签字，这一方面体现了部长作为政策实施者的角色，另一方面也体现了政府集体负责制，总理代表这个集体统一发布行政条例。

二、地方国家行政机关

地方国家行政机关是国家法人在地方的代表，其以金字塔结构在中央国家机关之下循序展开。地方机关对中央机关的决策应该绝对服从，并以国家的名义行使权力。法国的地方国家行政机关共有五级，由高到低分别是：大区（la région）、省（le département）、市区（l'arrondissement）、区（le canton）、市镇（la commune）。下面依次介绍：

（一）大区

大区是最高一级的地方国家行政机关，其创设的最初目的是为了整合相邻各省的经济资源、促进经济发展。但是1992年7月1日的《权力下放条例（la Charte de la déconcentration）》和2004年8月13日颁布的关于地方之权力与责任的法律显著地扩展了大区的权限范围，自此大区广泛地介入到农村发展、环境保护、可持续发展、文化、就业、住房等领域之中。法国政府要求各大区每3年拟定一套《大区行动计划》，规划大区在这3年内各个领域的发展方向。

大区区长由其首府所在省的省长担任，他的主要任务是协调所辖各省实施国家政策，特别是实施《大区行动计划》，协调各省省长与大区具体事务负责部门共同拟定实施措施。此外，大区区长还要对大区的地方行政区法人进行预算监督和法律监督，这就要涉及法国的"地方分权"以及国家对地方行政区的监督问题，此问题将会在"地方行政区"部分涉及。大区行政委员会（le comité de l'administration régionale）是维持大区行政事务的关键机构，该机构由大区区长主持，由大区事务秘书长组织召集，出席者包括各省省长、大区具体事务部门的负责人、大区国库主计官。该委员会主要探讨《大区行动计划》的主要内容，协调具体实施措施，并评估措施的可行性。

（二）省

省是最为重要的一级地方国家行政机关，是国家政策的直接实施者。省长由总统通过部长会议任命，其使命是在其辖区内维护国家利益、实施行政监督、保障法律得到遵守。省长还起到沟通地方与中央的作用，一方面负责行政条例在地方的实施，另一方面向中央国家行政机关通报所辖地方的具体情况。

就地方事务的管理而言，省长管辖的具体事务涉及各个方面。1982年的相关地方分权法案将省长定位为"在政府（les ministres）的权威之下，领导地方的国家民政事务"，仅军事、司法以及部分的国家教育部门不归其领导。而且省长还享有广泛的权力：省长是全省范围内唯一有权可以在几乎所有领域作出具体行政行为的人，是唯一有资格接受中央部委委托授权的人，是唯一有权代表国家签订与省有关的公共合同的人。此外，他还主管对地方行政区及相关的公共服务机构进行的预算监督和法律监督。最后，省长还是地方治安的直接负责人，掌握全省的警察管制权（司法警察及某些特殊的警察事务除外）。可以说，省长是法国地方行政的基石，保证在国家机器处于瘫痪时仍然能够为地方维持最基本的公共服务。

但由于省长工作的极端重要性，导致其职位本身缺乏保障：一方面，省长不能如普通公务员那样享受罢工权、组织工会的权利，相反其应该在公务员罢工时继续维持国家机器的运转；另一方面，省长可能随时被调离，甚至被要求退休而不需要给出解释，也不需要经过行政机关内部的纪律委员会，这是因为省长必须与中央国家行政机关保持绝对的一致，忠诚地贯彻实施国家政策，若中央机关认为省长不能保证忠诚，那么就会被调离或辞退。

（三）市区、区、市镇

法国的市区与区虽属于地方行政机关，但并不属于地方行政区，其重要性也日益下降。

市区为省的下级行政机关，市区长（le sous-préfet）主要负责小学教育、市区治安以及市镇设施的相关工作，此外还需要配合省长在地方实施国家政策。区为市区的下级行政机关，国家的主要公共服务比如邮政、税收等很难在区里设置专门的办事机构，为此区会设置一个"公共服务中心（la maison de service public）"，公务员则按照规定日期入驻提供服务。

法国的市镇既是一级地方行政机关，也是一级地方行政区。市镇长（maire）在省长的领导下保障法律、法令和条例在地方的实施，还负责组织人口普查和选举等事宜，此外还可能负责办理基本的行政事务，比如发放规划许可、办理外国人的居留证件等。最后，在检察官的授权之下，市镇长还可以行使一定的司法警察职权，纠正违法行为、协助案件调查等。

三、独立行政机关

独立行政机关指基于其管辖事务的特殊性而需要保持一定中立性的行政机关。在法国，独立行政机关这一名称最早正式出现于 1978 年 1 月 6 日第 78 - 17 号法律之中，该法律创设了"国家自由与信息委员会"。法国的独立行政机关主要涉及权利和自由保障、经济规制等领域，比如电信和邮政规制监管局、能源规制委员会、视听高级委员会等。为了保证国家在上述领域能够中立地行使权力，这些机关需要拥有一定的独立性，但是与此同时，它们仍然无法摆脱与生俱来的行政性。

（一）行政性

在组织机构上，独立行政机关并非独立法人，而仍然属于国家法人的组成部分，其资金来源于中央行政机关，其工作人员为公务员，其所作出的行为属于行政行为，接受行政法院的审查。在职权上，独立行政机关原则上都有权作出具体行政行为和抽象行政行为，甚至有权发布行政条例。即便某些机关无此规范性权力，也可通过公开发表针对特定主题的意见或报告而造成广泛的社会影响。

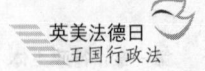

（二）独立性

在组织机构上，其虽无法人地位，但它不对任何机关负责，不接受任何组织和机构的命令，因此事实上独立于传统行政机关（中央和地方国家行政机关），甚至独立于立法机关。此外，委员会的成员构成具有高阶性，比如国家自由与信息委员会有 17 名委员，其中 12 名是由最高行政法院、最高司法法院以及议会两院从其内部指定或推选产生。并且，委员会的成员在任期内不得被辞退，任期满后亦不得连选连任。这些委员在任期内还享有广泛的豁免权。

第二节　地方行政区

地方行政区是法国的地方行政自治组织，其得益于"地方分权"运动而获得法人资格。地方行政区与"地方国家行政机关"的核心区别在于前者不隶属于中央国家行政机关，而是对地方事务实行行政自治。但是需要注意的是，法国仍然是一个单一制国家，"地方分权"并未彻底滑向联邦制，其与联邦制在形式上的区别表现为地方分权仅涉及行政权，因此地方行政区仍然应该服从国家的法律、法令，甚至服从中央行政机关发布的行政条例，并且服从全国统一的司法审判体系及行政审判体系。二者在实质上的区别则在于地方行政区的法人地位是由宪法确定的，且自治范围是由法律划定的，因此所谓的"分权"并未涉及"产生权力的权力"，该权力仍然由国家掌握。也正因为如此，地方行政区仍然要接受国家的监督。

下面首先介绍地方行政区的机构设置，然后介绍其行政自治权及界限。

一、地方行政区的机构设置及职责

（一）机构设置

地方行政区有三级，分别是大区、省和市镇。每一个地方行政区内部都设有一个合议机关，分别是大区委员会、省务委员会及市镇委员会[1]。委员会成员由当地居民投票选举产生，市镇选举为 6 年一次，省则为每 3 年改选一半的委员，再 3 年改选另一半，而大区则是 5 年一次。此外，大区还分别配有一个"社会与经济委员会"，以便于其更好地行使统筹经济社会发展

---

〔1〕　需要注意的是，有学者将上述机构翻译为"议会"。此种翻译有可能使人误以为上述机构是立法机关，其实不然，这些机构都只是行政机关，仅有有限的行政权，而无立法权。为了避免这种误解，所以此处将其译为委员会。

的职责。

委员会应该制定一套具体的运作规程，该规程向社会公开，辖区内的每位公民都有权获知。而且为了保证委员会运作的透明性以及保证委员会中少数派的权益，这个规程是可诉的。委员会中的少数派或者辖区内的公民若认为该规程违法，可向行政法院起诉。上述委员会大概每季度召开一次会议，且每一次会议的议程安排都应该提前告知各位委员，经过初步协商后共同拟定。省务委员会和大区委员会还可分别设置一个常设委员会，在委员会休会期间主持日常事务。委员会可专门授权常设委员会处理某些事项，但关于预算方面的事项不得授予。

委员会还应该从其内部选举产生一位主席（大区和省）或者一位市镇长。主席或市镇长原则上与委员会的任期相同，只是由于省务委员会是每3年改选半数委员，所以该委员会的主席也是每3年改选一次。主席或市镇长是委员会的执行机关，负责贯彻委员会的决议，并且地方行政区的预算拨付需要经过主席或市镇长的审核签字才能执行。

（二）职责

大区、省、市镇三级地方行政区的指责各有侧重，下面分别简要介绍：

大区主要负责规划和促进辖区的经济和社会发展。就经济发展方面，大区会与国家签订《投资计划协议》，一般为期6年，其中规定国家拟向该大区内的各级地方行政区进行的投资；此外，大区还制定吸引私人企业投资的政策。就社会发展方面，大区负责高级中学的建设和维护，以及发展技术教育和职业培训；此外大区还要拟定本辖区内的交通发展规划。

省则主要负责大型公共服务及社会团结救助工作。就公共服务而言，省负责修建和维护辖区内的公路，并且在市镇长的协助下维持医疗急救和消防机构的运作，近年来还负担了环保、教育等方面的任务。就社会团结救助而言，省负责组织和发放儿童援助、困难青年补助及老年人补助津贴等。

市镇则提供基础公共服务，维护市政设施并负担一定的经济发展职能。具体而言，市镇负责维持社会治安和公共卫生，提供殡葬服务及垃圾回收服务，维护市镇公路，在省长的支持下维持消防队的运作。此外还负责小学教育与市镇的公共交通。此外，在大区的规划之下，市镇配合实施投资优待政策，前提是该企业投资能实现一定的公共利益，比如能促进当地就业。

二、地方行政区的行政自治权及界限

为了使各级地方行政区完成上述职责，法国宪法保障地方行政区的行政自治，立法者亦不断地为其提供经济支持和人力支持。但是地方行政区的自治并非没有界限，国家对其活动实施监督。

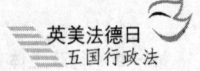

（一）行政自治原则

地方行政区的行政自治原则具有宪法效力，但具体的自治规范仍然由法律规定。比如地方行政区委员会的选举规程、委员会主席及市镇长的选举规程、委员会成员的地位等都由法律具体规定，而且只有法律才能将国家负担的公共服务职能转移给地方行政区。此外，议会两院之一的参议院中也有地方行政区的代表，地方行政区可借此间接地影响立法权对地方行政区的立法。

地方行政区的行政自治需要国家提供用以实现公共服务的必要物质手段，其中包括提供财经资源、人力资源以及相关的公共设施。就财经资源而言，地方行政区有权征收部分的直接税，比如住房税、不动产税等，这些税收的税基属地方，税率由地方委员会决定。此外，国家还向地方发放办公经费和装备经费，前者在地方行政区之间的分配以各地税收潜力为标准，以避免不同地区之间贫富分化，后者的发放则是为了避免中央部委直接给地方发放此类经费，这也是为了更好地保障地方行政的真正自治。依据《宪法》第72 - 2条第4款的规定，当国家向地方转移某项公共服务职责时，国家必须同时向地方行政区转移能够保障该职责实施的必要经济资源。就人力资源而言，1984年1月26日第84 - 53号法律创建了"地方行政区公务员"这一公务员序列。最后，伴随着将某些公共服务职责转移给地方行政区，国家也陆续将相关的公共设施的所有权转移给地方行政区，比如以前初中和高中都由国家负责管理，而2004年8月13日法律将这些初中和高中的设施的所有权转归省和大区所有。

地方行政自治在根本上还是依靠由地方选举的合议机关——大区委员会、省务委员会和市镇委员会——来实现。需要注意的是，只有居住在当地的法国公民才有权参与选举上述合议机关，而居住在当地的其他欧盟成员国公民则尚不享有该权利。因为根据《宪法》第3条第4款，仅法国成年公民才有选举权，若要扩宽地方选举的选举权主体，则必须修改宪法。此外，法国并不承认存在所谓的"地方的人民（peuple local）"[1]，比如阿尔萨斯大区拥有行政自治权，但并不意味着存在"阿尔萨斯人民"。正因为如此，地方的行政自治并不能被理解为是由地方的人民实行的自治，地方行政区的选民通过全民公投的方式有权将某个议题加入委员会的议程之中［被称为请愿权（le droit de pétition）]，有权决定将要提交委员会审议的关乎地方行政区权限的决议草案（2003年宪法改革之后才享有），但公投仅能起到建议的作用，而无权直接决定地方行政区的权限。而且，地方的全民公投也无权修改现有

---

〔1〕　CC n°91 - 290 DC Du 9 mai 1991.

地方行政区的内部机构组织，更无权重新创建一个具有特殊地位的地方行政区。这些权力都由国家保管，并通过法律来实施。

（二）国家的监督

法国的"地方分权"是在单一制国家体制下的分权，故需要监督地方行政机关尊重法律、法令和行政条例。而考虑到地方行政区拥有法人资格，国家对地方行政区的监督不再以上下级隶属关系为基础，而是通过法律途径实现，主要包括行政监督和预算监督。

虽然《宪法》第72条为了保障地方能够有效地管理地方事务而赋予其制定地方性条例的权力，但地方性条例不得违反国家制定的法律、法令和中央行政机关制定的行政条例。总之，法国作为一个单一制国家，必须保证不论在其内部哪个地区都适用基本相同的规范。为了保证地方行政区能够切实地尊重法律、法令和行政条例，地方行政区接受国家的行政监督和预算监督。

所谓"行政监督"，乃指以地方行政区名义实施的大部分行为都要首先转送给省长，由其审查上述行为是否合法，若省长认为不合法，其有权向行政法院起诉该行为。原则上，所有以地方行政区名义作出的行政行为都必须移送给省长监督，包括地方行政区发布的条例、签订的合同，以及地方行政区实施管制权时作出的具体行政行为等，而地方行政区作出的私法行为，或者市镇长以国家名义作出的行政行为[1]，都不属于此处"行政监督"的范围。而且，2004年8月1日法律还授权省长有权要求地方行政区在任何时候向其移送任何行政行为，即便其不属于前述的必须移送之列，只要该行为公布还不到两个月即可。此外，最高行政法院认为除了上述必须移送的行为之外，地方行政区的拒绝行为也可被省长起诉。最后，行政相对人也有权向省长提出请求，希望省长行使监督权，若省长拒绝，行政相对人仍然可以向法院起诉，其向省长请求的时间并不影响行政诉讼之诉讼时效的计算。省长的起诉在法国被称为"省长控告（déféré préfectoral）"，其与"越权之诉（excès de pouvoir）"并无实质性差别，行政法官仍然可能裁定不予受理。二者的主要不同表现在两点：首先，"省长控告"的对象不仅限于已成熟了的行政行为，也包括准备性的行为或非执行性行为；其次，省长可以撤回已提起的控告，即便地方行政区仍然没有改变自己的行为，除非地方行政区行为的违法性非常明显。

所谓"预算监督"，乃指省长在大区审计法庭的配合下对地方行政区的

---

〔1〕　市镇长同时兼任地方行政区（市镇）的自治机关和国家在市镇的代表，因此其兼有两类职权。

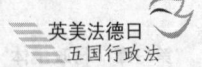
预算的合法性与合理性进行监督。此种监督表现为两种形式：主动监督与被动监督。主动监督是指当地方行政区委员会在法定期限内无法就预算达成共识时，省长有权在"大区审计法庭"提供的建议稿基础上为地方行政区直接制定预算；被动监督则是指当地方行政区制定的预算之中没有包括某项必须被纳入的公共支出时，省长、公共会计师以及其他有利害关系人都有权向大区审计法庭起诉，由后者确认该公共支出是否属于必要。

第三节　公共服务机构

公共服务机构是国家实施公务分权的产物，即为了承担某项公共服务而特别创设一个法人，授权其具体实施该公共服务。因此，公共服务机构拥有一定的自治权，在行政上不再隶属于其他法人。

一、公共服务机构的概念解析

公共服务机构是指承担特定领域的公共服务职责的公法人。一般而言，公共服务机构与其他公法人相关联，比如大学是全国性公共服务机构，与国家法人相关联；而中学和医院则是地方性公共服务机构，与地方行政区相关联。需要注意的是，不论是全国性还是地方性的公共服务机构，都只接受国家法人的监督（具体由中央行政机关或地方行政机关实施），地方行政区则无权监督。

（一）公法人

公共服务机构因其公法人地位而享有自治，拥有权利并负担相应责任。公共服务机构的法人地位都由国家授予，但因其授予的原因不同可分为两类：一类是国家对既存的拥有自治传统之机构给予法律上的确认，因而被称为自生性公共服务机构；另一类是国家出于管理技术的需要而采用公共服务机构这样一种形式，因而被称为构建性公共服务机构。

自生性公共服务机构，最早是自发形成的社会团体，后因为其承担的特定服务职责被国家认定为"公共服务"，因此该类团体就被授予法人地位，继续承担该类服务职责。这也使得该类公共服务机构拥有更强的自治性。大学、工商业商会和农业联合会等机构就是自生性公共服务机构的典型代表。

构建性公共服务机构，则是国家为了使某项公共服务的管理更富弹性而创建的机构。在这里，公共服务机构被作为一种技术手段，主要有如下优势：首先，有利于吸收社会捐款；其次，在财务管理上更富弹性，可以更好地分配资源而不受严格的公共会计制度所阻碍；再次，公共服务机构在人力资源管理上也更为灵活；最后，公共服务机构的形式还具有象征意义，它暗示着该机构不同于那些官僚低效的行政机关，因而能够提供高效的公共服务。

（二）承担特定领域的公共服务

公共服务机构是承担特定领域公共服务的公法人。所谓"特定领域公共服务"，是相对于国家法人与地方行政区法人而言的，这两类法人概括地承担了所有公共服务，而公共服务机构原则上仅能介入与其相关的特定公共服务领域。该原则严格地适用于行政性公共服务机构，但却不再严格约束工商性公共服务机构。最高行政法院在1994年7月7日发布的意见中指出，若某个领域是工商性公共服务机构的主营领域在技术上和商业上的正常补充，并且对该补充领域的介入既有利于公共服务机构自身，也对公共利益的实现有益，那么工商性公共服务机构就可以介入。

二、公共服务机构的自治权

公共服务机构的自治程度根据其属性而存在差别。一般而言，自生性公共服务机构的自治程度高于构建性公共服务机构，工商性公共服务机构的自治程度又高于行政性公共服务机构。

具体而言，公共服务机构的自治程度可以从国家监督力度的强弱得到表现，这包括组织监督和财务监督。所谓组织监督，即指国家通过掌控公共服务机构的领导机构来监督该机构。大部分公共服务机构的管理委员会之成员都由国家任命，但也有例外，比如员工超过两百人的工商性公共服务机构，其管理委员会应该由三部分人员等分组成：由国家任命的国家代表、由员工选举的员工代表以及与公共服务相关的用户代表。虽然工商性公共服务机构的总负责人仍然由国家任命，但员工代表和用户代表的加入可以提高该机构的自治程度。再如大学等科研机构，其管理委员会由教师代表、行政人员代表以及学生代表共同组成，各代表皆为选举产生，大学校长也是由管理委员会选举产生，这使得大学的自治传统得以延续。所谓的财务监督，则指国家通过对公共服务机构的预算及其他与支出相关的决定的审查来监督该机构。行政性公共服务机构适用公共会计制度，其预算需经过国家的事前审查，融资及投资的决定也需要获得国家的批准才能实施。相比而言，国家对工商性公共服务机构的财务监督则更为宽松，不仅适用私企会计制度，国家对其的预算监督也以事后审查为主。此外，公共服务机构在收入来源上的差别也会导致自治程度的差别，比如行政性公共服务机构以国家补贴为主要收入来源，而工商性公共服务机构则以经营收入为主要来源，这也导致了后者相比于前者拥有更强的自治性。

第四节　其他行政主体

除了前述的国家、地方行政区以及公共服务机构这三大传统的公法人之外，还存在其他法人有权实施行政活动。这包括其他公法人、部分私法人。此外还需要特别提到公共企业。

一、其他公法人

法兰西银行是一个具有特殊地位的公法人。最高行政法院在 2000 年 3 月 22 日的一个判决中指出，法兰西银行是经管一项行政性公共服务的公法人，但其"拥有特殊的性质，并表现出自己的特点"。可见，法兰西银行并不能被纳入前述三种传统公法人之列。

独立公共机关指基于管辖事项的特殊性而赋予一定中立性的公法人，它与前文提到的"独立行政机关"的区别在于独立行政机关没有法人资格，而独立公共机关则拥有该资格。今天的金融市场管理机关、检疫高级管理机关、法国兴奋剂检验处等机构已经被相关法律赋予法人资格，被认定为独立公共机关。

公益团体指为了加强不同法人之间的合作以共同实现某项公共利益而创建的公法人。公益团体一般由法律创建，并由不同的法人共同组成，其中可以包括公法人，也可吸纳私法人，这些法人共同约定在一定期限内实现某项公共利益。公益团体也接受行政机关的监督。需要注意的是，公益团体并不是公共服务机构，而是一类特殊的公法人。

二、部分私法人

在法国，若私法人通过公法人的授权获得了经管某项公共服务的权力，那么其亦可实施行政活动。授权方式包括两种：一是发布单方面行为，比如制定法律、作出行政行为的方式；二是与私法人签订合同。交由私法人经管公共服务首先具有象征意义，这预示着较少的行政干预，因此能克服官僚习气，更高效地实施公共服务。其次，公法人还往往出于下面两个实质性原因授权私法人：①承担某项公共服务的私法人早已存在，公法人只能对这一事实予以确认，比如体育协会、行业公会即是如此。以行业公会为例，相关行业通过这个组织实施自我管理，但由于行业公会的运作涉及公共服务，其仍然需要接受行政机关的监督。具体而言，行业公会拥有下列三项权力：一是制定行业规范的权力；二是确定职业门槛的权力；三是对违反行业规范的行为实施惩戒的权力。②为了更富弹性地管理某项公共服务，公法人将该公共服务的经管权授予私法人。最为常见的是通过私法上的公司形式由公法人享有完全的股权或部分股权。这样一方面可以将其与用户的关系完全私法化，另一方面有利于其在全球化背景下吸纳国际资本。现在已经有很多传统的工商性公共服务机构改组为由公法人控股的私法公司。

三、公共企业

公共企业既可能是公法人也可能是私法人。1983 年 7 月 26 日的一部法律通过列举的方法为公共企业划定范围。具体而言，下面两种情形可被视为公共企业：①公共服务机构介入工商性领域，包括工商性公共服务机构或是承担工商性公共服务职责的行政性公共服务机构且其工作人员大部分为私人员工时，这种情形下，公共企业属于公法人；②私法上的公司被公法人控股时。相比于第一种情形，此种情形更为常见。此种定义受到了学界的批评，认为其仅关注企业所有权的归属，而忽略了公法人对企业的实际影响力。为此，《财政诉讼法典》第 L. 113 - 2 条重新给出了一个定义，即当公法人掌握企业的多数股权，或是多数投票权，或是对企业的经营及决定直接或间接地拥有主导能力时，该企业应该被视作公共企业。欧盟采用了一个更为概括性的定义，其认为若公权力能够对一个企业的所有权、融资（la participation financière）或其管理准则产生主导性的影响，那么该企业就应该被视作公共企业。

公共企业既可能从事公共服务，也可能从事纯粹的商业活动。当其从事工商性公共服务时，其适用的法律制度与工商性公共服务机构无异，即以私法为主，部分地适用公法。而从事纯粹的商业活动时，其完全适用私法。需要注意的是，与普通私人企业不同，公共企业还需要接受议会以及审计法院的特别监督。

第二章

行政法法源

下面介绍上述行政主体所必须服从的法律规范。

行政法的法源，即指约束行政活动之法律规范的来源。法国行政法的法源包括宪法规范、国际法规范、法律及特别法令、判例及条例。其中宪法具有最高的效力，国际法次之，法律及特别法令再次，以法的基本原则为主要内容的判例规范在效力上低于法律但高于条例，条例的效力最低。下面分别介绍之。

第一节　宪法

一、宪法规范

在今天，宪法是具有直接效力的法律规范，即当事人可以在诉讼中直接引用宪法的条文来保障自己的权利，约束行政机关的活动。而宪法直接效力的确立并非一蹴而就的。1789 年发布《人权宣言》时其仅仅是政治性承诺；第三共和国时期的宪法也仅仅是规范国家组织的基本文件，当事人并不能在诉讼中直接引用，法官也很少在判决中适用宪法来约束行政机关；第五共和国建立后，对于 1958 年第五共和国宪法，人们就其序言部分是否与正文部分一样具有宪法效力产生了争议。直到宪法委员会在 1971 年 7 月 16 日作出"结社自由"决定之后，宪法序言才被正式赋予了宪法效力。借此，宪法序言起到了传承法国公法传统的功能，将法国历史上所确立的重要的公法文件重新赋予了生命，这些文件包括 1789 年《人权宣言》（该文件确立了公民政治权利与自由）以及 1946 年第四共和国宪法的序言（该文件规定了"共和国法律所确立的基本原则"和一系列社会权利）。2004 年修改宪法时还在 1958 年宪法序言中加入了《环境宪章》。这些文件与 1958 年宪法的正文部分一同构成法国具有宪法效力的规范。

二、宪法规范对行政行为的约束

显然，所有的行政活动都应该受到宪法的约束，行政法官有权审查具体行政行为和抽象行政行为是否符合宪法的规定，违反宪法时有权将其直接撤销。但这一原则也有例外，即当被诉行政行为违背宪法但却符合法律的规定时，行政法官无权撤销或排除被诉行政行为的适用。

虽然依据法的层级效力，行政法官应该优先适用宪法，然而如果行政法官在此种情况下依据被诉行政行为违反宪法而撤销该行为或排除其适用，那么就意味着行政法官排除了相关法律的适用，间接地否定了该法律的效力。换言之，此情况下的行政法官在事实上对该法律进行了违宪审查。然而，《宪法》第 61 条已经将对法律的违宪审查权排他性地保留给了"宪法委员会"，行政法官无权进行此类的审查。基于这样的理由，最高行政法院认为在此种情况下自己无权根据被诉行政行为违反宪法而撤销该行为或排除其适用。这一理论被称为"法律屏障（écran de la loi）"理论。其背后深层原因在于法律一直被视为主权者意志的直接表达（如卢梭所言："法律是公意的表达。"），最高行政法院当然无权进行审查。这一点在最高行政法院 1936 年 11 月 6 日作出的"Arrighi"案判例中得到了明确的承认。[1]

今天这一理论已经引起了广泛的质疑，因为从 1989 年 NICOLO 案开始，最高行政法院已经承认自己有权审查法律的合条约性[2]，学界因此质疑如果行政法官可以通过宣布法律违反国际条约而挑战法律的权威，那么为什么他们不能通过撤销或排除违宪行政行为的适用而挑战法律的权威？《宪法》第 61 条将对法律的违宪审查权排他性地保留给"宪法委员会"或许还可以被用来反驳这一质疑，但 2008 年宪法改革建立的"合宪性问题优先审查程序"（下文简称为 QPC）直接开辟了宪法与行政行为之间的通道，使基于"法律屏障"理论而无法审查违宪行政行为的情况得到了缓解。

2008 年宪法改革在 1958 年宪法中加入第 61 - 1 条。根据该条，处在行政审判或司法审判中的当事人，若提出与涉案争议相关的法律性条文伤害了宪法所保障的权利和自由，这一法律的合宪性争议即可通过最高行政法院或最高司法法院提交至宪法委员会，由宪法委员会在一定期限内作出裁判。通过这一制度，若行政诉讼中的当事人认为被诉行政行为所依据的法律本身伤害了宪法所保障的权利和自由，即可以向负责审理案件的法官或合议庭提出，由其根据 2009 年 12 月 10 日第 2009 - 1523 号组织法规定的条件审查后决定是否向最高行政法院提交，若提交至最高行政法院，再由最高行政法院根据上述组织法规定的条件审查决定是否向宪法委员会提交。

---

〔1〕　CE sect. du 6 novembre 1936, Arrighi, N°41221.

〔2〕　CE Ass. 20 octobre 1989. Nicolo. N°108243.

下级行政法院是否决定提交最高行政法院以及最高行政法院是否决定提交宪法委员会，应该看争议法律本身是否同时满足下面三个条件：

1. 争议法律必须适用于正在审理的案件之实体问题或程序问题。对此法官认为，只要争议法律与正在审理的案件之间存在足够的联系即可。此外，即便在提起 QPC 后立法者立即修改了该法律，也不影响已经开启的合宪性争议程序继续进行。

2. 争议法律在过去从未被宪法委员会的决定认定为合乎宪法。若过去宪法委员会曾经在决定的正文和理由中认定某部法律合乎宪法，那么该法律即不能再被提起 QPC，除非现实环境或法律环境发生了变化并使得该法律的合宪性值得重新考虑。

3. 争议法律的合宪性问题必须是一个新问题或严肃的问题。所谓"新问题"，至少包含两种情况：第一种情况是该合宪性问题所涉及的宪法条文本身从未被宪法委员会进行过解释、适用；第二种情况则是最高行政法院认为该合宪性问题的解答具有价值，进而认为宪法委员会介入解答该问题是适当的。所谓"严肃的问题"，是指争议法律是否符合宪法所保障的权利和自由这个问题本身存在切实的疑问，而当争议法律明显符合宪法对权利和自由的保障时，那么该合宪性问题就不构成一个严肃的问题。由此关于争议问题是否具有"严肃性"的判断可以发现，最高行政法院在事实上对法律行使着部分的合宪性审查权，即其有权判断争议法律符合宪法对权利和自由的保护，从而拒绝提交宪法委员会。只不过最高行政法院只能对非常明显的合宪性进行判断，并且它的判断也不具有只有宪法委员会之决定才拥有的最高效力。

第二节　国际法

一、国际法规范

法国是传统的"一元制（moniste）"国家，通过法定程序认可的国际法规范与国内法秩序构成一元法秩序，而不需要颁布专门的国内法将国际法规范效力进行转换。而且根据 1958 年《宪法》第 55 条，国际法规范拥有高于本国法律的效力。但国际法仍然低于宪法。

具体而言，国际法规范可以划分为三类：国际条约或协定、派生规范、不成文规范。根据《宪法》第 52 条规定，由总统负责国际条约的谈判和核准，但对于涉及《宪法》第 53 条所列举事项的国际条约，则需要议会通过法律授权才能核准，其他的国际协定则只需要政府或者外交部长或者其他部长直接谈判并签字即发生效力。所谓派生规范，是指由法国所加入的国际组织所制定的具有约束力的规范。欧盟法中派生规范包括三类：欧盟规章、欧盟指令和欧盟决定。最后，被广泛承认的国际习惯在法国国内法秩序中也拥有国际法规范的效力。欧盟法中也存在不成文规范，比如欧盟法官在判例中发展出来的欧盟法基本原则，这些基本原则被视为与欧盟条约具有相同的效力。

当事人在行政诉讼中引用的国际法规范必须满足形式性条件、实体性条件和外部条件。

（一）形式性条件

国际条约或协定必须首先按照法定程序由总统或部长签字并核准或批准，然后在《法兰西公报》上公布。完成上述程序后，该国际法规范才在国内法秩序中发生效力。对于派生性规范，比如欧盟法的派生规范，并不要求其满足核准或批准程序，但仍然要求其在《法兰西公报》或《欧盟公报》上公布，否则不能在诉讼中引用。

（二）实体性条件

国际法规范在实体内容上还必须同时具有规范效力和直接效力。具有规范效力的国际法规范指明确地赋予成员国权利或义务的条款，而不包括提出期望或建议且缺乏监督手段的条款。具有直接效力的国际法规范则是指直接授予各成员国中的自然人或法人一定的权利或义务的国际法规范。此外，根据最高行政法院的判例，该规范的内容还必须足够细化，以至于其适用于自然人或法人时不需要任何补充性规范的介入。

（三）外部条件

根据《宪法》第55条的规定，国际法规范在国内法秩序的适用以缔约对方同样履行该规范为前提，这构成了判断国际法规范是否可以在国内争议或诉讼中直接引用的外部条件。但是一些特殊的国际法规范并不需要满足此外部条件，包括为了保护人道权利而为各国创建义务的国际条约或协定，比如《欧洲人权宣言》及欧盟法都不以他国是否履行为前提。

二、国际法规范对行政行为的约束

一般情况下行政法官有权依据国际法规范审查行政行为。但是当存在"法律屏障"时，即当行政法官所审查的行政行为依据可能违反国际法规范的法律作出时，行政法官能否直接依据国际法规范挑战法律的权威，这个问题需要专门讨论。

（一）不涉及法律合条约性时对行政行为的审查

当所涉及的国际法规范属于国际条约或协定，或者属于欧盟规章或欧盟决定时，行政法官即可撤销违反上述国际法规范的行政行为。

但是如果所涉及的国际法规范属于欧盟指令，由于《欧盟协定》中并未明确赋予欧盟指令直接效力，所以如何依据欧盟指令审查行政行为就变得较为复杂，需要区别对待：①对于抽象行政行为，最高行政法院作出判例认为：首先，在欧盟指令发布之后，即便该指令所规定的转化期限尚未届满，政府也不能发布任何会严重伤害待转化的欧盟指令之目标的抽象行政行为；其次，在欧盟指令所规定的转化期限届满后，不论政府是否完成了转化行为，政府都有义务消除所有与该指令之目标可能冲突的抽象行政行为。由此，行政法院既有权撤销错误转化指令内容的抽象行政行为，也有权撤销与指令内容相冲突的抽象行政行为，而不论该指令是否完成了转化。②对于具体行政行为，欧盟法院为了避免各成员国怠惰于转化指令从而使欧盟法的适用出现问题，在 1973 年的一个判例中即指出，只要规定的转化期限届满，欧盟指令中足够细化且未设置其他适用条件的条款就拥有直接效力。法国的最高行政法院在 2009 年的 Petteux 案中接受了此观点，即认为在转化期限届满后政府仍未作出必要的转化行为的情况下，当事人有权起诉主张具体行政行为违反了欧盟指令中足够细化且未设置其他适用条件的条款。

（二）法律的合条约性与对行政行为的审查

根据现行的判例，当依据国际法规范审查行政行为，且该行政行为是直接依据法律作出时，行政法官有权审查该法律与国际法规范之间是否存在冲突，若存在，则可以在当下审理的案件中排除与之不相符的法律规范的适用。其实最初最高行政法院并不认为自己有权依据国际法规范质疑法律，而认为应该由宪法委员会行使该权力。但是在 1975 年宪法委员会明确拒绝行使该权力时，最高司法法院（*Société Des Cafés J. Vabre* 判例）和最高行政法院（*Nicolo* 判例）才相继确认司法法院和行政法院有权在具体个案中审查国际法规范与法律的冲突问题。自此，当行政法院审查行政行为时，若涉及作为该行政行为之依据的法律与国际法规范的冲突问题，行政法官有权进行审查，若其认为法律与国际法规范存在冲突，其即可在当下的案件审理中排除该法律的适用。当然，显而易见的是，无论是司法法官还是行政法官都无权撤销与国际法规范存在冲突的法律。

第三节　法律

一、法律规范

法律规范具体包含多种不同的规范文本，根据制定主体可以分为议会通过的法律、总统或政府制定的法律、全民公投制定的法律这三类。

（一）议会通过的法律

议会通过的法律包括两类：一类是根据宪法第 46 条规定的特殊程序通过的"组织法"，其是立宪者在宪法中规定用来在未来细化某些宪法规定的特殊规范。另一类是根据《宪法》第 24 条的规定由议会通过一般程序投票通过的普通法律。对于政府提出的法律草案，其"初步草案"需要送交最高行政法院听取其意见。最高行政法院评估该草案的结构是否正确，是否符合相关的程序性规范，并评估该文本的合宪性、合条约性以及其是否与现行的其他法律相冲突。此外还可以对该法案的"合理性"提出意见。之后该文本将被提交到部长会议上审议，这标志着对于该文本的政治责任由政府集体转向议会承担。部长会议通过之后，该"初步草案"将转化为"法律草案"，由总理以政府的名义递交至议会的办公厅。

此外，一名或多名众议员和参议员可以分别向国民议会和参议院的办公厅提交法律草案。议员的法律草案并非必须接受最高行政法院的评估，也不需要经过部长会议的审议，这影响了议员提交草案的质量。从 2008 年开始两院主席可以将议员提交的法案送交最高行政法院评估，除非该法案的起草者表示反对。

两院审议时，一个议院通过草案后，将其所采纳的文本递交给另外一个议院，若后一个议院对前一个议院的文本作出了修改，那么其必须将该修改后的文本转送至前一个议院，由该议院再次审议……如此在两个议院之间往返，直到两院达成完全一致的法案文本才被视作被议会通过。

法律草案获得议会通过后，议会应该将该法案递交给总统，由总统在 15 日内签署并在《法兰西公报》上公布，此时该法案才产生法律效力。在议会通过法案与总统签署法案之间，总统、总理、两院议长及 60 名国民议会议员或 60 名参议员有权提起对涉及法律或国际条约的法案的合宪性争议。而涉及组织法（la loi organique）、议会两院的运作章程（les règlements des assemblées parlementaires）和即将进行全民公决的法案必须提请审查其合宪性。

（二）总统或政府制定的法律

1. 非常时期。最高行政法院判例承认总统或政府在特殊时期（比如维希政权时期）作出的部分抽象行为具有等同于法律效力。此外，宪法第 16 条还授权总统在紧急状态下采取应对该状态所必要的一切措施，如果其采取的应对措施介入到《宪法》第 34 条的法律保留领域，该措施即具有等同于法律的效力。

2. 正常时期。议会有权通过法律授权政府为了推行其计划而以"特别法令（L'ordonnance）"的方式介入法律领域。借此，政府可以通过部长会议发布特别法令。但是该授权法律必须明确规定此种特别法令的有效期限、实施目标以及其有权介入法律保留的哪些具体领域；并且特别法令的草案也必须咨询最高行政法院的意见。在该授权期限内的特别法令仅具有条例的效力，即属于抽象行政行为。若政府希望在授权期限届满后仍然维持特别法令所规定的内容，那么其就必须在期限尚未届满前向议会提交"核准法案"。议会通过该核准法案后，该特别法令即具有等同于法律的效力。如果政府在授权期限届满前未提交核准法案，那么该特别法令即失去效力。

（三）全民公投制定的法律

根据《宪法》第11条的规定，总统和政府都有权将法案交由全民公投表决，若表决通过，总统即应该在15日内签署并公布该法律。提交公投的法案必须首先提交宪法委员会审查其合宪性，而当公投通过后，公投制定的法律即不再受宪法委员会的监督，因为宪法委员会认为全民公投的结果是"人民意志的直接表达"。[1]

二、法律规范对行政行为的约束

法律规范的内容细致、覆盖面广，对于违反法律规范的行政行为，不论是具体行政行为，还是抽象行政行为，行政法院都有权撤销。当然，一个显然的前提是，涉案的行政行为所介入的领域必须已经有上位法律存在。

（一）立法权与条例制定权的管辖权分配

1958年宪法在规定立法权和行政权的关系时，既为立法权设置了保留领域，也肯定了行政权的自治领域。其中法律保留领域包括公共管理机构的组织和服务，比如国家公务员制度、地方行政区的自治制度、国防和教育制度，对公共服务机构类型的创建，重要的经济制度（比如民营化及国有化制度），以及关于公民自由的保障制度。其他领域则属于行政机关条例制定权的自治领域了，行政机关在此领域内制定条例时只需要服从宪法和相关的国际法规范即可。

但是宪法委员会及最高行政法院对上述条文的解释适用以及政治环境的变化则将该管辖权分配相对化了。

（二）管辖权分配的变化

1. 宪法委员会在1970年和1971年的关键决定中赋予了1789年《人权宣言》、1946年《宪法》前言以宪法效力，而这些文件中原本即规定了许多只有法律才能介入管辖的内容，比如1789年《人权宣言》第4条、第7条、

---

〔1〕 CC n°62 – 20 DC du 6 novembre 1962.

第 10 条、第 11 条，1946 年《宪法》前言中第 3 条、第 7 条，以及 2004 年《宪法》序言中加入的《环境宪章》的第 3 条、第 4 条、第 7 条。

2. 宪法委员会和最高行政法院的判例都较有利于法律保留领域的扩展，并反对立法者消极放弃自己的立法权。特别是对于根据《宪法》第 61 条请求宪法委员会审查拟公布之法律是否超越了第 34 条之领域，宪法委员会认为"介入条例领域的法律并不违宪"。该决定意味着立法者其实仍然有权自由决定自己介入的领域。然而在条例介入法律保留领域的情况下，最高行政法院则认为行政法院有权以违反宪法的名义撤销该条例。[1]对于立法者消极放弃立法权的可能，宪法委员会指出："若一部法律放弃了宪法授予立法者调整的领域而使得行政机关在该法律保留领域内采取措施，该法律即违反宪法"。

3. 政治环境的变化也会影响立法权与条例制定权的管辖权分配。当政府获得议会多数支持时，其会倾向于用立法的形式规定本属于条例制定权的内容，因为法律具有更庄严的形式，对于推进其改革计划具有更高的象征意义。

总而言之，即便 1958 年宪法希望加强行政权在面对立法权时的自主性，但立法权与条例制定权之间的关系与 1958 年之前的状况并无根本性的改变：法律被用来规定根本原则，条例则被用来规定详细规则以实施法律。与 1958 年之前的主要不同在于，在政府认为必要时可以通过《宪法》第 37 条第 2 款和第 41 条的规定激活宪法对立法权和条例制定权的管辖权分配，保卫自己发布条例自主介入某些领域的权力。

第四节　判例

一、判例规范：法的基本原则

在法国行政法发展的初期，由于涉及行政活动的立法长期缺位，行政法官通过判例发展行政法规范的情况非常普遍。1979 年 G. VEDEL 教授直接宣称："行政法就是判例法，这已是老生常谈而不必赘述。"并进一步指出："其判例法的性质并不是因为其根据判例作出的判决比根据法律条文作出的判决的数量要多，而是体现在质上……行政法的基本原则和基本制度都是由

〔1〕 CE Ass. du 6 avril 2001. Pelletier et autres. N° 224945/224951/225012/225705/225950/226039/226853/228837.

判例确定的，包括行政行为的执行力、关于赔偿的制度、行政合同制度，都几乎纯粹是判例决定的。"由此可见，判例规范对法国行政法的发展具有非常重要的意义。

而从宽泛角度而言，法官在适用法律的过程中所进行的解释和发展都可以被视为判例规范，但最为重要的一类判例规范被法国行政法官冠以了一个专门的称谓，即"法的基本原则（Les principaux généraux du droit）"。在第三共和国时期，由于 1789 年《人权宣言》并无法律效力，所以行政法官常常通过"法的基本原则"来要求行政机关遵守个人自由原则和平等原则。但当时行政法官并未明确地将其视为一种具有约束力的法源，直到 1945 年最高行政法院在其作出的一系列判例中才指出：法的基本原则"即便在没有明文规定的情况下也仍然可以适用"[1]。这时"法的基本原则"才正式成为具有约束力的规范。

法的基本原则并不能被视为法官所创造的规范，而应该被视为法官从当时的社会意识形态和既有立法、国际法规范以及宪法精神中获得启发而发现的规范。换言之，这些基本原则其实已然存在于法秩序内，在立法者或立宪者尚未明确承认时，法官通过解决具体纠纷而发掘出了这些原则，然后冠之以"法的基本原则"，明确了其规范效力。但是要注意，法的基本原则与上述启发法官的规范文本之间并无实质联系，因为所谓"法的基本原则"，正是指那些即便没有明文规定也仍然适用的规范。法的基本原则涉及非常广泛的领域，下面仅对其中最为重要的进行列举。

（一）涉及自由、平等权利及相应保障的法的基本原则

涉及个人自由的原则，比如个人的迁徙自由原则、工商自由原则。

法律面前人人平等原则，进一步细化发展出公共负担平等分担原则、平等征税原则、司法面前公民平等原则、公共服务平等对待用户原则、公共服务运作的平等原则、公共区域平等使用原则、公共职位的平等申请原则等。

涉及个人权益保障的原则，比如所有行政决定都接受越权之诉的监督的原则、所有行政决定的相对人都有权向其上级机关寻求救济的原则、尊重辩护权原则、一事不再罚原则、申诉不加罚原则、行政行为不得溯及既往原则等。

（二）涉及公共权力机构的法的基本原则

涉及公务员系统的原则，比如同一公务序列的公务员的平等对待原则、对于公法人之错误导致其工作人员受损时该工作人员有权请求赔偿的原则、

---

[1]　CE Ass. Du 26 octobre 1945. Aramu. N°77. 726.

禁止行政机关开除正在怀孕之工作人员的原则、行政机关必须给予其非正式工作人员相当于最低收入标准的报酬的原则、当工作人员修病假时行政机关不得向其发出解雇的预先通知的原则等。

涉及审判系统的原则，比如诉讼程序的辩论原则、法庭合议保密原则、法官为了执行其决定有权发布执行罚的原则、法官有权作出预审措施的原则、公开庭审原则等。

二、判例规范对行政行为的约束

（一）判例规范的效力位阶

判例规范具有高于行政行为但低于法律的效力，行政法官无权运用法的基本原则挑战法律的权威，而只可能用其监督行政行为的有效性。

但是也有学者认为，部分法的基本原则具有宪法效力或准宪法效力。其依据在于宪法委员会作出的决定也发展出了许多具有宪法效力的原则，而这些原则往往与行政法官发展出来的法的基本原则内容重叠。比如平等原则，我们既可以在宪法层面找到具有宪法效力的平等原则，也可以在最高行政法院的判例中找到作为法的基本原则的平等原则。然而，事实上这二者并不相同：宪法性原则附属于具体的宪法条文，而法的基本原则则是法官在各种规范文本的启发之下发现的原则，与启发文本并没有依附关系。并且宪法性原则和法的基本原则即便在内容上存在重叠，也仍然可以并存，因为这二者的效力层次并不一样：宪法性原则具有高于法律的效力，而法的基本原则仅具有低于法律高于行政行为的效力，换言之，宪法性原则可以用来约束立法者，而法的基本原则只能用来约束行政权。

（二）判例规范对行政行为的约束程度

虽然法的基本原则在效力上高于行政行为，但最高行政法院有权自由选择其对行政行为的约束程度。具体而言包括下面三种情况：首先，对于部分法的基本原则，行政法官认为其对行政行为具有完全的约束力，不论其是抽象行政行为（比如条例）还是具体行政行为，行政法官会在判例中指明该法的基本原则只有存在相反的法律规定时才能被排除适用；其次，对于部分法的基本原则，行政法官认为其对行政行为只具有补充的约束力，换言之，当存在一部条例与法的基本原则相冲突时，审查具体行为应该适用该条例而不适用法的基本原则，此时行政法官在判例中会指明该法的基本原则在存在相反的法律规定和条例规定时才能被排除适用；最后，还有一些法的基本原则对行政行为的约束程度尚不清晰，这主要是因为行政法官没有在判例中直接指明能够排除其适用的规范文本的类型，既可能只有法律，也可能同时包含法律和条例。

第五节　条例

一、条例规范

条例规范是指由行政主体制定的抽象且概括的规范。根据条例规范的适用范围，我们可以将其区分为概括条例、专门条例、内部条例。

（一）概括条例

所谓概括条例，是指由总统或总理发布的能够适用于本国所有领土和所有行政相对人，并且能够介入所有领域（法律保留的领域除外）的条例。该类条例包括行政法规（Le décret）、尚未核准的特别法令（L'ordonnance non ratifiée）和紧急状态下发布的行政法规。

《宪法》第21条将发布行政法规的权力授予了总理，但总统可以通过主持部长会议将其认为重要的行政法规草案载入部长会议的议事日程，再通过部长会议发布该行政法规，此种行政法规被称为"部长会议行政法规（Le décret en Conseil des ministres）"。其在效力上高于由总理发布的行政法规。主管行政法规所涉及领域的部长还拥有行政法规的联署权，一般由其准备该行政法规的草案并负责实施，这一联署权使得部长也在事实上间接参与了抽象性规范的制定。

与此同时，议会还可以授权政府通过特别法令的形式介入法律保留领域，但是在授权法律规定的核准期限届满前，该特别法令仅具有条例效力。

《宪法》第16条规定，总统在紧急状态下有权采取应对该状态所必要的一切措施，其中除了前已述及的制定法律外，还包括发布行政法规。总统在此情况下发布行政法规时也要受到前述发布法律的同样的限制。

（二）专门条例

所谓专门条例，是指由宪法或法律或行政法规授权中央或地方的行政机关或其他公共机构制定的适用于专门领域的条例。其包括可以在全国范围内适用但仅涉及专门事项的条例和仅能在地方适用的条例。宪法委员会在1989年的一个决定中认可此种授权除总统和总理外的其他主体制定抽象规范的行为的合宪性，但指出该授权必须在范围和内容上都予以严格限定。[1]

1. 可适用于全国范围内的专门条例。

（1）原则上部长无权制定任何抽象性规范，这是为了避免不同主体制定

---

〔1〕　CC N°88-248 DC du 17 janvier 1989.

的抽象规范之间产生冲突，但是法律或行政法规可以授权部长制定旨在实施某项在全国范围内普遍适用的抽象规范的具体实施规则。部长发布的此种专门条例被称为"部长令（L'arrêté ministériel）"。

（2）在前述宪法委员会1989年决定所规定的条件之下，法律也可以授权公共机构、独立行政机关甚至部分私法人制定专门条例。

2. 仅适用于地方的专门条例。经过2003年修宪，《宪法》第72条明确规定了地方行政区拥有履行其职权所必需的条例制定权。但显然该专门条例仅能适用于制定该条例的地方行政区，并且在内容上不得违背宪法、国际法规范、法律、法的基本原则以及上位条例。

（三）内部条例

根据最高行政法院在1936年的Jamart判例，各个公共服务的负责人，包括部长、公共服务机构负责人、地方行政区负责人等，都有权发布内部条例，即旨在管理其所负责的行政活动的抽象规范，其仅适用于发布者所管辖的公共机构的内部工作人员。但显然，此种内部条例也可能通过对工作人员行为的规范而产生外部效力，特别是当涉案的内部条例涉及如何贯彻新颁布的法律或行政法规时，内部条例仅有权对上位规范进行解释，而无权加入任何新的内容。而且要注意，内部条例之功能仅在于填补法律、行政法规所留下的真空地带，这意味着若一个事项已经有法律或行政法规作出了具体规定，内部条例即无权介入。

二、条例规范对行政行为的约束

条例规范本身就属于抽象行政行为，其对行政行为的约束体现在两个方面：条例规范之间的效力等级关系和条例规范对具体行政行为的约束。

（一）条例规范之间的效力等级关系

1. 发布机关处于不同等级时。不同条例之间的效力等级原则上对应于发布各条例的机关在科层制中的地位。具体而言，总统通过部长会议颁布的行政法规属于最高效力的条例，其效力高于总理发布的条例；总理发布的条例的效力高于部长发布的部长令；地方行政区发布的地方条例不得与上述各条例相冲突。只有在法律明确将某事项的处理权授予某机关时，该机关的上级机关才无权修改该机关发布的条例。

2. 发布机关处于相同等级时。当发布条例的机关处于同一等级时，不同部门应该在各自的管辖范围内发布条例，比如，财政部发布的条例不得介入司法部管辖的事务；当同一个机关在不同的时间就同一事务发布条例时，则要综合考虑形式性因素和实体性因素。所谓形式性因素，是指发布条例的程序越复杂，其效力往往越高，比如咨询过最高行政法院意见的条例就高于未咨询其意见的条例[1]。实体性因素则是指，若后一条例旨在履行前一条例，那么后一条例应该尊重前一条例，除非该机关在发布后一条例时希望改变之前条例的规定。

（二）条例规范与具体行政行为之间的效力关系

只要抽象行政行为与具体行政行为在涉及事项和履行地域上相重叠，该抽象行政行为的效力绝对地高于具体行政行为的效力。具体包括下列三种情况：首先，发布抽象行政行为的机关高于作出具体行政行为的机关时，后者作出的具体行政行为应该服从前者作出的抽象行政行为的约束；其次，发布抽象行政行为的机关作出一个具体行政行为时，该具体行政行为也应该服从该机关自己作出的抽象行政行为的约束；最后，即便作出具体行政行为的机关高于作出抽象行政行为的机关，只要该抽象行政行为是合法的，那么高级机关作出的具体行政行为也必须服从低级机关作出的抽象行政行为的约束。

以上两部分综述了行政活动的范围，即国家、地方行政区、公共服务机构及其他行政主体应该在宪法规范、国际法规范、法律规范、判例规范及条例规范的授权和约束下实施行政活动。在此范围内，行政主体为了追求具体的行政目的可以采用专门的方式实施行政活动。而所谓行政活动的实施，主要涉及行政主体在行政法法源的授权和约束下有权通过什么样的行政方式追求何种行政目的这样两个问题。下面第三部分介绍实施行政活动的目的，第四部分则介绍实施行政活动的方式。

---

〔1〕　按照宪法或法律规定必须提前咨询最高行政法院意见的行政法规被称为"Le décret en Conseil d'Etat"；而无法定咨询义务，但仍然咨询了最高行政法院意见的行政法规被称为"Le décret pris après avis du Conseil d'Etat"。

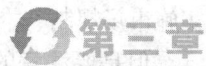

行政职责：实施行政活动的目的

所有的行政活动都必须以公共利益为目的：首先，公共利益表现为公共秩序，良好的公共秩序是公民行使个人基本权利的前提，行政机关通常以行政管制的方式防止扰乱公共秩序的行为发生；其次，公共利益还可以表现为公共服务，公共机关以实施给付的方式为社会成员提供公共服务，以便利社会成员之间相互协作，推进社会连带。不同的行政职责源于各自追求的不同目的，而这又分别赋予履行相关行政职责的活动以特别的法律制度。下面首先介绍以实施公共服务为目的的行政活动，再介绍以维护公共秩序为目的行政活动。

第一节　公共服务

公共服务概念支撑了国家权力向社会各个领域的扩展。而为了应对此种公权力的扩张，行政法官及欧盟法对具有不同内在属性的公共服务进行了分类，使其分别适用不同的法律制度。下面分别从公共服务的概念、公共服务的经营管理和适用于公共服务的法律制度这三方面进行介绍。

一、公共服务的概念

公共服务一般指那些由公法人直接承担或间接保障的公共利益活动。该定义由下面两个关键内容组成：

（一）公共利益

在法国，一般认为公共利益是超越共同体中各团体及个人之个殊利益的独立存在。在卢梭的思想中，公共利益只能由公共权力根据作为一个整体的共同体的需求来决定，并通过法律——公意之表达——自上而下地贯彻实施，法国学者将此称为意志主义的公共利益观。

在意志主义的观念下，主要由公权力机关决定什么活动属于公共利益。这里的公权力机关具体包括立宪者、立法者甚至行政主体，它们根据作为整体的共同体的需求来决定什么是公共利益，并且在相互冲突的个殊利益之间作出裁决。今天，公权力机关所确认的公共利益涉及加强社会团结、维持地区平衡、实施市场规制、推进工业政策、保护民族的文化及自然遗产等十分广泛的领域。

但是要注意的是，公共利益概念除了占主导地位的主观性面向外，也存在一定的客观性面向。当立宪者和立法者对于一项活动是否属于公共利益的态度不清晰时，行政法官有权根据当时的社会观念来对行政机关所确认的活动是否属于公共利益的活动进行审查。根据判例，一项活动之所以被确定为公共利益，不能仅仅出于该活动的营利性考虑，还必须考虑作为整体的共同体是否能够从该活动中长期受益，这构成了公共利益的客观特征。

（二）由行政主体直接承担或间接保障

一项公共利益的活动要被确认为公共服务，还必须与公法人之间存在一定程度的关联。这种关联既可以表现为公法人直接管理该公共利益活动，也可以表现为公法人通过签订合同或作出单方行为将该公共利益活动委托或授权给其他公法人或某个私法人实施。

在立法者和行政主体明确表示直接承担或间接保障该公共利益活动之意图的情况下，该公共利益活动才能被视为公共服务。但若公权力机关的态度不明确，特别是当行政主体的态度不明确时，就需要进一步具体分析：首先，在通过单方行为授权的情况下，法官需要审查行政主体与实施该公共利益活动的机构之间关系的强度。具体而言，至少应该由行政主体主导创建实施该公共利益活动的机构，或由行政主体任命该机构负责人，或行政主体保留有对该机构的行为进行监督的权力甚至会为其提供资金支持，才能推定行政主体存在间接保障该公共利益活动的意图。如果实施公共利益活动的机构还被行政主体授权实施高权行为，那么法官就能更加肯定地确认其公共服务属性。其次，对于通过合同委托的情况，行政法官同样根据合同条款中是否包含了行政主体对承担公共利益的机构保留有监督权力，甚至是否赋予了该机构实施行政特权的权力，来判断该行政主体是否有意图间接保障该公共利益活动的实施。最后，对于私人自主发起建立的承担某种公共利益的机构，当行政主体获得授权对该机构的组织结构实施一定程度的监督时，或者甚至同意对该机构给予一定的资助时，该机构所承担的公共利益即可能转化为公共服务。

二、公共服务的经营管理

公共服务的经营管理方式主要涉及由哪类机构具体实施公共服务的问题。首先，国家或地方行政区可以运用自己的人力、物力和财力直接实施某项公共服务；其次，国家或地方行政区也可以单方面授权其他公法人或私法人实施某项公共服务；最后，行政主体可以采用合同的方式将某项公共服务委托给其他公法人或私法人具体实施。第一种常常被称为"直接经管"，后两种管理方式则被称为"委托经管"。

（一）直接经管

直接管理，即指国家或地方行政区运用自己的人力、物力和财力直接实施某项公共服务，这意味着具体实施该公共服务的机关只是国家或地方行政区的一个组成部分，而非一个独立的法人。此种管理方式的优势是法律关系较为简单，并且公法人有能力完全掌控该公共服务的实施；缺点则是由于具体实施机构无法人地位，所以行动的自治性不足，导致管理低效。

（二）委托经管

1. 单方面授权。一方面，国家法人通过公务分权建立各种公共服务机构，专门负责具体实施某项公共服务。另一方面，除公共服务机构以外，国家或地方行政区还可以授权其他类型的行政主体，比如公共企业、特殊公法人以及部分私法人，实施特定的公共服务。

2. 合同委托

合同委托是指行政主体通过在合同中载明实施公共服务的具体要求将其承担的公共服务委托给其他公法人或私法人具体实施。这是一种更为灵活的公共服务经营管理方式，其灵活性可以从受托人的类型及委托合同的具体形式的多样化体现出来。下面分别介绍：

（1）受托人的类型。受托人既可以是公法人也可以是私法人，此处的公法人可以是公共服务机构，但通常情况下是由私法人接受合同委托实施公共服务。此处的私法人，既可以是从资本构成和组织关系上看都与公法人无关的私法人，也可以是与公法人存在资本或组织关联的私法人。比如兼有私人资本与公法人资本的混合所有制公司，其在各地方的城市规划和治理方面发挥着重要的作用。

（2）委托合同的形式。行政主体可以通过多种合同形式委托公共服务，法国行政法上将这些合同统称为公共服务委托合同。根据最高行政法院判例[1]，该类合同中受托人的收益必须主要来自其对公共服务进行经营管理的结果。根据具体的收益模式的差别，其可以进一步划分为公共服务特许经营合同、公共设施出租经营合同、特定目标经营合同。其中公共服务特许经营合同得到了最为广泛的运用。

所谓公共服务特许经营合同，是指公法人将某项公共服务在一定期限内

---

〔1〕　CE. du 15 avril 1996, Préfet des Bouches-du-Rhône. N°168325.

委托给其他公法人或私法人实施的合同。其特点在于以下三点：首先，由受托人出资建设实施该公共服务所必需的公共设施，在特许期限届满后委托人免费获得相关公共设施的所有权；其次，由受托人出资并具体经营管理公共服务的运作，其主要通过向公共服务的用户收取费用来盈利，特许期限一般较长（至少30年），以便受托人收回成本；最后，由于合同期限较长，且委托人有义务监督受托人恰当地实施公共服务，委托人与受托人需要长期合作，因此委托人享有绝对的自由来选择受托人，并且委托人有权根据公共利益的变化修改合同中涉及实施公共服务的具体要求的条款。公共服务特许经营合同在19世纪获得了巨大的发展，由于基础设施和公共服务运作的费用都由受托人承担，并由受托人具体经营管理，所以其被广泛用于需要大量资金和专业技术的铁路及水、电、煤气的管网工程建设。而在一战及二战之间的时期，由于币值剧烈波动以及战争造成的公共服务成本的上升，受托人很难在特许期限届满时收回成本，公共服务特许经营合同这种形式逐渐失去了吸引力。再加上当时共产主义思潮的影响，公共舆论对于由私人企业控制公共服务感到不满，于是许多受托人企业被国有化，相应的公共服务也由公共企业具体实施。但近年来由于财政紧张及新自由主义意识形态的复归，公共服务特许经营合同重新被用于如公共停车场、有轨电车线路和部分高速公路的建设。

三、适用于公共服务的法律制度

行政法官发展出了行政性公共服务与工商性公共服务，以对具有不同内在属性的公共服务规定不同的法律制度。欧盟对竞争法的强调导致我们也有必要进一步区分商业性服务与非商业性服务，使与商业性服务相关的公共服务受到竞争法的约束。然而即便存在上述异质性，所有的公共服务仍然适用一套基本同质的法律制度，这套基本同质的法律制度既源于又夯实了所有公共服务都共享的公共属性。

（一）适用于公共服务的异质法律制度

1. 行政性公共服务和工商性公共服务。

（1）区分行政性公共服务和工商性公共服务，主要在于分析一项公共服务从其本身的性质及具体的实施手段上看更趋近于行政性活动还是私人企业的活动。最高行政法院主要从以下三个方面来进行判断：首先，公共服务的标的，即分析该公共服务所包含的具体服务更趋近于公权力通常进行的活动还是属于竞争领域内的生产、交易等经济活动；其次，公共服务的收入来源，即分析公共服务的收入来源是否类似于私人企业由用户缴纳作为服务之对价的价款；最后，公共服务的运作方式，即如果一项公共服务具体实施时采用行政手段，其即为行政性公共服务，否则即为工商性公共服务。

（2）法律制度。区分行政性公共服务与工商性公共服务的意义在于二者适用的法律制度不同。原则上，行政性公共服务适用公法，工商性公共服务适用私法，但是也存在许多例外：行政性公共服务若由私法人具体实施，那么其工作人员原则上属私法调整，其财产属于私有财产，其引发的赔偿责任原则上由私法调整。对于工商性公共服务，其作出的单方面规定公共服务组织的抽象行为都属于行政行为，若具体实施者为公法人，那么该机构的工作人员原则上属于私法雇员，而机构总负责人及公共会计师属于公法雇员，其财产属于公物。

2. 商业性服务和非商业性服务。

（1）区分商业性服务和非商业性服务。欧盟法要求所有实施有偿经济活动且参与生产或交易有价货物或服务的公法或私法组织，只要其参与到欧盟内部统一市场的运作，都必须遵守相关的竞争规范。这不仅包括典型的私人企业，还包括一部分提供经济性公共利益的服务机构，这些服务机构"承担着商业性服务以满足某种公共利益，并因此被各成员国规定承担与公共服务相关的特别义务"。而只有公权力机构与那些纯粹实施某些社会连带任务的机构，作为非商业性服务的主体才不受竞争法的约束。

（2）法律制度。公权力机构作出的非商业服务的行为不适用竞争法，但其作出的其他行为都必须接受竞争法约束：首先，公权力机构不得作出那些会导致市场竞争主体处于不平等竞争地位的行为；其次，公权力机构不得作出那些会导致市场竞争主体违反竞争法的行为。由于公权力机构实施商业性服务也可能涉及与公共利益相关的活动，因此其必须承担基于公共服务之属性而产生的特别义务，此种义务需要与竞争法对公平竞争的要求进行一定的妥协。对此欧盟法认为，如果希望部分情况下不适用竞争法，那么就必须存在真正的"绝对必要的公共利益"。其进一步指出，当授予某机构进行某项服务的排他性权力刚好抵偿其需要承担的根据可接受经济条件而制定的任务要求时，该排他性权力不违反竞争法。

（二）适用于公共服务的同质法律制度

即便存在上述的异质性，所有关于公共服务如何组织的规范仍属于公法调整，因此应有一套基本同质的法律制度适用于所有的公共服务，而不论其是行政性的还是工商性的，不论其涉及商业性服务还是非商业性服务。具体包括平等性原则、持续性原则、适应性原则这三大原则。

1. 平等性原则。该原则意味着不论相对人所处的社会地位或地理位置如何，都有权按照同等的条件进入公共服务，这也就要求公共服务应该覆盖全部国土，包括人烟稀少的地域。该原则还进一步衍生出下列内容：订立公共服务合同时应该平等地对待所有竞标者，公共服务招聘工作人员时应该平等地对待所有应聘者，公共服务应该平等地对待所有用户（即原则上应该在全国范围内统一价格）。可见，法国法认为平等性原则要求公共服务在原则上有义务对同等情况同等对待。但这并不意味着公共服务有义务对不同情况差别对待，法国法仅仅允许在满足一定条件时才可对不同情况进行差别对待。

2. 持续性原则。持续性原则要求公共服务应该持续且有规律性地提供。换言之，除了按照规定的服务停歇外，公共服务不得中断。根据此原则，公共服务特许经营的受托人必须保证其能够持续且有规律性地提供服务。这意味着，除了按照规定的服务停歇外，只有当存在不可抗力或公权力机构自己的行为导致无法持续服务外，受托人都不得中断服务，否则被视为存在严重过错，委托人有权解除其特许经营权。公务员的罢工权也受到该原则的限制。在 1946 年之前，根据持续性原则，公务员并不享有罢工权，罢工的公务员甚至可以被直接开除。而 1950 年最高行政法院作出判决认为，为了避免国家崩溃，应该由作为保障公共服务良好运作的负责人的政府来决定该罢工权应该接受何种性质及程度的限制，政府所规定的限制措施接受行政法院的监督。[1]

3. 适应性原则。适应性原则指公共服务应该随着其实施的环境和条件的演变而逐步发展并与之适应。该原则产生两点内容：首先，关于公共服务之组织及运作的规范必须能够被不断修改。如果公法人将公共服务通过合同的方式委托给其他主体具体实施，该公共服务的组织及运作规范即通过合同形式确定。根据适应性原则，即便存在合同效力的约束，公法人仍然有权对这些规范进行修改。其次，公共服务也负有一定程度的义务去适应新的环境和条件。但一方面，只能由公法人自己判断新环境和条件是否发展到其不能再按照过去的方式继续运作的程度；另一方面，当公法人认为有必要适应新的环境和条件时，其仍然有巨大的裁量空间决定具体采取何种措施去适应。

第二节　公共秩序

公权力机关通常以行政管制的方式履行维护公共秩序的行政职责。一方面，良好的公共秩序是每个个人行使其权利的前提；另一方面，行政管制的

---

[1] CE Ass. du 7 juillet 1950, Dehaene. N°01645.

方式又会对个人权利造成威胁。下面首先介绍作为行政管制之目的的公共秩序的概念，再介绍如何维护公共秩序，最后介绍行政管制行为所应该服从的法律制度。

一、公共秩序的概念

作为行政管制之目的的公共秩序，并不能被简单地理解为各类政治共同体之运作所必要的社会秩序。如法国学者 E. Picard 教授指出的，公共秩序应该放在旨在实现自由主义国家这一根本目标之下来理解。换言之，维护公共秩序本身并无完满的正当性，其根本的正当性在于良好的公共秩序是个人享有基本权利和自由的必要条件。

根据是否需要法律的专门授权进行行政管制，可以将公共秩序区分为一般公共秩序和特别公共秩序。

（一）一般公共秩序

所谓一般公共秩序，是指那些被视为保障个人基本权利和自由能够实施的最低条件。只要此类公共秩序受到威胁，即便无法律明确授权，公共权力仍可以介入。根据判例及实证法，一般公共秩序仅限于公共安全、公共安宁、公共卫生、公共道德。

1. 公共安全。个人人身及财产的安全应该受到保障，这是行使个人自由的必要前提。《地方行政区法典》就要求市镇长采取行政管制措施管理公共交通，以保障路上行人方便通行及安全通行，比如限制市镇公路的车速、设置行人保留通道、设置禁止车辆通行的区域等。此外，市镇长还需要采取行政管制措施来预防事故的发生，或在事故发生后采取行政管制措施以进行救护，比如对危险建筑物张贴警示标识并进行监督、组织疏散等。

2. 公共安宁。公共安宁表现为两个方面：首先，公共权力应该采取行政管制措施以避免那些可能影响居民生活的各种混乱，比如争吵、打斗和游行示威活动；其次，公共权力应该采取行政管制措施以避免噪音对社会生活的扰乱，比如市镇长有权禁止在部分时段使用割草机以免打扰当地居民的安宁生活。

3. 公共卫生。公共权力应该采取行政管制措施以保障公共健康及公共卫生。比如市镇长有义务采取行政管制措施监管市场上销售的产品的质量，制止污染，防止流行病的传播，等等。

4. 公共道德。公共权力并无权强制实施某种道德秩序，但是其有权维护一定程度的社会良知，即有权维护在一定时期内被广泛接受的最基本的公共道德观念。因此，公共权力有权限制甚至禁止那些根据当地或全国的道德观念会激起道德反感的活动。比如，对于已经获得了部长发布的放映许可证的电影，若市镇长认为根据当地的情况该电影的不道德性会伤害当地的公共道德，那么其有权禁止该电影在本地放映。当然，此种情形下，市镇长必须证明当地市镇的特殊性，比如当地是一处宗教朝圣地。甚至在1995年的抛侏儒案中，最高行政法院认为，通过将残疾人（侏儒）当作物体抛起以达到娱乐目的的活动，即便该残疾人以获得报酬为条件自愿参加表演，其仍然违反属于公共道德中之根本内容的人性尊严，此时不必考虑当地是否存在特殊情况，该类活动都应该被禁止。[1]

（二）特别公共秩序

如果公共权力希望在上述四点一般公共秩序之外的其他领域行使行政管制权，其就必须获得法律的专门授权。这种特别行政管制之特殊性主要体现在下面两方面：

1. 对一般公共秩序之外的其他领域进行行政管制。比如在经济领域，国家法人及独立行政机关根据法律授权进行经济管制；在建筑的外形方面，法律授权市镇长在新建筑物可能伤害市镇整体美观时拒绝发放建筑许可证。

2. 对属于一般公共秩序内的事务以特殊的管制措施进行程度更高的管制。比如对于一栋危楼，为了维护一般公共秩序，市镇长仅有权采取预防措施，如禁止进入楼内或者疏散楼内居民。但根据《建筑法典》第 L. 511 - 1 和 L. 511 - 3 条的授权，市镇长可以采取更严厉的管制措施，比如命令该危楼的所有权人采取修复措施，甚至命令所有权人拆除危楼。

二、公共秩序的维护

对上述公共秩序的维护一般从两个角度着手：由行政机关事先采取行政管制措施限制个人自由以达到防止公共秩序被扰乱的目的，而一旦公共秩序被扰乱，即由司法机关行使司法警察权，对违法行为进行调查取证并检察起诉追究其刑事责任。而在现实情况下，为了尽快恢复秩序，行政机关往往分享部分采取惩罚措施的权力，对不那么严重的扰乱公共秩序的行为进行快速惩处。下面首先介绍司法警察权与行政管制权的区分，然后介绍哪些主体有权行使行政管制权。

（一）司法警察权与行政管制权

在许多情况下，司法警察权与行政管制权都由同一机关具体实施，比如省长、市镇长及宪兵队既可以行使行政管制权，也可以行使司法警察权。但是同一机关在实施这两种不同权力时适用不同的法律制度，因此有必要区分二者。

1. 不同的法律制度。双方适用的法律制度之差别可以概括为下面三个方面：首先，适用法律不同。行政管制权由行政法调整，而司法警察权主要适

---

[1] CE Ass du 27 octobre 1995, lancer de nains. N°136727.

用刑事诉讼法，后者相比前者为相对人（犯罪嫌疑人）提供了更充分的保障。其次，所属审判机关不同。因行使行政管制权而引发的争议由行政审判机关管辖，而司法警察权的行使由检察官指挥，有时也可能由负责预审的司法法官直接指挥。最后，行为方式不同。行政管制权可以以国家、省、市镇甚至其他法人的名义通过具体行为或抽象行为的方式实施，而司法警察权则只能以国家的名义通过具体行为的方式实施。

2. 区分标准。根据最高行政法院在 1951 年作出的 Baud 案和权限争议法庭同年作出的 *Dame Noualek* 案两个判例[1]，区分二者的关键在于行使管制权或警察权的机关及其工作人员的意图：当其行动意图在于追究"一起明确的违法行为"时，其即在行使司法警察权；而当其行动意图在于一般意义上的维持公共秩序的稳定时，其即在行使行政管制权。此处的"一起明确的违法行为"包括真正的违法行为、怀疑的违法行为、已经实施的违法行为以及准备实施的违法行为。如果两种意图同时兼有，法官就要判断该行动中以哪种意图为主。

宪法委员会的一系列决定补充了上述最高行政法院确立的行政管制权和司法警察权的区分标准。根据其决定，司法警察活动必须由司法机关监督或指挥；但对于行政管制行为，若相对人个人权利未受到足够的保护，可以由司法机关适用司法警察法律制度，以加强对个人权利的保护。

（二）行政管制权的分配

司法警察权的行使属于刑事诉讼法的内容，本文不予介绍。下面将介绍行政管制权在不同的主体之间是如何分配的，为此需要区分一般行政管制权和特别行政管制权。

1. 一般行政管制权。

（1）全国范围内的一般行政管制权。并无任何成文规范明确规定由哪个机构或主体承担全国范围内的一般行政管制权。最高行政法院认为，根据《宪法》第 21 条和第 37 条的规定，总理享有制定全国范围内行政管制措施的权力，而总统也可以通过部长会议发布行政法规或者根据《宪法》第 16 条规定的紧急状态下的权力来制定该行政管制措施。

（2）地方行政区范围内的一般行政管制权。对于省长，首先，根据 2003 年 3 月 18 日第 2003 - 239 号法律第 2 条，其享有协调国内各种安全措施的概括职权；其次，省长有权以国家的名义采取适用范围超越单个市镇的一般行政管制措施；最后，在省政府所在的市镇及居民超过 20 000 人的市镇，省长

---

〔1〕　CE Sect. du 11 mai 1951, Consorts Baud. N°2542. TC 7 juin 1951, Dame Noualek. N°1. 316.

有权对一些临时集会活动采取一般行政管制措施，比如对于游行示威、打斗、骚乱、夜晚巡逻等活动。而对于其他活动，比如露天集市的秩序维持及邻居造成的噪音等问题，都由市镇长行使一般行政管制权。对于市镇长，根据《地方行政区法典》第 L. 2212 – 1 条的授权，其有权在市镇范围内行使一般行政管制权，其也可以以国家的名义在本市镇范围内执行中央政府或省长发布的管制措施。

（3）一般行政管制权原则上只能由公权力机关实施。根据宪法委员会的决定，立法者不得授权私人实施某项一般行政管制权，其也不得授权享有一般行政管制权的公权力机关委托其他私人实施其一般行政管制权。但在极为特殊的情况下也存在由私人行使一般行政管制权的例子，比如最高行政法院在 1948 年的一个判例中确定了 1940 年德国占领期间私人征收食品的行为属于行政行为〔1〕。此外，原则上不得将行政管制权中的规范性部分授予私人行使，但是对于行政管制的具体实施部分，则不排除与私人进行合作，前提是该私人的具体实施活动必须受到公权力机关的严格监督。

2. 特别行政管制权。特别行政管制权源于法律的专门授权。中央政府的部长大多获得了授权行使特别行政管制权，比如内政部长有权对外国人事务及青少年出版读物进行特别行政管制，交通部长有权对航空事务进行特别行政管制，文化部长有权对表演、电影及历史古迹进行特别行政管制。此外，许多独立行政机关对经济领域的事务拥有特别行政管制权。

三、适用于行政管制的法律制度

公权力机关原则上有义务采取必要措施维护公共秩序的稳定。其采取的行政管制措施都必定是单方行政行为，也包括与之相关的事实行为，并且具体申请采取行政管制措施的个人无需支付任何费用。而对于行政管制措施的合法性问题，最高行政法院的判例要求行政管制措施原则上都必须符合比例原则。

（一）发布行政管制措施的义务

由于良好的公共秩序是个人权利及自由能够实施的必要条件，所以原则上公权力机关有义务采取必要措施来维护稳定的公共秩序，当其拒绝采取措施时，其可能承担赔偿责任。但是对于部分特别公共秩序，相比于一般公共秩序对于个人权利及自由的价值较低，此时公权力机关并无义务实施。

（二）行政管制的措施

关于行政管制措施的性质，首先，其必定都是单方行政行为（并可能辅

---

〔1〕 CE. du 5 mars 1948, Marion. N°86937.

之以行政事实行为），不论是具体行为还是抽象行为，都不可能采用合同的方式；其次，其必定都是免费的，具体提出请求的个人不必支付费用，其他未提出请求的人也都能从中受益。

关于行政管制措施的类型，首先，公权力机关有权采取事实行为来维护公共秩序，包括检查身份证明、维持秩序、救助处于危急中的人；其次，公权力机关有权采取单方行政行为，亦即单方行政法律行为，来维护公共秩序，包括作出抽象行为和具体行为；最后，需要特别强调的是，公权力机关有权作出行政处罚行为，该类行为虽然带有惩罚属性（此性质与行政管制行为的预防属性相区别，因而理论上认为行政处罚行为不属于狭义的行政管制行为），但是从判例中我们可以发现，对于行政处罚行为的性质也要根据公权力机关的意图来区别对待，比如当其行政处罚行为是为了防止相对人再次作出违法行为时，其就仍然带有预防属性；暂停驾驶执照的处罚决定可以被解读为防止违法行为人再次违规驾驶；对驾驶执照扣分也可以被解读为警示违法行为人不能再次违规驾驶。所以概括而言，当对于违反行政管制措施的违法行为作出行政处罚时，我们可以将其解读为向其他潜在违反者警示可能导致的后果，从而达到预防公共秩序被扰乱的目的。

（三）行政管制措施的合法性

1. 一般行政管制措施的合法性。由于将维护公共秩序与构建自由主义国家之目的相联系，行政管制措施必须尽可能地平衡好公共秩序与个人自由的关系，使得良好的公共秩序构成个人自由得以充分行使的保障而又不对其造成不必要的限制。基于此，最高行政法院的判例认为，公权力机关在行使一般行政管制权时应该服从比例原则：既需要考虑其对于提升公共秩序可能带来的价值，也需要考虑其给个人自由可能带来的限制，在权衡二者后，只有在行政管制措施属于必要的情况下，其才具有合法性。行政法官适用比例原则审查行政管制措施的合法性可以归纳为下面三个步骤：

（1）行政法官会将自己放置于公权力机关作出行政管制措施时的具体环境之中，审查当时公共秩序所面临的威胁的现实性与紧迫性。如果行政法官认为当时并不存在对公共秩序的威胁，那么争议的行政管制措施即属于不必要的，因而应该被认定为违法。而如果行政法官认为确实存在对公共秩序的威胁，那么继续进行下一步骤。

（2）行政法官应该分析争议的行政管制措施对哪类或哪几类个人自由造成了伤害，并进一步分析这些类型的个人自由的重要程度如何，以及行政管制措施对这些类型的个人自由造成了何种程度的伤害。

（3）行政法官应该权衡争议的行政管制措施为公共秩序带来的积极价值

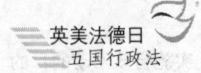
及其对个人自由造成的消极价值，判断该行政管制措施是否必要。只有在该行政管制措施在积极价值和消极价值之间达到了最佳的平衡时，该行政管制措施才属于必要，进而才能被认定为合法。

由于行政法官要求行政管制措施必须通过比例原则的审查，所以原则上禁止公权力机关在面对扰乱公共秩序的威胁时简单地发出禁止令，因为这种绝对性的行政管制措施很难符合比例原则，这就要求公权力机关努力寻找既能维护公共秩序又仅对个人自由造成最低伤害的行政管制措施。

2. 特别行政管制措施的合法性。特别行政管制措施都由法律明确规定，该法律也会同时规定该类行政管制措施的合法性条件，此时行政法官在原则上只能服从法律的规定，根据法律所规定的合法性条件审查争议的特别行政管制措施。

3. 例外情况下行政管制权的扩张。对行政管制权之合法性的约束在例外情况下可能放松，因为旨在调整社会关系的法，在面对社会关系发生剧烈变化时如果仍然坚持严格适用，就可能导致其产生的消极价值超过积极价值，此时就需要对法进行一定的调整。

(1) 立法者在战争背景下的戒严或紧急状态时期制定的法律可以规定非常严格的行政管制措施。行政法官也认为："在战争期间，国防利益使得公共秩序获得极大的扩展，为了保障公共安全需要采取更为严厉的措施。"[1]

(2) 在战争期间或发生严重自然灾害时，即便没有法律的明确授权，行政法官仍然认为行政机关根据当时的具体情况可以享有更严厉的行政管制权，以至于其采取的管制措施在正常时期可能会被视为违法的，行政法官仍然要适用比例原则，但是此时适用比例原则进行审查的强度显然要比正常时期的审查强度更低。

---

[1] CE. du 28 février 1919, Dame Dol et Laurent. N°61593.

行政行为：实施行政活动的方式

　　行政主体在行政法法源的授权及约束下以作出行政法律行为的方式来履行提供公共服务和维护公共秩序的行政职责。此处之行政法律行为包括单方行政行为和行政合同。

　　首先，二者都构成法律行为，即在行为生效后行为的内容能够构成法秩序的一部分；其次，二者属于不同类型的法律行为，行政合同是多方当事人之意志最终达成合意的结果，而单方行政行为则最终只是一方意志的表达，相对人不论是否同意都有法定义务服从。要注意，参与确定行为内容的意志数量并不能决定其属于单方行政行为还是行政合同。因为既存在行为内容完全由一方确定的合同（比如民法中的格式合同，大部分格式合同中另一方当事人并没有参与确定合同的内容），也存在行为内容由多方当事人共同参与确定的单方行政行为（比如多位部长联席发布的部长令）；同样，在行为内容确定过程中是否进行谈判以及行为内容在多大程度上由谈判确定，也不能决定其属于单方行政行为还是行政合同。

　　下面分别介绍单方行政行为和行政合同。

第一节　单方行政行为

　　下面首先介绍如何识别单方行政行为，再介绍适用于单方行政行为的法律制度。

一、单方行政行为的识别

　　单方行政行为的概念是行政诉讼在实践中逐渐发展出来的，是指由行政主体作出的能够通过越权之诉向行政法官寻求救济的行为。这种诉讼视角的理解使得单方行政行为的识别标准主要由判例通过对行为可诉性的判断逐渐

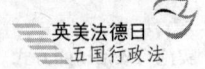

确定。下面介绍单方行政行为的三项识别标准：

（一）行为具有规范性

所谓具有规范性，是指行为必须对现行有效的法秩序造成影响。这种影响可以表现为两种：①修改既有的法秩序，比如发布或撤销条例、作出或撤销许可或命令等；②拒绝修改既有的法秩序，比如相对人请求发放行政许可但行政机关拒绝发放。下面三类行为不具有规范性：

1. 准备性或确认性行为。准备性行为指向的是在未来可能作出的一个规范行为，其在当下并未对法秩序造成任何影响。确认性行为指向的是在过去已经作出的一个规范行为，仅仅是确认过去行为的规范效力。这两类行为都与某单方行政行为相关联，但却没有对现行有效的法秩序造成影响。

2. 指导性行为。通过指导性行为，行政主体表达了希望相对人如何行为的态度，但却没有赋予该态度以任何法效力，所以仍然不具有规范性。这种指导性行为表现为尚不能被视为行政主体最终意志表达的各种建议或指导意见。

3. 内部命令。内部命令即公共服务负责人向公共服务的工作人员及其管理的人员发出的命令。其主要出现在国家教育部门、军队部门及监狱部门。当内部命令可能对相对人之权利义务造成严重伤害时，其即不再属于内部命令，而转化为可诉行为。今天，内部命令的范围在不断缩减。这一方面是因为公共服务内部工作人员及相对人的权利越来越多地获得了成文规范的明确肯定，另一方面是因为《欧洲人权宣言》第 6 - 1 条及第 13 条对正当程序及充分救济权的规定，并且宪法也不允许那些对其保障的权利及自由造成严重伤害的行为逃脱审判机关的监督。

（二）行为旨在履行行政职责

单方行政行为是指行政主体作出的能够通过越权之诉向行政法官寻求救济的行为。此处之行政主体并不完全对应于组织机构意义上的行政机关，而是一种基于其承担的职责进行定义的主体。当主体承担行政职责时，其即为行政主体。由于行政机关的主要任务就是履行行政职责，所以原则上行政机关都可以是行政主体，但是行政机关也可以实施非行政行为，此时即不以行政主体之身份作出行为了。相反，非行政机关的其他主体实施行政职责时，在满足一定条件后，其作出的行为也可以被作为单方行政行为。

需要注意的是，存在一系列的国家行为，虽然由行政机关作出，但却不是履行行政职责，所以不属于行政行为，不接受行政法院的监督，造成损害后也不用承担赔偿责任。国家行为具体包括两大类：涉及宪制公权力机关之间的关系的行为、涉及与国际组织及外国之间的关系的行为。涉及宪制公权力机关之间的行为包括政府作出的涉及立法程序的行为、总统作出的决定任命宪法委员会成员的行为、决定将一部法律草案提交公投的行为、决定行使《宪法》第 16 条规定的紧急状态下权力的行为以及部分处理行政权内部关系的行为。涉及与国际组织及外国之间的关系的行为，比如涉及签订国际协定或国际派生规范的谈判行为、决定暂停某部国际法规范在国内实施的行为、若对其进行审查就会导致对法国外交政策进行质疑的行为。今天国家行为的范围已经大为缩减了。

（三）行为实施了公权力

单方行政行为必须表现为公权力的实施。当行政机关不实施公权力时，其行为表现为私法行为，比如行政机关管理自己所有的私产时的行为大部分属于私法行为，属于司法法院管辖。而当私主体获得行使公权力的授权并履行公共服务职责时，该私主体即转变为行政主体，作出的行为应该被视为单方行政行为。比如承担行政性公共服务的私主体，当其同时获得了实施公权力的授权时，其旨在实施该行政性公共服务并行使其公权力而作出的抽象行为及具体行为都属于单方行政行为。

二、适用于单方行政行为的法律制度

我们首先需要从静态视角分析单方行政行为，了解其构成要素；然后从动态视角介绍调整其生效、履行及失效的法律制度。

（一）单方行政行为的构成

单方行政行为概念脱胎于行政诉讼实践。具体而言，一个单方行政行为必须由下列要素组成：行为主体、主观目的、行为程序、行为形式、规范内容、实施条件。整体来看，行为主体为了实现某种主观目的，按照一定的程序和形式在满足一定实施条件的情况下实施规范内容，此即构成一个单方行政行为。上述各种要素都接受法的约束，当审查一个单方行政行为的合法性时，我们需要区分该单方行政行为的内部要素和外部要素。

1. 外部要素。所谓外部要素，是指该单方行政行为是由哪个主体通过何种程序和形式制定的。

（1）主体职权。即指行为主体所拥有的实施单方行政行为的权力。行政主体的职权被宪法、法律、判例及条例共同规定，当一个行政主体作出其本无职权作出的行为时，行政法官会将其视为无职权，可能导致单方行政行为被撤销。因此在作出一个单方行政行为之前，首先要明白哪个主体拥有相应的职权，更具体而言，即需要明白哪个主体对相关当事人和相关事务拥有职权。

（2）程序和形式。程序是指作出某个行为的全部过程，行为产生的那一刻程序即告结束。而形式则是该行为作出后所呈现的样貌。程序性要求包括对行为期限、咨询程序、对审辩论程序及中立性原则的要求。形式性要求则包括对是否必须采用书面形式、是否必须对行为内容进行说理以及负责人应该以何种方式签字所提出的要求。

2. 内部要素。所谓内部要素，是指行政主体基于何种主观目的在满足何种实施条件下实施何种规范内容。

（1）主观目的。即指行政主体作出该行为时的内心动机，其接受法的约束，必须以公共利益为目的，而不能谋取私利，否则会被视为滥用职权而可能被撤销。

（2）实施条件。包括行政主体作出该单方行政行为所必须依凭的事实要素和法规范依据。行政主体作出单方行政行为必须根据某上位法规范的规定，并且必须正确地解释适用该上位法规范。此外，还必须存在一定的事实要素。有时上位法规范明确规定了作出单方行政行为必须具备的事实要素，但有时却并未明确规定必须具备的事实要素。前一种的极端情形表现为裁量权萎缩至零，后一种情况下行政主体则拥有自由裁量权。

（3）规范内容。即指单方行政行为所传达的权利、义务内容。此规范内容既可以是概括性地适用于抽象相对人的，此即单方抽象行政行为；也可以是直接适用于某具体相对人的，此即单方具体行政行为。上位法规范既可能对规范内容进行详细规定，也可能仅进行概括性的规定，当进行概括性规定时，行政主体拥有自由裁量权。

（二）单方行政行为的生效与失效

单方行政行为在何时以何种形式生效和失效，这关系到如何恰当平衡法安定性原则与合法性原则。下面首先介绍单方行政行为的生效，再介绍其失效。

1. 生效。单方行政行为的生效包括其本身发生法效力及其对相对人产生可对抗效力，这二者的发生时间及形式要求并不一样。而单方行政行为一旦生效，其在原则上都不得溯及既往。

（1）单方行政行为对相对人的可对抗效力。所谓可对抗效力，即行政主体有权向单方行政行为的相对人主张该单方行政行为所包含的规范内容。要产生此种可对抗效力，该单方行政行为必须完成一定的公开措施：抽象行政行为必须在相应的公开文本或公开网络中公布；对于具体行政行为，在相对人收到通知书的当天对其产生对抗效力。

（2）单方行政行为发生法效力。不同于上述可对抗效力的产生时间，单方行政行为本身发生法效力的时间是其被签署的时间。

（3）单方行政行为不得溯及既往。行政行为不得溯及既往原则属于法的基本原则。该原则意味着行政主体作出的行政行为只能适用于未来情形，而不能适用于过去。但存在下列例外：首先，法律可以规定在一定情形下作出的行政行为溯及既往；其次，在极为特殊的情况下行政主体只能溯及既往地适用行政行为，否则无其他办法。

2. 失效。单方行政行为的失效需要区分行政行为的废止与废除。当行政行为属于能够创造既得权利的行为时，废止与废除制度就会变得更加复杂。所谓"创造既得权利的行为"，即指部分单方行政行为为相对人创造了权利且该权利应该被继续维持，而不应该再被争议。单方抽象行政行为从不直接为相对人创造应该被继续维持的权利。授益性单方具体行政行为为相对人创造权利。而损益性单方具体行政行为，其虽然不会为相对人创造权利，但却可能为第三人创造了权利。

（1）废止。所谓废止，是指单方行政行为从某时刻开始即停止对未来发生法效力，但却保留该时刻之前的法效力。对于抽象行政行为，行政主体有权将其废止以适应公共服务的发展或者废止其中的违法部分。对于违法的抽象行政行为或者已经无调整对象的抽象行政行为，行政主体都有义务废止。对于具体行政行为，如果该具体行政行为属于"创造既得权利的行为"，那么原则上只有在下面三种情况下才能被废止：①当该行为违法且可废除期限（一般是4个月）尚未届满时；②该行为的受益人提出废止的请求，但废止该行为不会给第三人利益造成伤害；③法律或条例对该类行为的废止有特别的规定时，从其规定。

（2）废除。所谓废除，则是指单方行政行为从某时刻开始即停止对未来发生法效力，并同时溯及既往地消除过去的法效力。当单方具体行政行为为相对人创造既得权利时，只有满足下面两个条件才能将其废除：①该行为违法；②在一定的期限内进行废除。最高行政法院的判例区分了三类行为，并分别规定了废除期限：对于默示接受行为，由于无法进行公开或通知措施，所以行政主体几乎可以在任何时间宣布废除，除非该行为已经采取了某种公开措施；对于明示行为，最高行政法院的判例指出，不论其是否引发诉讼，行政主体只有在该行为签署之日起4个月内才能废除该行为；对于默示拒绝行为，行政主体只能在2个月内废除。[1]

当单方具体行政行为没有为相对人创造既得权利时，如果该行为合法，那么只有当其属于不当的损益性具体行政行为，且未为第三人创造既得权利

---

〔1〕　CE Ass. du 26 octobre 2001, Ternon. N°197018.

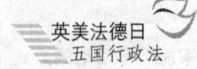
时，才可以在任何时候被废除。而对于违法的具体行政行为，在其没有为相对人创造既得权利时，行政主体有权在任何时候废除之。

（三）单方行政行为的履行

由于单方行政行为能够单方面地直接改变法秩序的内容，所以相对人应该自发履行生效的单方行政行为，相对人即便提起诉讼争议该行为的合法性，其原则上也不能暂停该行政行为的履行。当相对人不服从单方行政行为，甚至反抗时，行政主体有权采取惩罚或强制措施。

1. 诉讼不停止执行原则。单方行政行为作出后即假定其合法有效，因此即便相对人提起诉讼争议其合法性，其仍然应该被视为合法行为而被继续执行。该原则是法国行政法的传统规则，但是也存在例外：首先，法律可能规定在针对某些特别事务的诉讼中，相对人的起诉可以暂停行政行为的履行；其次，行政法官可以通过"暂停执行紧急审理"来暂停单方行政行为的执行。

2. 惩罚或强制措施。当相对人不自发履行生效的单方行政行为时，行政主体有权采取惩罚措施威慑其履行。在少数情况下，行政主体甚至有权采取强制措施强制执行。

（1）惩罚措施。具体包括刑事处罚与行政处罚。《刑法典》第 R. 610 - 5 条概括性地规定了对所有违反行政管制行为的违法行为进行刑事处罚，该概括条款可以用来追究不服从行政管制措施的相对人的责任。行政主体更多地采用行政处罚来威慑不履行行为，但实施行政处罚也受到多方面的限制：①作出行政处罚的行政主体必须尊重中立性原则，换言之，必须遵守无罪推定；②作出行政处罚的程序必须是符合保障辩护权的基本原则所要求的对审辩论程序；③法律或条例明确规定应该被处罚的事实要件，并规定相应的处罚措施，作出的行政处罚措施应该与违法行为成比例，上述对被处罚事实及处罚措施的规定不能溯及既往地适用；④所有行政处罚行为都可以被相对人向行政法院提起诉讼，行政法院按照完全管辖权之诉审理，并有权在行政处罚行为不符合比例时修改处罚决定。

（2）强制执行。当惩罚措施不足以威慑相对人服从单方行政行为时，行政主体可以采取强制执行措施，其包括行政主体直接适用强制措施执行，以及行政主体将单方行政行为的执行授予第三人完成但由行政相对人承担费用，此即代执行制度。

行政主体在原则上只有获得法院的授权后才能采取强制执行，以避免对公民权利及自由造成严重的威胁。只有在下面三种特殊情况下行政主体才可以直接采用强制性措施执行单方行政行为：①紧急情况时，即当情况紧急以至于只能由行政主体作出单方行政行为并立即强制执行时，比如房屋发生火灾，消防员无需等待住户同意就可以直接采用强制方式进入屋内；②当没有其他法定途径时，为了保证单方行政行为的执行，行政主体只能直接强制执行；③法律可以授权行政主体在一定情况下直接强制执行，前提是宪法性权利及自由受到保障。

第二节　行政合同

一、行政合同的识别

我们需要一定的识别标准区分哪些合同属于民事合同，哪些合同属于行政合同。首先，立法者通过法律明确规定了部分合同的属性，在尊重法律的前提下，最高行政法院与权限争议法庭甚至最高司法法院共同发展出了识别其他合同属性的标准。

（一）法律规定的合同属性

只有立法者可以通过法律的形式规定合同的属性，进而划定司法审判机关与行政审判机关对合同事务的管辖权，行政法官也必须尊重法律的规定。

1. 行政合同。根据现行立法，下列合同属于行政合同：①公产占用合同。即公法人与其他主体签订合同允许其占用公产。②属于《政府采购法典》适用范围的政府采购合同。③公私合伙合同。此合同类型由 2004 年 6 月 17 日特别法令创建，并将其划定为行政合同。④公共工程特许委托合同。2009 年 7 月 12 日法令规定该类合同属于行政合同，要注意，即便合同双方当事人都为私主体，该合同也属于行政合同。⑤对于某些明显属于民事类型的合同，立法者也可能基于历史原因认为由行政法院管辖会更加合适，比如属于公法人私产范围的不动产，该不动产的出卖合同，根据共和八年雨月 28 日法律，即属于行政合同，应由行政法院管辖。

2. 民事合同。法国邮政与其用户、供应商及第三人签订的合同都属于民事合同。此外，立法者为了解决就业问题，会通过法律创造一些特殊类型的工作合同，这些合同往往被法律直接规定为民事合同，那么即便与劳动者签订合同的雇主是公法人，并且招募其参与行政性公共服务的运作，此类合同仍为民事合同。

（二）判例确定的合同识别标准

根据判例，原则上只有至少合同一方当事人属于公法人并且该合同构成行政活动一部分时该合同才属于行政合同。当然该原则也有例外，下面分别介绍。

1. 合同构成行政活动的一部分。判断合同是否构成行政活动的一部分，可以分别从合同的内容（条款）、合同的目标、合同订立及履行的外部法律环境这三个要素判断。

（1）超越私法的条款。双方当事人在合同中载入超越私法的条款，将其约定为合同履行的条件，行政法官通过对这些条款的分析间接判断出双方当事人希望该合同适用公法而非私法。此类条款包括：①在民事合同中不可能存在的条款，比如合同双方约定减免其中一方的税收；②在民事合同中不常见的条款，这包括间接表现出合同目的是为了公共利益的条款，以及间接表现出合同双方当事人地位不平等的条款，比如合同双方约定行政主体一方可以在合同相对人没有任何过错的情况下单方面解除合同。

（2）履行公共服务。若合同之目的在于履行公共服务，行政法官可以据此认为该合同构成了行政活动的一部分。一般认为这包括三种情况：①公法人通过合同委托合同相对人具体经营管理一项公共服务，在该类合同中，公法人往往会对履行公共服务所必须满足的要求予以详细规定，以确保合同相对人能够从公共利益出发来经营管理该公共服务；②公法人通过合同吸纳合同相对人参与行政性公共服务的实施，本情形区别于上一情形之处在于，上一情形中的合同另一方当事人是公共服务的整体负责人，而本情形中的合同另一方当事人仅仅是相关公共服务的参与实施者；③公法人将合同作为其履行公共服务的手段，比如1956年4月20日的Ministre de l'Agriculture c/ Grimouard案中，负责水源和森林保护的行政机关依据法律所设定的公共服务在私人所有的土地上恢复植被，该行政机关与相关土地的所有权人签订合同，约定相关土地在一定期限内服从森林看护制度，最高行政法院认为该合同构成了对相关公共服务的具体实施，因此属于行政合同。[1]

（3）合同外部法律环境超越私法。当合同的内容中并未包含超越私法的条款，并且不是以实施公共服务为目的时，若订立该合同及履行该合同的外部法律环境本身超越私法，那么该合同也可以被视为构成行政活动的一部分。

2. 合同当事人的属性。原则上需要合同一方当事人为公法人，但该原则也存在许多例外，因为在私法人日益参与履行行政职责的背景下，仅根据合同当事人的性质难以对合同本身的属性进行直接判断。

当私法人与公法人之间存在紧密合作时，该私法人有可能在事实上与其他私法人签订带有行政性的合同。一般而言包含下面三种情况：①公法人明

---

〔1〕 CE du 20 avril 1956. Ministre de l'Agriculture c/ Grimouard. N°33961.

确委托私法人作为受托人代其签署合同；②存在一系列的迹象表明签订合同的私法人其实是为公法人之利益与另一位私法人达成合同，这意味着该私法人成为事实上的受托人，即存在默示委托；③一位私法人处于公法人的实际控制之下以至于当该私法人与其他私法人签订合同时，该私法人可以被视为透明状态；④较为特殊的情况是，建设公路的工程合同都是行政合同，即便合同双方当事人都是私法人甚至建设资金是私人资金。

3. 例外。除了上述识别标准外，为了简化行政合同的识别，判例直接规定部分领域的合同属于行政合同或民事合同：①工商性公共服务机构与其用户以及与其工作人员签订的合同，除了其与该公共服务的总负责人或公共会计师签订的合同外，都属于民事合同，应由司法法院管辖；②由公法人具体经营管理行政性公共服务时，其与非正式工作人员签订的合同，都属于行政合同，应由行政法院管辖，即便该工作人员不符合判例确定的"参与行政性公共服务的实施"的识别标准。

二、适用于行政合同的法律制度

相比于民事合同，行政合同的合同自由受到更多的限制，这源于行政合同中公法人需要保证公共资金得到高效使用，保证签订程序有助于市场自由竞争，保证合同内容有利于保障公共服务的良好运作。对行政合同的上述要求导致行政合同需要接受一套不同于民事合同的法律制度的调整，这具体表现于行政合同的订立阶段、履行阶段。下面依次介绍。

（一）行政合同的订立

宪法、国际法、法律及条例对订立行政合同的职权、形式、程序以及行政合同的内容都进行了详细的规定。

1. 职权。签订行政合同的行政主体必须拥有相应的职权，能够代表其所属的公法人。以国家法人名义签订的中央政府级别的行政合同一般由部长签署；以地方行政区名义签订的行政合同，则首先由地方合议机关作出授权决议，将该授权决议移交给省长后，即可由地方合议机关选举的主席签署协议，而对于不太重要的合同，地方合议机关可以授权给某些主体直接签订；以公共服务机构名义签订的行政合同，具体职权分配由该公共服务机构的章程规定，或是由该公共服务机构的负责人签订，或是由该公共服务机构内部合议机构作出授权决定后再由负责人签订。违反上述关于职权的规定的，可能在诉讼时被法官视为无职权而导致合同被撤销。

2. 形式与程序。在没有明文规定的情况下，行政合同可以采用口头形式，但是考虑到行政合同往往需要对公共服务的要求进行详细的规定，所以绝大多数行政合同都采用书面形式。

　　同样，如果没有明文规定，行政主体可以按照自己认为合适的程序签订行政合同，但是现在已经有越来越多的法规范对行政合同订立程序进行详细的规定，以保障行政合同的签订尊重公开透明和强制竞争的要求，这对行政合同中的合同自由造成了更多的限制。之所以会出现这种转变，主要源于下面三个因素的共同作用：①欧盟法在公共合同领域获得巨大的发展，加强了对合同订立程序之公开性和竞争性的保障，行政主体在公共服务委托合同中的合同自由也被大幅压缩；②立法者希望通过加强合同订立阶段的公开透明和竞争性抑制政府采购及公共服务委托经营管理中的腐败；③宪法委员会在2003年6月26日作出的第2003－473号决定为政府采购活动规定了下述宪法性原则：政府采购自由进入原则、供应商平等对待原则、采购程序透明原则。[1]

　　3. 内容。对合同自由的限制也体现在行政合同的内容上，这一方面表现为主要的行政合同都可能包含一系列行政主体单方面制定的格式条款，另一方面表现为一系列条款不能载入行政合同中。

　　（1）行政合同中的格式条款。对于政府采购合同而言，其招标细则中的一般行政文件和一般技术文件都由负责经济事务的部长和其他相关部长通过部长令的方式发布。采购人与供应商签订政府采购合同时可以自由决定是否援引上述一般文件。对于公共服务委托合同，涉及部分领域的公共服务委托合同有义务援引行政主体制定的招标细则文件。

　　此外，公共服务委托合同中一般包含两类属性并不完全相同的条款：第一类条款是关于公共服务之组织及运作的规定的条款，由于调整客体是公共服务活动，所以也间接涉及受托人在履行公共服务时与公共服务的用户之间的关系，这就突破了一般合同条款的相对性原则，从而被最高行政法院的判例视为带有条例属性的条款；另一类条款则是典型的合同条款，调整委托人与受托人之间的经济关系。一方面，典型的合同条款仅对合同双方当事人发生法律效力，而条例性条款能对第三人的权利义务产生影响。根据判例，第三人有权援引条例性条款要求受托人按照该条款履行公共服务，并有权直接通过越权之诉起诉该类条例性条款；但另一方面，条例性条款仍然与典型的合同条款一样都被视为合同条款，因为二者都是源于双方当事人在合同签订时所达成的合意，并且原则上仅双方当事人的合意才能修改这些条款。

　　（2）不能载入行政合同的条款。除了不能包含违反上位法规范的条款外，行政合同中的条款也不能使企业的经营处于违法状态下，最高行政法院通过判例确认行政合同中不能包含行政主体承诺放弃其基于公共利益的考虑

---

〔1〕　CC n°2003－473 DC du 26 juin 2003.

单方解除合同的权利的条款。

（二）行政合同的履行

行政合同一般属于双务合同，合同双方当事人都应该善意履行合同规定的各自的权利义务。但行政合同的特别之处在于其以实现公共利益为主要目的，行政主体与合同相对人或多或少地参与了公共服务的履行，为了保证公共服务能够持续良好地实施，行政合同关系中需要存在一定的不平等性，但这里的不平等并不是单方面向行政主体一方倾斜的：一方面，行政主体有权在合同关系中行使公权力；另一方面，合同相对人也能从行政合同中获得特殊的保障。

1. 行政主体的公权力。学界一般认为，即便没有合同条款的明确规定，行政主体仍然可以在行政合同关系中行使下面四项公权力：

（1）指挥与监督权。为了公共服务的良好履行，行政主体有权在行政合同履行过程中向合同相对人发布"履行指令"，以细化其对公共服务的要求甚至追加其他给付，合同相对人应该遵照履行。

（2）处罚权。行政主体有权对合同相对人在合同履行中的违约行为直接进行处罚，即便合同条款并未明确授予行政主体该权力。具体而言，当合同相对人迟延履行或违约时，行政主体有权对其作出罚款的行政处罚；当合同相对人短期性地怠于履行合同时，行政主体可以临时性地自力履行合同内容，也有权决定代执行，这两种情况下都由合同相对人承担履行的费用及可能发生的风险；当合同相对人作出严重违约行为导致行政主体认为必须解除合同时，行政主体有权单方面解除合同，但要注意，若涉案合同的金额巨大，行政主体无权在合同条款未明确规定此权力时单方面解除合同，而只能向法院起诉由后者判断能否解除合同。行政法官审查处罚决定是否合乎比例，即审查其是否符合涉案合同之公共服务的目的，并审查该处罚决定的内容是否与被处罚行为的严重性相符；在迟延履行或违约导致罚款处罚时，行政法官有权调整罚款的金额。但要注意，即便行政法官认为上述处罚决定违法，其也无权撤销这些处罚决定，而仅有权要求行政主体进行损害赔偿，只有在认为单方面解除合同的处罚违法时，行政法官才有权命令行政主体维持合同关系。

（3）单方面修改合同的权力。为了保证公共服务能够不断适应环境及技术的发展变化，行政主体有权对行政合同中的条款进行单方面修改，从而在合同双方无法达成有利于公共服务发展的补充协议的情况下保障公共服务的适应性。该权力也属于"适用于行政合同的基本规则"，即便合同中未明文约定也同样适用。为了保证合同的经济平衡，行政主体应该赔偿由于其修改决定而对合同相对人所造成的全部额外费用以及对合同相对人之可能的收益造成的损失。

（4）基于公共利益的目的单方面解除合同的权力。此种情况是在双方都无过错的情况下由行政主体基于公共利益的考虑决定单方面解除合同。即便合同条款中未明确约定该权力，行政主体仍然有权行使。该单方面解除权的行使也要接受行政法官的审查，行政法官首先审查其解除决定是否出于公共利益之目的，若不符合公共利益之目的，行政法官有权判决撤销该解除决定；其次，即便解除决定确实是出于公共利益之考虑，行政主体也需要对合同相对人为了履行合同而支出的全部费用（特别是先期基础设施方面的建设费用）及其预期在期限届满时所能获得的收益进行完整的赔偿。

2. 对合同相对人的特殊保障。面对公共利益及公共服务之变化导致的合同关系及合同内容的不稳定，合同相对人有权向行政主体主张获得经济支持以恢复合同的经济平衡。

（1）当合同的履行遇到不可预见之障碍（les sujétions imprévues）时。在工程采购合同履行过程中，若出现合同签订时不可预见之障碍，供应商仍然必须继续履行合同，但是对于该不可预见之障碍，供应商可要求采购人支付该障碍所导致的全部的额外费用。

（2）当合同履行过程中合同相对人实施了不可或缺之补充工程时。如果一项补充工程的实施事先并未得到采购人的认可，只要该工程对于主工程的顺利运行而言确属于不可或缺的工程，那么采购人仍然必须支付该工程的全部价款。

（3）当行政主体的非合同行为导致合同履行的外部环境发生变化进而增加合同相对人履行成本时。此种情况不同于行政主体单方面修改合同的行为，而是行政主体以非合同当事人的身份作出的其他高权行为，且该权力的行使仅仅针对与其签订合同的合同相对人，若该行为增加了后者履行合同的成本，导致合同的经济平衡被破坏，那么行政主体应该对该成本给予全额的赔偿，即便身为合同当事人的行政主体只是依法行使自己的权力而已。

（4）当由于合同之外的不可预见之事由导致合同相对人履行合同极为困难时。此处之"极为困难"是指合同之经济平衡以及完全崩溃，为了保障合同继续得到履行以使得公共服务不发生中断，行政主体有义务与合同相对人共同承担由于不可预见之事由导致的额外成本，这意味着行政主体有义务部分地支付由于不可预见之事由而增加的成本。

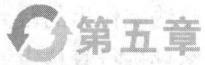

第五章

对单方行政行为的审判监督

　　由前文的分析可知，行政主体实施行政活动关乎社会公共秩序与公共服务，并且不论行政主体采用单方行政行为还是行政合同具体实施行政活动，都难免伴随着公权力的行使，从而对个人的权利与自由造成威胁。由此，从保障公共利益的良好实现以及确保个人的权利与自由得到最大的保护出发，行政主体实施行政活动必须接受监督。

　　在法国大革命之前的旧制度下，就已经初步形成了专门监督行政活动的审判制度，而在大革命时期确立的行政权与司法权绝对分离的原则，进一步禁止司法法院监督行政活动。由此，法国行政审判体制最初孕育于行政体制之中，在后续的发展中其行政性才逐步消解，相应地其审判性逐步增强。大革命时期建立的"国家参事院"是行政体制的重要组成部分，其为执政官提供关于处理行政事务及纠纷的建议，因此其决定都是以执政官的名义作出的。而第三共和国 1872 年 5 月 24 日法律将国家参事院的"有限审判权"转化为"全权审判权"，自此其可以以法兰西人民的名义作出裁判，国家参事院的行政性开始逐步消解。1889 年 12 月 13 日国家参事院（最高行政法院）作出著名的 Cadot 案判决[1]，通过该判决废除了"部长裁判制（le ministre-juge）"，国家参事院（最高行政法院）开始拥有了对大部分行政案件的一审管辖权，其审判性进一步加强。第二次世界大战结束后不久，因最高行政法院负责审理的案件过多，导致行政审判发生"窒息"，立法者于 1953 年颁布法律对行政审判体制进行改革，其主要内容是将原"省政府委员会"转变为基层行政法院，对大部分行政案件进行一审管辖，最高行政法院此后主要负责对基层行政法院作出裁判的上诉审。相比于"省政府委员会"，新的"基层行政法院"的独立性得到了更好的保障，并且其是跨省设置的，一所基层行政法院

---

〔1〕　CE du 13 décembre 1889，Cadot. N°66145.

可以管辖数个省的行政案件。而到了 20 世纪 80 年代，行政审判再次出现"窒息"。为了缓解审判压力，1987 年立法者再次对行政审判体制进行改革，在基层行政法院与最高行政法院之间创建一级上诉行政法院，负责对基层行政法院作出的裁判进行上诉审，此后最高行政法院主要负责对不服上诉审的案件进行复核审。经过此项改革，行政审判体制具有了与司法审判体制相对应的三级审判机关，行政审判机关的审判性进一步加强。

行政审判监督的具体实施表现为对单方行政行为的审判监督和对行政合同的审判监督。其中对单方行政行为的审判监督则主要涉及对该行为客观合法性的审查。虽然司法法官在少数情况下也有权审查单方行政行为的合法性，但是这项工作仍然主要由行政法官来完成。具体而言，行政法官一般通过下面三个途径来审查单方行政行为的合法性：越权之诉、客观性完全管辖权之诉（包括选举案件诉讼、财政案件诉讼）、对单方行政行为的合法性评估诉讼。要注意，对单方行政行为的审判监督并不意味着行政法院将代替行政主体直接实施行政活动，恰恰相反，既然是由法院实施审判监督而不是行政体制内监督，那么就必须承认行政主体在实施行政活动时保留有或多或少的自治空间。只不过法院进行合法性审查的范围与行政主体的自治空间之间的界限既非在时间上固定不变，根据具体涉及的领域也会有所不同。下面首先介绍行政法官对所有单方行政行为都会进行的合法性审查，再介绍在何种情况下行政法官会扩展其合法性审查范围从而压缩行政主体自治空间。

第一节　合法性审查的基本规则

行政法官有权撤销违法的单方行政行为，而具体的撤销理由可以区分为该单方行政行为的外部要素违法和内部要素违法。

一、外部要素违法

（一）无职权

行政主体实施单方行政行为的权力被一套由上位法编织的职权网络所包裹，行政法官会审查行政主体在相关领域内对相关当事人作出单方行政行为是否符合上述职权网络对此领域和此类当事人的规定。此外，对部分程序性或形式性规定的违反也可能被视为无职权，比如没有获得核准意见就作出行为，这被最高行政法院认为属于无职权，还比如缺少负责人签字的单方行政行为，也被最高行政法院认为属于无职权。

（二）程序违法

对行政主体作出单方行政行为的程序性要求越来越严格，主张程序违法往往很容易导致被诉行为被撤销，比如相对人可以通过主张行政主体咨询意见的委员会在组织运作上存在问题使行政法官撤销其作出的最终单方行政行为。但要注意，并不是任何程序违法都必然导致行为被撤销，事实上，只有在没有遵守根本性的程序规则时，行政法官才可能撤销被诉行为，这样是为了避免当程序性规定非常繁复时仅因为非常小的程序瑕疵就导致行为整体被撤销。根据最高行政法院的判例，两类程序被视为根本性的程序规则：①可能影响行政行为内容的程序规则，比如行政主体作出行为之前进行咨询的程序规则；②可能影响行政相对人权益的程序规则，比如行政处罚程序中保障辩论对抗性的程序规则。此外，根据最高行政法院2011年12月23日作出的 *M. Danthony* 判例，只有当行政主体违反上述根本性程序规则并且在事实上导致行政行为内容被改变或在事实上剥夺了行政相对人应该享受的保障时，行政法官才会根据程序违法撤销被诉行政行为。[1]但是如果行政主体向行政法官证明根据当时的具体情况行政主体在事实上无法遵守某种程序性规则，此时行政法官就不能依据该程序性违法撤销被诉行为。

（三）形式违法

虽然对行政主体实施单方行政行为存在广泛的形式性要求，比如某些行为必须采用书面形式、必须说理、必须按照规定的形式签字等，但是总体而言，法国行政法并无严苛的形式主义，所以只有存在根本性的形式违法时行政法官才会基于形式违法而撤销被诉行为。

二、内部要素违法

（一）行为的主观目的违法

此种情况被称为滥用职权（Détournement de pouvoir）。当行政主体实施行为时的主观目的属于绝对禁止的目的，或不符合实施该类行政行为所应该具有的目的时，相关单方行政行为就应该被撤销，即便其他所有要素都合法。"绝对禁止的目的"包括：①以牟取私利为目的，比如出于个人原因或政治派别、宗教派别等原因而作出有利于或不利于某人的单方行政行为。②以违反法院生效裁判为目的，行政法官通过此要求行政主体尊重其裁判。"不符合实施该类行政行为所应该具有的目的"是指即便行政主体的行为是在追求公共利益，但是却不符合立法对此类行为特别规定的目的。比如行政主体实施行政活动时降低成本、提高效率在一般情况下是允许的目的，但是行政主

---

[1] CE Ass. du 23 décembre 2011. M. Danthony. N°335033.

体实施行政管制行为时就被禁止考虑财政因素。需要注意的是，行政法官所审查的行政主体的主观目的应该是其作出行为时的根本考量，比如一个单方行政行为的作出虽考虑到增加一个企业的收益，但更根本的则是出于公共利益的考虑的，那么该行为不属于滥用职权。可见行政法官审查行政主体是否滥用职权往往要触及其行为心理的层面，这增加了证明的困难，因而在实践中仅基于滥用职权而导致撤销并不常见。

（二）行为的规范内容违法

此种情况是指单方行政行为的规范内容明显违背上位法规范的内容，包括违背上位条例、法律、法的基本原则、国际法规范以及宪法规范。但是要注意，原告并不能主张单方行政行为的内容违反合同条款从而要求行政法官撤销该单方行政行为。所谓"明显违背"，是指行政法官有权撤销与上位法规范的内容不一致的单方行政行为，但当上位法规范本身并不足够细致时，行政法官就无法审查二者是否一致，而只能审查该单方行政行为是否能够与上位法规范相兼容。

（三）行为的实施条件违法

此种情况是指行政主体作出单方行政行为所依据的法规范或事实要素违法。

对于其依据的法规范是否违法，行政法官首先应审查其依据的法规范是否有效，比如其是否已经被撤销或被废止，该法规范是否已经在其他诉讼的附带审查中被确认违法。若行为依据的法规范本身没有法效力，那么该单方行政行为应该被撤销，此种情况被称为"缺乏法依据（Défaut de base juridique）"。只有在极为罕见的情况下，行政法官才有权用一个有效的法依据代替原失去效力的法依据以维持被诉单方行政行为的效力。其次，行政法官还需要审查行政主体是否对其依据的法规范进行了正确的解释，若其采用了错误的解释，根据该解释作出的单方行政行为也应该被撤销，此种情况被称为"法规范错误（Erreur de droit）"。但要注意，此种情况仅指行政主体对法规范在抽象语境下的解释错误，而不是在面对案件事实时的解释错误，后者要涉及单方行政行为依据的事实要素问题。如果行政主体错误地认为自己无权管理某个事务，此时虽然涉及职权问题，但一般认为仍然应该视为"法规范错误"，因为其错误地解释了关于其职权的规定；如果行政主体将某种用于特定情况的行政程序用于其他情况，此种也视为错误地解释了程序适用的法规范，也属于"法规范错误"。

对于其依据的事实要素是否违法，在合法性审查的基本规则之下，行政法官仅有权审查其依据的事实要素是否确实存在。如果其依据的事实要素与现实不符，行政法官应该撤销被诉行为。而在满足上述事实要素真实性的要求后，行政主体是否正确地对此事实要素进行了法律定性？鉴于当时的具体事实情况，行政主体所采取的具体措施是否适当？这两个问题，最高行政法院认为原则上属于行政主体的自治领域，换言之，其认为行政主体在此时享有裁量权，行政法官只有根据合法性审查的特别规则才能进行审查。

第二节　合法性审查的特别规则

在满足事实要素的真实性要求之后，行政法官对事实要素是否违法进行进一步审查就意味着追问该真实的事实要素是否能够恰当支撑行政主体作出此单方行政行为。由此可以细化为两个问题：①该事实要素是否符合相关法规范所规定的事实要件？这就涉及对该事实要素如何法律定性的问题；②如果该事实要素符合法规范所规定的事实要件，那么鉴于当时的具体事实情况作出的单方行政行为是否适当？这就涉及单方行政行为与事实要素是否符合比例的问题。对于这两个问题，行政法官在面对不同类型或不同领域的案件时会把握不同的审查强度。下面首先分别介绍根据合法性审查的特别规则如何审查上述两个问题，再介绍行政法官依据何种理由调整审查强度。

一、事实要素的法律定性

案件事实要素是否符合相关法规范所规定的事实要件，对此问题进行审查时，行政法官根据不同情况可能作出三种强度不同的审查。

（一）不审查事实要素的法律定性

此种情况在 1970 年之前较为常见，比如当时内政部长有充分的裁量权自由决定外国人在法国的行为是否构成将其驱逐出境所要求的"对公共秩序造成威胁"这样的法律定性。但此后行政法官对事实要素的法律定性问题基本都进行审查，比如若考核人员给一位公务员的打分为"不合格"，行政法官即有权审查考核人员所确定的关于该公务员的事实是否应该被定性为"不合格"。

（二）对事实要素的法律定性进行有限审查

此种有限审查是从 1960 年开始逐步发展的，行政法官审查行政主体对事实要素的法律定性是否存在"明显的评估错误"。换言之，仅当该法律定性存在明显的错误时，行政法官才将其视为事实要素违法，从而撤销被诉行为。而当该法律定性可能存在错误，即便引发了怀疑但尚未达到明显的程度时，行政法官就不再进一步审查。比如从 1975 年开始，行政法官就审查行政主体作出的将外国人驱逐出境的单方行政行为所认定的其行为"对公共秩序造成威胁"是否存在"明显的评估错误",今天行政法官对此问题进行全面审查。

（三）对事实要素的法律定性进行全面审查

此种全面审查意味着行政法官对于事实要素的法律定性问题进行审查时不受限制。比如法律规定若新建筑物会伤害古迹景观,那么市镇长有权拒绝颁发建筑许可证,行政法官有权审查拟建设地是否属于古迹景观,并有权审查拟建设的建筑物是否会对其造成伤害;此外,行政法官还有权审查涉案电影是否属于色情电影,审查公务员的行为是否属于会导致其撤职的"过错行为",审查拟被驱逐出境的外国人是否存在"对公共秩序造成威胁"的行为。

二、事实要素与单方行政行为是否符合比例

在事实要素的法律定性合法的情况下,行政主体有权根据相关法规范作出单方行政行为,那么接下来可能需要审查的问题是,鉴于当时的具体事实情况,其是否应该作出单方行政行为以及作出的单方行政行为是否适当?这两个问题共同构成单方行政行为的适当性问题。对此行政法官也可以进行三种强度不同的审查。

（一）不审查行为的适当性问题

行政法官可以让行政主体自己决定在满足事实要件后是否作出行为,比如在公务员确实作出了"过错行为"的情况下,部门负责人有权自由决定是否将其撤职,行政法官也可以拒绝审查行政主体作出的单方行政行为是否与当时的具体事实成比例。

（二）对行为的适当性问题进行有限审查

行政法官也可能仅审查行政主体明显不适当的单方行政行为,包括撤销根据法律规定明显应该采取行动而拒绝采取行动的决定,也包括撤销行为内容与具体事实明显不符合比例的单方行政行为。此时行政法官也采用"明显的评估错误"这一用语来指代对适当性问题的有限审查,但是要注意区别于之前对事实要素法律定性的有限审查。

（三）对行为的适当性问题进行全面审查

此时行政法官对单方行政行为是否适当进行全面审查,这类审查主要出现在三个领域:①行政管制行为。由于一般行政管制行为都可能对相对人的基本自由造成伤害,所以一般行政管制行为的作出不仅需要存在对公共秩序的威胁,而且还需要考虑该类行为可能给相对人的自由和权利造成的伤害,行政法官全面审查该行政管制行为与当时具体事实是否符合比例。此外,部分特别行政管制行为也接受行政法官对适当性的全面审查,比如对外国人采取的行政管制行为。②征收征用决定。行政法官要审查征收征用给私人所有

权所造成的伤害、财政成本及其对社会所可能造成的伤害与征收征用所能带来的收益之间是否符合比例。③职业团体对其成员作出的纪律处分决定。过去行政法官仅对该类行为的适当性进行有限审查，换言之，仅审查明显不适当的纪律处分。但近十年来最高行政法院逐渐突破有限审查，开始对职业团体对其成员作出的纪律处分决定的适当性进行全面审查。

三、调整审查强度的依据

对不同类型或不同领域的行为调整审查强度，这主要源于相关法规范的规定及法官对其的解释适用。

在原则上，行政法官应该服从相关法规范对采取单方行政行为的事实要件及法律后果的规定，若其给予行政主体充分的裁量权，行政法官应该尊重之。但以法规范的规定为起点，行政法官的审查强度还根据在相关领域内自己希望留给行政主体多大的裁量空间而调整，比如面对带有高度政治敏感性或高度技术化问题时，即便法规范规定了事实要件或法律后果，行政法官也可以放弃审查行政主体对事实的法律定性和行为适当性问题；而在面对个人基本权利或基本自由受到威胁时，行政法官也可以突破法规范的规定进行强度更高的审查，比如法律没有规定具体的实施条件时，行政法官可以自己发展出实施条件，从而审查其事实要素是否定性准确及具体措施是否适当，此时法规范授予行政主体的裁量权就或多或少地被削减了。

第六章

对行政合同的审判监督

对行政合同的审判监督包括审查行政合同订立过程的合法性及解决行政合同履行过程中的纠纷。

第一节 审查行政合同订立过程的合法性

行政合同订立过程中若存在违法行为可能导致行政合同无效，为此法国行政法为合同当事人及第三人提供了争议合同有效性的诉讼途径。但为了避免撤销行政合同给合同当事人及法安定性造成伤害，在欧盟法的影响下，法国也建立了旨在于合同签订之前纠正违法行为的诉讼制度，以及在合同签订之后立即争议合同有效性的诉讼制度。下面分别介绍之。

一、合同签订之前纠正违法行为

在欧盟法的直接影响下，法国设置了"先合同紧急诉讼"以保障行政合同的订立过程尊重公开透明与强制竞争制度，从而使得行政合同的订立过程能实现充分的竞争。"先合同紧急诉讼"由独任法官通过紧急审制度实施，其适用于签订政府采购合同及公共服务委托合同所引发的争议，并且只能在合同签订之前由与合同的签订有利害关系且可能因为公开透明与强制竞争义务的违反而被伤害的主体或者国家在地方行政区的代表及中央政府提起，诉讼提起后行政合同的签字程序自动暂停，在裁判结果通知行政主体之前都不得签署合同，同时行政法官有权采取临时性措施暂停其他与合同订立相关的决定的履行，甚至有权采取实质性措施以纠正签订过程中的违法行为，比如撤销那些载于合同草案中的违背了公开透明、强制竞争义务的条款或规定。为了避免对行政合同的签订有太长的延误，《行政诉讼法典》规定行政法官应该在 20 日内作出裁判。需要注意的是，此诉讼之中行政法官仅有权审查合同签订程序中违反公开透明和强制竞争制度的行为，原告无需向行政法官提出其他违法行为，并且行政法官的审查也不限于原告所提出的违法事由。

二、合同签订之后争议合同的有效性

法国于 2009 年创建"合同紧急诉讼"作为"先合同紧急诉讼"在合同签订之后的补充和延续，此外合同当事人及第三人还可以通过完全管辖权之诉和越权之诉争议合同的有效性。

（一）合同紧急诉讼

由于"先合同紧急诉讼"只能在合同签订之前提起，合同当事人为了规避监督往往加快合同签订程序。为了弥补此漏洞，欧盟于 2007 年发布新指令建议各国建立适用于合同签订之后的"合同紧急诉讼"。法国于 2009 年吸纳该制度，其同样适用于政府采购合同和公共服务委托合同，但只能在合同的授予决定公开发布之日起的 31 日内由与合同的缔结有利害关系且可能因为公开透明和强制竞争义务的违反而受到伤害的人或者国家在地方行政区的代表及中央政府提起，如果合同授予信息未公开发布，那么从合同签订之日起 6 个月内都可以提起该诉讼。需要注意的是，对于已经使用过"先合同紧急诉讼"的主体，当相关的行政主体遵守了提起"先合同紧急诉讼"后的自动暂停期限，并且尊重了该诉讼作出的裁判时，该主体不得再提起"合同紧急诉讼"。与"先合同紧急诉讼"一样，"合同紧急诉讼"的原告也仅能提起违背公开透明和强制竞争制度的违法行为，但为了更好地保护法安定性，根据现行法，只有非常严重地违背上述义务的行为才能导致行政法官撤销涉案合同，即溯及既往地消灭合同的效力。并且当撤销合同的效力与某种"紧迫的公共利益要求"相冲突时，法官可以不撤销合同而采取其他替代性措施，比如解除合同、缩减合同期限、金钱惩罚等。除了上述采取实质性措施的权力，行政法官也有权采取临时性的措施，比如在审理过程中中止合同的履行。行政法官应该在提起诉讼后 1 个月内作出裁判。

（二）完全管辖权之诉

旨在争议合同有效性的完全管辖权之诉既可以由合同当事人提起也可以由第三人提起。

1. 合同当事人提起完全管辖权之诉。合同双方当事人都可以向行政法官提起完全管辖权之诉争议行政合同的有效性，但需要注意的是，合同当事人既可以直接提起对合同有效性的争议，也可以在起诉解决合同履行过程中的纠纷时附带提起争议合同的有效性。

根据最高行政法院 2009 年 12 月 28 日作出的 *Commune de Béziers* 判例[1]，此时合同当事人提起的诉讼不再是传统上的"合同无效之诉"，而是"争议合同有效性之诉"。二者的区别在于行政法官将更多地考虑源于法安定性的合同关系稳定性。在"合同无效之诉"中，任何影响合同有效性的违法行为都会导致行政法官宣布合同无效。而在"争议合同有效性之诉"中，行政法官有权审查合同当事人所主张的争议事由从忠实履行合同角度而言是否能够向法官提出，以及审查这些违法行为对合同有效性会在多大程度上造成影响，此时既要考虑行为的违法性，还要考虑合同关系的稳定性。行政法官在完成上述审查后，有权宣布维持合同（必要时可以同时要求采取一些补救措施）、立即解除或延迟解除合同、撤销全部合同或仅撤销合同中的部分条款。如果行政法官决定部分或完全撤销合同，那么合同关系将溯及既往地消失，如果行政合同相对人已经按照合同约定实施了一定的给付，那么其有权向行政法官主张要求行政主体返还不当得利，或者向行政法官主张根据行政主体的过错判决其承担损害赔偿责任。在 *Commune de Béziers* 判例的精神之下可以认为行政法官将较少地撤销合同，因为一方面其需要考虑合同的撤销不能对公共利益造成严重的影响，另一方面其仅在两种情况下有权撤销合同：合同内容违法，或者合同订立过程中当事人的意思表示存在较为严重的瑕疵。

2. 第三人提起完全管辖权之诉。该救济途径是最高行政法院在 2007 年 7 月 16 日作出的 *Société Tropic Travaux signalisation* 判例[2]开辟的。根据该判例，只有当合同给第三人带来足够直接且确定的伤害时，该第三人才可以向行政法官提起完全管辖权之诉争议行政合同的有效性。而在最高行政法院 2014 年 4 月 4 日作出的 *Département du Tarn-et-Garonne* 案判例中[3]，最高行政法院改变了此态度，认为所有受该合同伤害的第三人都可以提起该完全管辖权之诉。此外，对于地方行政区及地方其他机构签订的行政合同，地方行政区或该机构的合议委员会的成员及履行合法性监督职责的省长也有权提起该诉讼。

该诉讼的诉讼客体既可以是作为整体的行政合同，也可以是该合同中可以与之分离的合同条款，但是该条款不能是条例性条款。合议委员会的成员

〔1〕 CE Ass. du 28 décembre 2009, Commune de Béziers. N°304802.

〔2〕 CE Ass. du 16 juillet 2007, Société Tropic Travaux signalisation. N°291545.

〔3〕 CE Ass. du 4 avril 2014. Département du Tarn-et-Garonne. N°358994.

或省长提起诉讼时可以主张所有的违法事由，但其他受到伤害的第三人只能提起两种事由：①与该第三人受到伤害之利益直接相关的违法事由；②第三人认为非常严重以至于行政法官应该依职权介入主动审查的违法事由。行政法官有权选择与违法性相适应的裁判，比如判决一方承担赔偿责任，或是维持合同的履行（必要时可以同时要求采取一些补救措施）。当无法补救且不会对公共利益造成严重伤害时，行政法官也有权解除合同或宣布完全或部分地撤销合同。行政法官拥有的调适裁判内容的权力及对第三人有权提起违法事由的限制都旨在实现法安定性之价值与合法性之要求之间的恰当平衡。

（三）越权之诉

原则上不能通过越权之诉争议行政合同，因为这会导致行政合同法律关系变得过于脆弱。所以只有在极为特殊的情况下才可能通过越权之诉直接争议行政合同的有效性，此外越权之诉还可以用来争议与行政合同的订立相关但与行政合同可以分离的单方行政行为的合法性。

1. 越权之诉争议合同的有效性。只有当行政合同与单方行政行为极为类似时才能通过越权之诉争议其有效性。比如公共服务委托合同中涉及公共服务如何组织的条款往往被视为条例性条款，对此类条款有效性的争议可以通过越权之诉提起。还比如通过合同招募的公务员，由于该合同内容完全是由法律法规决定的，所以与单方行政行为非常相似，因此可以通过越权之诉争议之。

2. 越权之诉争议与合同可分离之单方行政行为的合法性。由于传统上仅合同当事人有权争议合同的有效性，为了保护受到伤害的第三人的利益，比如落选供应商、公共服务委托合同委托公共服务的用户等，最高行政法院通过判例允许第三人对与合同的订立相关但同时又能与行政合同相分离的单方行政行为，比如由地方行政区合议委员会授权地方行政区执行机关签订合同的决议提起越权之诉，但是由于该行为与合同可分离，所以即便撤销该单方行政行为也并不必然导致行政合同的效力受到影响，总之这是一种较为低效的救济途径。最高行政法院作出的 *Tarn-et-Garonne* 判例导致受到伤害的第三人都可以通过完全管辖权之诉直接争议行政合同的有效性，完全管辖权之诉下的法官也拥有更为广泛的权力，这有助于实现对第三人的更高效救济，从而导致通过越权之诉争议可分离单方行政行为的救济途径失去意义。

第二节　解决行政合同履行过程中的纠纷

原则上仅合同当事人有权通过完全管辖权之诉解决合同履行过程中的纠纷，第三人只有通过越权之诉才能争议合同履行过程中的部分行为。

一、解决合同当事人之间的纠纷

在行政合同的有效性不存在争议的情况下，行政合同履行过程中的纠纷就应该根据双方当事人在合同中所约定的内容来解决。但在该类诉讼进行过程中，若一方当事人希望否定合同的约束，其即可附带提起对合同有效性的争议，此时根据 *Commune de Béziers* 判例，行政法官按照与通过完全管辖权之诉审查合同有效性相同的方式处理该附带争议。若当事人未提出关于合同有效性的争议，行政法官应该适用合同所约定的内容，除非其发现合同存在违法之处或合同当事人的意思表示存在较为严重的瑕疵，此时行政法官应该将该合同视为无效，并按照与通过完全管辖权之诉审查合同有效性相同的方式继续处理该案件。

在合同的有效性得到确证后，行政法官应适用合同内容处理合同当事人之间的纠纷：首先，行政法官判断各方当事人的违约责任，并判决各方应该赔偿的相应金额；其次，当行政主体基于公共利益单方面修改合同条款或行政主体作出的非合同行为导致合同履行的外部环境发生变化进而增加合同相对人履行成本时，行政法官确定行政主体应该赔偿的金额；最后，行政法官也可以在特定情况下判决解除合同（比如涉案金额巨大的合同的相对人犯有严重过错时，行政主体拟作出解除合同的处罚，其必须起诉至行政法院由行政法官判决解除），并且若行政法官认为行政主体作出的单方面解除合同的处罚违法时，行政法官还有权判决维持合同。而在大多数情况下，行政法官都无权撤销行政主体对合同相对人作出的违法行为，而只能判决前者对后者赔偿损失。

二、解决第三人提起的纠纷

第三人可以通过越权之诉提起对合同履行过程中作出的能够与合同分离的单方行政行为的争议。此种可分离行为一般都与当事人的合同关系较远，主要涉及修改合同内容和解除合同的单方行政行为，原则上合同当事人无权通过越权之诉提起该争议，而只能通过完全管辖权之诉实施。

［**参考书**］

1. Marceau Long, Prosper Weil, Guy Braibant, Pierre Delvolvé, *Les grands arrêts de la jurisprudence administrative* 19e éd, Dalloz, 2013.

2. René Chapus, *Droit administratif général*, 15e éd, Montchrestien, 2001.

3. Jean Waline, *Droit administratif*, 25e éd, Dalloz, 2014.

4. Pierre-Laurent Frier, Jacques Petit, *Droit administratif*, 9e éd, LGDJ, 2014.

5. Gustave Peiser, *Contentieux administratif*, 15e éd, Dalloz, 2009.

德国行政法

【提　要】

　　本章分为概述，行政法的基本概念、原则和制度，行政诉讼法和国家赔偿法四部分。概述部分介绍了德国行政法的特点和历史发展，德国行政法学的历史发展；行政法的基本概念、原则和制度部分介绍了公共行政、裁量和不确定的法律概念、主观公权利、行政法律关系等基本概念，依法行政、信赖保护、比例和利益衡量等基本原则，以及行政主体和行政机关、行政行为和行政合同、行政公产等主要法律制度；行政诉讼法部分介绍了德国行政诉讼制度的特点、宪法基础和一般行政法基础，德国行政诉讼的类型、程序、裁判及其执行；国家赔偿法部分重点介绍了德国国家赔偿制度的特点和请求权的种类。

第一章

概　述

第一节　德国行政法的特点

　　把握德国行政法特点的前提是了解德国文化。为此，需要注意区分"德意志"、"德意志兰"、"德国"、"德国人"等法文化概念。"德意志"（Deutsch）是一个文化概念，指以德语为核心的一种人类文化特征。德语文化的始祖是公元 6 世纪的日耳曼部族，当时没有统一的语言。公元 11 世纪标准德语最终形成，这是德语文化最终形成的标志。此后，德语文化便与德国的历史演变形影不离。德意志兰（Deutschland）是指德意志民族居住的土地，而德国则是以德意志为名称的国家（德意志国家），具体指在德意志帝国建立之后不断分裂而又不断走向统一的各种德意志国家。[1]欧洲化和国际化的历史进程使"德意志文化"、"德意志民族"和"德意志国家"进一步分离。通常所说的"德国人"具有三种含义：具有日耳曼民族血统的人；具有德国国籍的人；以德意志文化特征作为个人主导生活方式的人。民族、文化、土地、国家等四个（概念）要素之间的分离、对立和统一，贯穿整个德国的历史，这正是我们理解德国行政法的起点。所谓德国行政法，是指在德意志联邦共和国内实施的有关公共行政的法律规范的总称（Das der Verwaltung bezogene Recht）。

　　1871 年 4 月 16 日发布的《帝国宪法》是德国实现国家统一的法律标志。在此之前存在的是分散的邦国，最多时达 1000 多个。[2]德国统一之后，以比较发达的普鲁士法制为样本建立起帝国法律体系。从法律文化传统来看，

---

　　[1]　丁建弘：《德国通史》，上海社会科学院出版社 2002 年版，第 1～7 页（导言：德国在哪里?）。

　　[2]　孙炳辉、郑寅达编著：《德国史纲》，华东师范大学出版社 1995 年版，前言。

近代德国法制发达的两条轨道是罗马法传统的继承（例如公法和私法的划分）和德意志民族性的发扬（习惯法的继承），而现代德国法制进一步发展的两条轨道则是欧洲法和国际法。

德国的宪政运动在统一和分裂的交替中不断推进。1871 年《帝国宪法》确立了君主立宪政体。1919 年 8 月 14 日公布生效的《魏玛宪法》确立了总统共和制政体，其中有关公民基本权利的规定较细致全面。1949 年 6 月 23 日西德通过的《联邦基本法》确立内阁制政体。1990 年 10 月 3 日两德统一。此后，德国着力迈向欧洲一体化进程。进入 21 世纪之后，德国试图在联合国这一更高的层次发展。〔1〕

一个值得注意的问题是：德国宪法在统一和分裂的历史演变进程中不断更替，而德国行政法却保持了相对稳定的历史延续性。这是奥托·迈尔所说的"宪法消失，行政法长存"（Das Verfassungsrecht vergeht, das Verwaltungsrecht besteht）这一历史名言的首要内涵。在欧洲化和国际化的历史背景下，这个名言也不失其意义。

权威观点认为，行政法是以特有的方式调整行政活动、行政程序、行政组织的法律规范的总称，是行政所特有的法（das der Verwaltung eigene Recht）。

德国行政法制度是大陆法系的典型。从比较法的角度来看，德国行政法具有如下特点：〔2〕

一、系统性（Systematik）

继承罗马法的法典化传统，受法国行政法的影响，以系统化为目标的法典化运动，存在于德国行政法发展史的始终。一般行政法在 18 世纪后期的《普鲁士一般邦法典》中首次形成相对独立的法律体系，该法典对行政法的全面系统规定对现代行政法的发展至今仍然具有重要影响。此后，不少邦步普鲁士邦后尘，在《一般行政法法》或者《行政程序法》中对行政组织、行政行为、行政救济作出全面系统的规定。在联邦法律层面，1969 年《行政法院法》和 1976 年《联邦行政程序法》是行政法法典化的标志，而部门行政法的法典化与一般行政法法典化交相辉映。〔3〕

---

〔1〕 贡特·霍夫曼："为提高效率而改革"，载 Deutschland（《政治、文化、经济论坛》）CH2004 年 12 月第 5 期，第 6～11 页。

〔2〕 该部分内容的要点根据施托贝尔教授于 2004 年 3 月 18 日的口授记录整理，这里表示感谢。

〔3〕 例如，《工商业法典》（1845 年/1869 年）、《普鲁士警察行政法》（1931 年）、《社会法典》（1975 年之后）、《建筑法典》（1960 年/1986 年/1998 年）、《税法典草案》（1998 年）、《环境法典》（总则部分 1991 年，分则部分 1994 年）等是部门行政法法典化的典范。

实在法系统化的理论支撑是德国行政法学。在一般行政法和部门行政法的划分方面，现行实在法与学理基本一致。

二、民族性（Nationalitaet）

受萨维尼民族历史法学的影响，德国行政法比较注重法律的自然演变过程，尤其是法律历史传统的继承。表现在：

1. 公私法的划分。这一点源自罗马法传统。在学理上，公私法划分是行政法的理论基础之一，出现了利益说、主体说、特别法说、重要性说、主权说、传统说、代理人说、权能说等不同观点。在现行实在法制度设计方面，公私法划分的典型是行政法院与普通法院的双轨制、行政程序法适用于行政机关的公法行为、行政公产制度、公法赔偿与私法赔偿划分等。

2. 确认习惯法的法律渊源地位。例如，公法上的牺牲请求权、教师对学生的有限惩罚权、行政机关的道路养护义务等，都源自习惯。

3. 传统法律制度的继承。这方面的例子不胜枚举，如现行联邦行政法院的前身是帝国行政法院，该法院的判例至今仍然具有法律效力；现行税法典继承了《帝国税法》的许多内容。

三、方法论（Methodik）

除了法理学上提出的法律解释方法广泛应用于行政法的制定和实施之外，下列方法论也受到特别的重视：

1. 类型化（Ausdiffrenzierung，Typsierung）。即按照一定的标准和框架，对行政法现象进行系统的归类整理，为形成法律概念、制定法律规范、发现法律原则、建立法律制度奠定社会实证基础。

2. 制度化（Institutionalisierung）。即将具有普遍意义的概念、原理和原则确立为具有普遍法律效力的法律制度。这方面的典型是裁量和不确定的法律概念、行政行为和行政法的一般法律原则。

3. 国际化（Internationaliserung）。受欧盟法的影响，德国行政法的欧洲化趋势越来越明显，主要表现在欧盟法（条例、指令和纲领）成为德国行政法的法律渊源。在欧盟法与国内法发生冲突时，权威观点认为，前者的效力优先于后者，但这并不意味着适用的优先性。为此，比较法成为越来越重要的法律方法。

德国学者认为，方法论的最大意义在于构筑制定和实施法律的潜规则基础，避免立法和执法的随意性。对以分散多变著称的行政法而言，方法论尤其重要。

第二节　德国行政法的历史发展

通说认为，德国行政法的历史发展经历了集权国家、自由法治国家和社会法治国家三个阶段。

一、19 世纪中叶以前的集权国家阶段

由于警察职能涵盖财政、国防之外的所有行政领域，这一时期又被称为警察国时期。这个时期行政法的特点是：

1. 公共行政的范围广泛。行政机关以规范和命令、补助和救助等方式逐步介入商业、经济和社会生活的各个领域，甚至干预公民的私生活。

2. 等级制。国王、领主、贵族、平民等按照等级制度享受权利，承担义务。对行政组织来说，国民不过是仆从和客体而已。

3. 集权制。国家权力集中在国王、领主和贵族的手中。

4. 法外行政。根据所谓的主权豁免原则，公共行政不受法律的约束，这方面的一个典型是所谓的国库理论（Fiskustheorie）。"国库"是国家私法主体身份的代称，即国家参加平等主体之间法律关系时所采取的身份。具体分为与高权主体的公法人身份对应的私法人、财产权主体和经营权主体（作为经济生活参与者）三种身份。如果国家以高权主体的身份参加主从主体之间的法律关系，则是公法人。国库行为性质上属于私法，因此引起的争端应当诉诸普通法院解决。[1]国库理论的最大意义在于解决国家主权豁免和国家赔偿责任之间的矛盾。根据主权豁免原则，国家不对其违法的公权力行为承担法律责任。但是，根据特别牺牲补偿的法律传统，国家又应当对公权力行为造成的侵害（尤其是违法侵害）给予补救。解决这个冲突的办法是在区分国家的私法人（国库）和公法人（高权）这两个身份的基础上，将私法人作为公法人的"替罪羊"，按照私法的规则解决国家在公法领域中的违法行为的责任追究问题。主权豁免原则的衰落使国库理论失去了基础性的意义，因为国家在公法领域中的违法行为按照公法的法律责任规则进行追究。国库理论的现实意义局限在行政私法领域，其中主要是国家以私法方式执行公法任务和国家的私经济活动两类。

权威观点认为，这个时期不存在真正的行政法，尽管君主或者贵族并非不受法律的任何约束，并非不受司法监督。因为，行政法需要的前提条件在

---

[1] Creisfelds, *Rechtswoerterbuch*, *15Aufl.*, Verlag C. H. Beck, 1999, S. 468.

这个历史时期不具备，即存在超越国家权力的具有普遍约束力的法律。

二、19世纪中叶～20世纪中叶的自由法治国家阶段

在这一历史时期，公民基本权利受到宪法和法律的确认和保护，学理又称之为"公民法治国家"。这个时期行政法的特点是：

1. 宪政体制的确立。市民阶层掀起制宪运动，代议制、分权、依法行政、公民基本权利保护等宪政要素得以确立。1918年7月31日制定、8月24日生效的《魏玛宪法》是这个时期宪政运动的最高成就。该宪法确认公民基本权利的广度和深度，是当时宪政运动的世界之最。

2. 法律保留。只有在法律明确授权的情况下，公共行政才能干预公民权利，行政活动的范围被局限在维护外部安全的极为必要的范围之内。

3. 特别权利关系。与议会保留相对应，在兵役关系、学校管理关系、监狱管理关系、公务员关系等若干领域，实行行政保留，行政机关可以干预公民权利，无需议会法律授权。

4. 行政诉讼受案范围实行列举式。行政诉讼的受案范围限于列举的行政行为。

5. 形式法治观念。法律的制定和实施追求普遍的、形式的完美性，忽视个案的、实质内容的正当性。行政机关按照官僚科层制组建，裁量行政缺少法律约束，公权力优先于公民的主观公权力，是形式法治的典型。

尽管宪政的要素制度得以确立，但这个时期的公共行政往往突破宪法的限制，沿着自己独立的轨道发展。所谓的"宪法消失、行政法长存"（Das Verfassung vergeht，Das Verwaltungsrecht besteht）是这个时期行政法与宪法关系的典型写照。

三、20世纪中叶以后的社会法治国家

接受纳粹政权的历史教训，二战之后制定的基本法确立了议会的主权地位，确立了宪法对行政法的支配地位，行政法在基本法确立的框架之内发展，成为实现宪法所谓确立的价值的技术法。所谓"行政法是宪法的具体化"（Verwaltungsrecht als kongkretisietes Verfassungsrecht）是这个时期行政法与宪法关系的典型写照。这个时期，行政法的发展主要是：

1. 给付行政的发展。国家积极地为公民提供基础设施和社会福利，所谓的"生存照顾"（Daseinversorge）概念是公共行政范围扩大到给付行政的写照。

2. 法律保留的范围扩大。一是从原先的干涉行政保留扩大到给付行政保留，所谓的重要性理论成为学界和实务界确定法律保留范围的通说。二是特别权力关系被废除。即使在传统特别权力关系领域，公民基本权利仍然受到保护，没有法律授权，不得予以限制和剥夺。

3. 司法审查范围扩大。行政诉讼受案范围采取概括式，凡不属于宪法法院管辖的一切公法争议，均由行政法院管辖。

4. 确立信赖保护原则。该原则由联邦行政法院在有关补贴行政的一系列案件中逐步确立，最终得到 1976 年《联邦行政程序法》确认。

5. 联邦行政程序法。该法律于 1976 年通过，成为联邦行政法法典化的最高成就。

6. 欧洲一体化。欧盟法成为德国行政法的重要渊源，德国行政法逐步成为一个由外国行政法、欧洲行政法和本国行政法构成的三维法律体系。

第三节 德国行政法学的历史发展

德国现行实在法制度发达的一个重要动力是学理支撑。通过案例汇编、引经决狱等方式，学界和实务界在保持距离的基础上同步互动。在行政法的系统化方面，行政法学始终处于先导地位。

德国行政法学的发展经历了如下阶段：

一、19 世纪中叶之前的萌芽阶段

在这个历史时期，行政法学依附在行政学、国家学、宪法学之中，没有成为独立的学科。有关行政法的研究，主要依托其他学科的理论分析和解释有关行政法规范，没有将行政法作为一个内部统一的有机整体，研究方法总体上是其他学科的社会实证方法，没有采取所谓的法学方法，而侧重点因所依托的学科不同而异。例如，行政学和国家学的研究对象主要是内政（警察）和财政，有关行政法的研究侧重于行政法规范在这些领域中的作用。在有关行政法的行政理论中，Loren von Stein 的《行政理论》（3 卷本，1865 年～1868 年初版，1888 年第 3 版）具有典范意义。他认为行政学分为行政法学和行政政策学，前者侧重于行政的合法性，后者侧重于行政的合目的性。

在这个时期，有关一般行政法和部门行政法的专著出现，但作为独立学科的行政法学没有形成。

二、19 世纪中叶～20 世纪中叶的奠基阶段

在这个历史时期，行政法学从对其他学科的依附中独立出来，成为独立的学科，进入学术殿堂。

行政法学的发展需要与行政法发展相同的历史条件。在法律对行政的支配地位得到确认之后，规范行政权的法律受到重视，系统研究行政法规范的需要也凸显出来。用法学方法研究行政法的一系列论著出版，例如 Georg

Meyer 的《德国行政法教科书》（1883 年，研究对象是部门行政法），Otto von Sarwey 的《行政法总论》（1884 年）根据宪法原理研究外交、军事、内政和财政行为，Edgar Leoning 的《行政法教科书》（1884 年）分为行政组织、内政与行政救济等三部分。自 1881 年开始，一些大学陆续开设行政法讲座，成为学校和国家考试的科目。

这个时期研究成果的典范是奥托·迈尔（Otto Meyer）于 1895 年出版的《德国行政法》（两卷）。第 1 卷研究行政法的历史发展、法律渊源、基本原则、行政活动、行政救济等，第 2 卷研究警察权、财政权、公物、公法债权等。该著作之所以受到推崇，是因为该书借鉴法国行政法，采用法学方法论，对行政法做了当时最系统的研究。法律保留原则、行政行为制度等概念沿用至今，初步奠定了现代行政法学的体系框架。因此，有学者以该著作为界限将德国行政法学的发展分为"奠基期"和"成熟期"等两个阶段。[1]

三、20 世纪中叶之后的成熟阶段

这个历史时期，行政法学的研究对象和体系越来越明确，自身的特色越来越明显。不仅完全摆脱了国家学、行政学的烙印，而且相对于民法、国家法、宪法等相关法学学科的独立性和特色性也越来越突出，成为大学和国家考试中的必须科目。

按照学界通说采用的体系，行政法学分为总论和分论两部分。总论部分研究行政法的基本概念和原则、行政行为、行政程序、行政组织、行政公产、国家赔偿、行政诉讼。分论部分研究部门行政法，主要是警察法、税法、建筑法、道路法、经济法、环境法、社会法、自治法。[2]

德国行政法学近年来的发展趋势总体上是多元化，表现在：

1. 体系的多元化。在德国学界享有盛誉的两本教材，即 Hartmut Mauer 的《行政法学总论》和 Wolf/Bachof/Stober 的《行政法》[3] 采取完全不同的体系：①前者以一般行政法与部门行政法的划分为基础，以一般行政法为研究对象，但不研究行政诉讼法；后者则打破一般行政法和部门行政法的划分，

---

〔1〕 陈新民："德国行政法学的先驱者——谈德国 19 世纪行政法学的发展"，载《行政法学研究》1998 年第 5 期。

〔2〕 Eberhardt Schmidt-Assmann（Herausg.），*Besonderes Verwaltungsrecht*，11. Aufl.，Verlag Walter de Gruyter，1999；Steiner（Herausg.），*Besonderes Verwaltungsrecht*，6. Aufl.，Verlag C. F. Müller，1999；Norbert Achterberg/Günter Püntner（Herausg.），*Besonderes Verwaltungsrecht*，Verlag C. F. Müller，1992.

〔3〕 为此参见：［德］哈特穆特·毛雷尔著，高家伟译：《行政法学总论》，法律出版社 2000 年版；［德］汉斯·J. 沃尔夫、奥托·巴霍夫、罗尔夫施托贝尔著，高家伟译：《行政法》第 1~2 卷，商务印书馆 2002 年版。

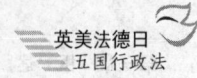
将部门行政法纳入一般行政法的框架中研究，将行政诉讼法作为行政监督法的组成部分。②前者采取纯法学的方法论；后者则综合采取行政学、国家学、政治学、经济学、社会学等多学科的方法论。③前者以行政活动为中心；后者以行政法律关系为核心。不过，由行政组织、行政公产、行政活动、国家赔偿、行政监督等部分构成的框架，是两者的共同之处。

2. 方法论的多元化。在行政法学的独立学科地位已经明确，研究对象和框架体系相对稳定情况下，近年来学界出现了方法论多元化的倾向，其他法学学科的方法和其他社会学科的方法被广泛引入行政法研究之中，行政法学越来越重视吸收其他学科的营养，向其他学科靠拢。这方面的典型是 Wolf/Bachof/Stober 的《行政法》。

第二章

行政法

第一节　行政法的基本概念

德国行政法学教材通常介绍的基本概念是：

一、公共行政

关于公共行政的定义，学界通常区分组织、实质和形式三个层面。组织意义上的公共行政是指各种形态的行政组织，包括行政主体、行政机关、行政机构、行政设施等。实质意义上的公共行政是指以执行行政事务为目的的国家活动。形式意义上的公共行政是指行政机关实施的活动的总称。

关于实质意义上公共行政，学界有消极、积极等不同界定方法。前者是所谓的消极说，认为公共行政是指立法、司法之外的国家活动。后者分为不同的观点。多数派观点倾向于结合消极和积极两种方法，认为公共行政是行政机关为了实现公共利益，以面向未来的社会塑造方式，为处理具体事件而采取具体措施或者执行特定计划的活动。

按照不同标准，可以对公共行政做如下分类：

1. 秩序行政、给付行政、引导行政、税务行政、后备行政。该分类标准是公共行政的任务和目的。其中，引导行政是指以规划、补贴、指导等方式，促进特定社会生活领域发展；后备行政是指筹备行政活动所需要的人力、物力和财力的活动。

2. 干涉行政与给付行政。该分类标准是行政活动对公民权益的影响。

3. 公法活动和私法活动。该分类标准是行政活动采取单方面的命令方式还是私法的合意方式。

4. 裁量行政与羁束行政。该分类标准是公共行政受法律约束的程度。

二、裁量和不确定的法律概念

裁量（Ermessen）是指行政机关在处理同一事实要件时享有的处理方式选择余地。它意味着，法律对同一事实要件设定了不同的后果，行政机关可以根据具体情况进行选择。

行政机关选择法律后果没有遵守行政法的一般法律原则或者行政法规范的，构成裁量瑕疵：

1. 裁量逾越，即选择法律没有明确规定的处理方式，典型情况是超越法律设定的幅度。

2. 裁量怠慢，即在具备法定事实要件时，不行使裁量权。

3. 裁量滥用，即不遵守法定目的，或者不考虑相关因素，或者考虑不相关因素。

4. 违反行政法的一般原则，其中尤其是比例原则。

没有上述违法情形，但行政机关选择的处理方式不妥当的，构成不合目的性（Unzweckmässigkeit），不属于司法审查的范围。

不确定的法律概念（unbestimmter Rechtsbegriff）是指法律规范使用的其内涵或者外延不明确的术语，例如"公共利益"。就法律的适用而言，不确定的法律概念涉及的主要问题是法律解释。问题是：行政机关的解释是否受司法审查？通说认为，只有在法律授权行政机关作出终局裁决的范围内，行政机关才享有不受司法审查的判断余地。根据司法案例，行政机关在如下情形中享有独占性的判断余地：

1. 考试决定或者与此类似的决定；

2. 公务员法上的考核决定；

3. 专家委员会或者利益代表人委员会等独立机构作出的判断；

4. 环境法和经济法领域中的预测性决定或者基于风险评估作出的决定；

5. 政策性的行政决定。

学界和实务界对上述情形中判断余地的大小存在争议。总体上，行政机关在解释不确定法律概念方面的自主判断余地越来越小。行政机关在解释不确定法律概念时必须遵循的约束有：

1. 方法论。学界和实务界公认的法律解释方法，如文意、历史、目的、系统、逻辑等不同解释方法。

2. 先例或者判例。法院或者行政机关在同类案件中已经作出的解释对后来的案件处理具有约束力。

3. 行政规则。上级行政机关制定的内部指导性规范对下级具有约束力。

4. 案件事实。在特定的案件事实中，可能只存在一种合理的解释。

5. 司法审查。除非享有独占性的判断余地，法院可以自己的解释取代行政机关的解释。

一般而言，裁量针对法律后果选择，而不确定的法律概念主要针对事实认定。通说在主张区分两者的同时，也承认双重性的法律规范越来越多，两者存在整合的趋势。

三、主观公权利

这是指公法规范赋予特定法律主体的，为了实现自己的利益，要求对方为或者不为一定行为的请求权。该权利可能存在于行政主体与公民之间，也可能存在于行政主体之间，但前者是主要的方面，其中尤其是公民针对行政主体的请求权。

问题在于：公民在什么样的条件下才享有针对行政主体的请求权？换句话说，行政主体的职责在什么条件下才构成公民的请求权？学界和实务界为此提出了所谓的"保护规范理论"（Schutznormentheorie），认为只有有关法律规范包含了保护个人权益的目的时，该规范设定的行政机关职责才能构成公民的请求权。

主观公权利的典型情形是给付（作为或者不作为）请求权、程序参与请求权、赔偿请求权、补偿请求权、无瑕疵裁量请求权等。

四、行政法律关系

这是指以行政法规范为依据，基于特定事件，在两个以上的法律主体之间产生的权利义务关系。根据不同标准，行政法律关系可以分为即时或者持久，双方或者多方，人身、财产或者设施使用关系等不同类别。学界和实务界关注的问题主要是：

1. 特别权利关系（Besonderes Rechtsverhältnis）。这是一般行政法律关系的对称，指国家与公民之间存在的，因强制或者进入学校、监狱、设施、公务员关系或者兵役关系而产生的，排除基本权利的司法救济保护的特殊法律关系。从历史上看，特别权利是议会与行政妥协的结果。在 1972 年 3 月 4 日的一个有关监狱管理的案件中，联邦宪法法院废除了这个制度。[1]自此，公民基本权利保护和司法救济延伸到传统的特别权利关系领域。

2. 行政法上的债务关系。是指基于行政法上的事件产生的无因管理、不当得利、合同、侵权等债权债务关系。这方面的法律关系，可以援用民法规范处理。这是所谓的行政私法中的一类情形。

3. 行政法律关系的学科地位。传统行政法学理论以行政行为为核心构筑

---

〔1〕 BverfGE, 33, 1。

理论体系。有不少学者认为，行政行为是结果，不能反映行政管理的全部过程，主张用行政法律关系取代行政行为，作为行政法学的核心概念。

五、行政法的法律渊源

根据联邦原则，联邦法律规范效力高于州的法律规范，州的法律规范效力高于地方自治团体的规章。联邦和州存在着相同的法律渊源，总体上分为成文法、习惯法、一般法律原则等。

1. 成文法。包括：

（1）欧盟法和国际法。欧盟法分为指令、纲领和命令三类。指令具有直接的法律效力，纲领需要转换为国内法后才能适用，命令针对具体事件。通说认为，欧盟法和国际法的效力原则上高于国内法。

（2）宪法。即由制宪会议制定的基本法律。

（3）法律。即宪法规定的立法机关按照宪法规定的程序制定的法律文件。

（4）法规命令。即行政机关根据法律授权制定的法律文件，其效力与法律同等。法律授权必须明确目的、范围和重要程序，禁止一揽子的空白授权。

（5）规章。是指区、县、乡镇、公法行会、大学、公法设施等自治行政主体在其自治权限范围内制定的规范。

2. 习惯法。是指在当事人长期采取的同类做法基础上产生的，经法官确认的不成文法规范。其效力级别需要由法官确认，可以具有宪法或者法律的位阶。

3. 行政法的一般法律原则。是指由学理总结，经司法判例确认的具有普遍法律效力的一般原则，例如信赖保护原则、禁止滥用权利原则、比例原则。其中的部分已经得到成文法的确认。

这方面存在争议的是：

1. 法官法。是指法官通过个案中的法律解释所创造，并且得到普遍尊重的法律规范。其主要功能是弥补成文法的漏洞。

2. 行政规则。是指上级行政机关针对下级行政机关制定的具有内部约束力的规范。通说认为，行政规则没有给公民设定权利义务的外部效力，不属于法律渊源的范畴。而部分学理认为，具有外部效果的行政规则属于法律渊源。

第二节　行政法的基本原则

学理一般称为行政法的一般法律原则或者一般行政法原则，主要是：

一、依法行政原则

主要内容是：

1. 法律优先。是指行政机关受法律的约束，不得采取任何违反法律的行为。这是对行政的最低限度的要求，即不违法。

2. 法律保留。是指行政机关只有在取得法律授权的情况下才能实施相应的行为。法律保留的实质是议会保留，即未经议会许可，行政机关不得实施有关行为。关于法律保留的范围，通说是"重要性说"，议会应当根据有关事务对国家、社会、公民的意义，确定不同的调整密度（此即所谓的调整密度理论）。根据重要性说，基本权利保留是法律保留的核心。

二、信赖保护原则

根据《联邦行政程序法》第48条，该原则的一般要求是：在存在值得保护的信赖的情况下，行政机关不得撤销或者废止已经生效的授益行政行为。具体而言：

1. 信赖保护的条件。授益人信赖行政行为存在，并且根据利益衡量，其信赖值得保护。受益人有下列情形之一的，不存在值得保护的信赖：

（1）通过恶意的欺诈、胁迫或者行贿促使行政机关作出行政行为；

（2）通过对重要事实的不全面或者不客观陈述误导行政机关作出行政行为；

（3）明知行政行为违法或者因重大过失而不知道行政行为违法。

如果受益人接受并且使用了给付，作出有关的财产处分，无法恢复原状的，通常认为存在值得保护的信赖。

2. 信赖保护的后果。一旦确认存在值得保护的信赖，行政机关不得撤销授益的行政行为，即使其违法。原则上禁止废止合法的授益行政行为，但出于重大公共利益需要废止授益行政行为的，应当予以补偿。

3. 不存在信赖保护的后果。一旦确认不存在值得保护的信赖，受益人因此得到的给付构成不当得利，应当返还。行政机关可以以行政行为的形式确认受益人的返还义务。

三、比例原则

这是指行政机关选择的手段与其欲达成的目的之间存在合理的对称关系。具体要求是：

1. 适合性。即行政机关选择的手段有助于目的的实现，手段与目的之间存在合理的联系。

2. 必要性。在实现同一目的具有多个手段可供选择时，选择对公民权益损害最小的措施。

3. 相称性。最终选择的手段成本必须小于目的收益。

有学者认为比例原则是平衡原则。[1]笔者认为，比例原则是禁止过度（übermässigkeitsverbot）的另一种表述。

四、利益衡量原则

这是指行政机关在行使公权力过程中，应当全面调查有关利益，进行轻重缓急的选择和协调，确保各方利益得到最大化实现。

（一）利益衡量的过程

对此，学理上有"三阶段说"和"两阶段说"，但没有实质区别。

1. 利益调查。公权力机关在作出决定之前进行的调查不仅是一个信息的收集和整理过程，而且是一个利益的发现过程。听取意见的实质是发现利益，听取意见越充分有效，利益发现得就越全面、客观。在调查过程中，公权力机关需要总结法律问题，然后根据法律问题的概念和事实要件对发现的利益进行归类整理，对号入座。

这里的一个难题是：并非所有的利益都有人主张，尽管有时这些利益非常重要。公权力机关不能因为没有主张便不考虑这些利益，而应当努力寻找利益相关人的代表，使分散的利益群体化、组织化。

2. 利益分析。被发现的利益可能数以千计，类型多种多样。有些利益微不足道，提出这方面要求的人可能是为了打岔（利益的重要性）；有些利益是不正当的要求，提出这种主张的人怀有拖延或者扰乱程序的目的（利益的正当性）；有些利益与本案无关，不应当纳入考虑和平衡的范围（利益相关性）。利益分析阶段的主要任务是筛选出重要的、值得考虑的利益，必要时予以排序，寻找不同利益之间的共同点或者冲突。利益分析的目的应当明确，公权力机关应当中立、客观。

3. 利益权衡。凡纳入权衡范围的利益都具有重要意义，权衡的目的是各方利益的最大化实现。

（二）利益衡量瑕疵及其后果

利益衡量的瑕疵主要是：

1. 片面。即没有充分考虑各方利益，未给予适当的排序和协调。

2. 武断。即公权力机关不中立或者不客观，没有充分听取利害关系人的意见。

3. 疏漏。即公权力机关没有发现或者考虑重要的利益。

4. 失调。即利益衡量的结论违反利益的均衡或者最大化要求，放弃或者

---

〔1〕 于安编著：《德国行政法》，清华大学出版社1999年版，第29页。

牺牲的利益大于追求的利益。

上述瑕疵导致有关立法或者决定缺乏实质的正当性，构成实质意义上的违法。

第三节　行政组织

学界有关行政组织的研究一般分为行政主体和行政机关两个层面。

一、行政主体

从字面来看，与行政主体密切相关的术语是 Verwaltungstraeger 和 Verwaltungssubjekt。前者是指公共行政的承担者，后者是指公共行政的主体。两个概念并不完全一致。公共行政的承担者是国家和其他公权力主体，这在学理上没有争议。但是，公共行政的主体则具有多种含义：一种权威观点主张区分法律技术意义、法律要素意义和功能意义。法律技术意义上的行政主体是指公共行政的承担者（国家和其他公权力主体）；法律要素意义上的行政主体是指国民；而功能意义上的行政主体特指履行公共行政任务的私法人。[1]

学界通说不严格区分行政主体和行政承担者这两个术语，认为行政主体是指享有权力，对下属机关或者工作人员的职务行为承担最终法律后果，享有一定范围的权利能力的公法人。

总体而言，行政主体分为三类：一是国家行政主体，包括联邦和州；二是自治行政主体，包括地方自治团体、行业自治团体、学术自治团体和公法设施等；三是一些根据法律和规章的授权执行特定行政任务的社会组织。具体而言，行政主体的种类有：

（一）国家

国家是原始行政主体，包括联邦和州。由于实行联邦制，联邦行政和州行政虽然属于国家行政的范畴，但在组织体制上却是两个独立并行的系统。

（二）地方自治团体

地方自治团体是指一定区域之内的居民，为了自我管理和自我服务，在国家的合法性监督之下，依法成立的相对独立于国家的区域性公共行政团体。

地方自治的法律依据分为宪法（《基本法》第 28 条第 2 款）、法律（各州制定的乡镇法、县法、地方公共设施法、地方税法等）和规章（各乡镇、

---

〔1〕　［德］汉斯·J. 沃尔夫、奥托·巴霍夫、罗尔夫·施托贝尔著，高家伟译，《行政法》第 1 卷，商务印书馆 2002 年版，第 48~49 页。

县在法律自治权范围之内自行制定的有关预算、收费、公共设施等自治规章）三个层次。

地方自治的组织形式包括乡镇、乡镇联合体、县、县级市、区、大区等形式。其中具有典型意义的是乡镇和县，其他则为辅助形式。

1. 乡镇。居民一般在 2000 ~ 20 000 人左右。自治机关是代表大会、市长／乡镇政府。这两个机构的人员原则上不能重叠，但市长是例外。

代表大会是决策机构，负责对重要事项作出决议。

乡镇政府的组织形式有独任制和合议制两种。独任制是指由市长全面负责行政事项的模式，市长之下的其他机构均为市长的辅助工作机构。合议制模式的特点是由市长领导下的乡镇政府组成人员共同行使决策权，他们由代表大会选举产生，受代表大会监督，并且向其负责。

乡镇任务分为自治行政事务和委托的行政事务。前者是乡镇应当依法独立执行的地方性事务，分为必须执行的事务和自愿执行的事务两类。必须执行的事务是指法律明确规定任何乡镇都必须独立执行的任务，而自愿执行的事务是指根据法律规定，乡镇可以根据自己的实际情况裁量决定管理或者放任的事务。委托的行政事务进一步分为法律授权的国家事务、上级行政机关以指令交办的事务和其他委托的事务。其中，法律授权的国家事务是指国家通过法律，将本属于自己任务范围的事务，下放给乡镇作为自己的任务执行，国家和地方各承担一定的费用，但法律后果由乡镇自己承担。

为了完成自治行政任务，乡镇享有区域管辖权、财政权、计划权、规范制定权、机构设置权、人事任用权。

对乡镇的监督可以分为合法性监督和专业监督。合法性监督针对自治行政事务，由县长代表国家进行。其手段有汇报情况、责令答复、责令采取特定措施、取代乡镇直接采取特定措施等，范围限于合法性。专业监督针对委托的行政事务，由主管国家行政机关负责，采取建议、指令等形式，范围涉及有关措施的合法性和合目的性。行政监督机关采取的具有约束力的措施属于行政行为，被监督的乡镇可以提起撤销之诉。

2. 县。是由地方居民组成的乡镇之上的一级地方自治团体，具有自己独立的任务范围和主体资格。它不是乡镇的联合体，更不是若干乡镇的简单拼凑。

县的机构设置也分为代表大会和县长两个。县长由地方居民直接选举产生，是县议会的主席、行政首长、县的法定代表人、县选举委员会的主任。

与乡镇相同，县的自治行政任务也分为自治行政事务和委托的行政事务。所不同的是，县的自治行政任务是跨乡镇的，是乡镇事务的补充和辅助。

这里需要注意，县一方面是一级地方自治团体，另一方面是国家的最基层行政机关。县的公共行政具有国家行政和地方自治的双重因素，是国家行政与地方行政的分界点和衔接点。

3. 其他地方自治团体。包括县级市（与县平级的比较大的城市）、区、大区联合体、城市国家（汉堡等联邦州等属于城市国家体制，地方自治行政与国家行政混合）。

为了在国家立法方面保护地方的利益，德国各州都成立了乡镇协会、县协会、城市协会。它们是乡镇、县和县级市按照自愿的原则组成的私法团体，成员主要是市长、县长等。

（三）公法行会

在联邦德国，行会（Kammer）是指在一定地域范围之内从事同一职业或者经济活动的自然人、法人或者其他组织为了自助、自律，在国家主管行政机关的监督之下，作为平等成员依法组成的行业自治团体。

1. 种类。德国行会有公法行会和私法行会两种。前者是指在一定区域内从事同一种职业或者经营活动的人作为强制性成员组成公法性质的行业自治团体，其在法律授权范围内执行公益性的职能。在同一个行业和地区，经常会出现公法协会和私法协会并存的局面，这就产生了两者的划分问题。

两者的区别表现在如下方面：

（1）实行强制性还是自愿性成员身份制度不同。公法行会实行强制性成员身份制度，自然人、法人或者其他组织只要从事同一职业或者经济活动，就必须加入当地相应的行会组织。因身份确认发生的争议属于行政争议，由行政法院管辖。私法行会实行自愿成员身份制度，自然人、法人或者其他组织的加入和退出原则上自由。

（2）收费制度不同。公法行会实行强制收取会员费（Beitrag）制度，每个会员的会员费由所属行会依照预算规章，以行政行为的形式逐一确认。成员拒不缴纳会员费的，行会可以依法强制执行。私法行会的收费制度按照加入协议约定的时间和标准交纳；会员不交纳会员费的，除非存在假执行的约定，不能强制执行。

（3）权利不同。公法行会享有规章制定权、公务员任用权、实施行政行为和签订行政合同的公权力，而私法行会只享有私法社团的一般权利，没有公权力。

（4）法律性质和活动规则不同。公法行会性质上属于公共行政的一种主体即自治行政主体（是国家行政主体的对称），按照宪法和行政法的规则运行，而私法行会属于一般的社会团体，按照民法和社团法的规则运行。

除此之外，两者的区别标准还有是否由主管的国家行政机关成立、是否有法定的、独立自主执行的任务、是否有自己独立的财政来源、是否独立承担法律责任等。

尽管存在上述区别，两者之间还是存在密切的联系的，主要是：首先，同一个行业或职业可能出现私法行会和公法行会并存的局面，例如手工业协会。在这种情况下，私法行会是公法行会的补充和助手。其次，分会是公法协会，而全国总会往往是私法协会。

公法行会是主要的方面，私法行会是配角，学理研究和法律规定均集中在公法行会方面。公共行业自治团体总体上可以分为两类：一类是按照经济部门建立的经济自治团体，例如农业协会、工商业协会、手工业协会等；另一类是按照社会的职业分工建立的职业自治团体，例如律师协会、建筑师协会、医师协会、牙医协会、机械师协会等。

据 1997 年不完全统计，德国有公法行会 349 个，其中数量最多的是工商业协会（IHK），有 84 个（1 个总会，83 个分会）；数量最少的是专利师协会和经纪人协会，只有 1 个全国总会，没有分会。其他的公法行会的数量是：手工业协会 56 个，律师协会 29 个，公证师协会 21 个，农业协会 10 个，税务师协会 22 个，经济审查师协会 6 个，医师协会 17 个，牙医协会 27 个，动物医师协会 18 个，药剂师协会 18 个，建筑师协会 17 个，机械师协会 16 个，领航员协会 9 个。各个行业的成员（包括自然人成员、法人成员和机构成员）总数约 5 042 200 人，其中最多的是工商业协会，有 3 242 300 人，最少的是经纪人协会，只有 100 人。律师协会的成员也比较多，有 79 500 人[1]。

2. 任务。公法行会的一般任务是：发展和维护职业精神和职业道德，制定职业守则即行规；在国内代表特定地区的行业利益，参与和推动国家立法；在行会国际组织中，代表本国利益；为成员提供信息、培训、认证、鉴定等方面的服务；监督成员遵守国法和行规，维护成员的合法权益；协调成员之间的利益，可以进行调解；对成员违反行规的行为进行处罚，但涉及成员名誉和信用性的处罚需要经过专门的职业法院，例如律师法院。

3. 组织。行业自治团体由主管的国家行政机关依法主持办理成立事务，一旦依法成立，行业自治团体即成为独立的行政主体，只受主管行政机关的法律监督。

行业自治团体以在一定区域内从事相同职业或者经营活动的人作为强制性成员。所谓强制性成员，是指只要从事某个职业或者经营活动，就必须参

---

〔1〕 以上数据来自 Peter J. Tettinger, *Kammerrecht*, Verlag Beck, 1997。

加本地区相应行业自治团体的自然人或者法人。强制性成员必须履行缴纳会费、使用费的义务，同时享有选举权、被选举权、参与权和诉权。

在独立选举委员会的支持下，义务性成员根据平等、自由、秘密的原则选举代表大会，负责对会员、财政和机构设置等重要事项作出决议。代表大会之下的常设机构有主席会议（Praesidentium）和董事会（Vorstand）两种模式。

在代表大会之下可以设立各种专门委员会，作为辅助的咨询性工作机构。

分散在各地区的同一个行业的各个行业协会按照自愿的原则在全国层次组成全国总会。全国总会通常是私法社团，主要任务是经验交流、参加国家立法等。

行会的任务分为自治行政任务、法律授权的国家行政任务、委托的行政任务和协助主管国家行政机关的任务四种。[1]

行业团体依法享有收费、预算、机构设置、人事任免等方面的自主权限，可以制定自治规章、实施具体行政行为、签订行政合同等。其中，规章分为章程、预算规章、选举条例、会员费条例、使用费条例等；行政行为主要涉及会员身份确认、费用收取、资格认证等。

4. 经费。行业自治团体的主要财政收入是会费和特定服务使用费，主要支出是日常行政开支和服务开支。收费标准和收费的使用必须在预算规章中明确规定，并且受主管国家行政机关的审计监督。

5. 监督。行会在职能和机构等方面与国家分离，保持相当的距离；但是，自治的实质是自律和自助，而不是独立，更不是自由。行会的成立由主管行政机关负责，其运行受主管国家行政机关的监督，例如工商业协会的主管行政机关通常是所在州的经济部。为了保证法律监督地方的有效性，主管国家行政机关可以采取如下措施：提出改进建议；提出纠正违法的要求；在行会不接受建议时，替代行会直接作出应当作出的行政行为；在不能替代行会实施行政行为时，决定解散代表大会重新选举；审批规章，行会的自治规章经主管行政机关审批之后才能生效。这是最常用也是最有效的事前监督。[2]

（四）公法社团

公法社团是指具有相同的社会或者文化特征的人员以义务性成员组成的

---

〔1〕　Vgl. www. rat-sachsen. de（btr. Aufgaben der Rechtsanwaltskammer Sachsen）.

〔2〕　Vgl. § 2 Gesetz zur Ausführung und Ergänzung des Rechts der IHK im Freistaat Sachsen vom 18. 11. 1991.

公益性社会团体。公法社团与私法社团的主要区别在于其是否实行义务性成员身份，是否依法享有认证、许可、处罚等公权力，是否由主管的国家行政机关成立并且受其合法性监督。

社团自治的典型是联邦职员保险中心等社会保险团体、大学中的学生会、狩猎同业公会、移民协会等。

社团自治机构设置的一般原则与行业自治相同。

（五）公法设施

公法设施是指国家依法提供设备和经费成立的，自负其责地执行特定的社会服务任务的，人和物的结合体。学理上一般认为公法基金会属于公法设施的一种。[1]

公法设施的机构设置多种多样。不同的公法设施，其组织结构可能完全不同。

公法设施的主要任务是提供某个方面的专业服务，例如新闻节目服务，为此享有人事、机构设置、收费权、规章制定等方面的自主权。

对公法设施的国家监督方法与上文所述的对行业协会的监督方法基本一致。

（六）公立大学

公立大学是综合性的国立高校，其一方面是学术自治团体，另一方面是进行教育活动的公法设施。

大学自治的范围限于内部机构设置、教学科研人员的招聘和辞退、学生的录取和毕业、学科设置、教学科研的内容和活动的具体安排等，主管国家行政机关只对其进行合法性监督。

大学自治的核心是学术自由，其主要保障措施是：①教师治校。教学科研的代表在大学中的教学科研管理机构中应当占多数或者绝对多数。②学生自治。主要通过学生会进行。学生会可以向学生征收会费，但受国家的审计监督，同时受高校领导机构和国家主管行政机关的合法性监督。③高校联合会。各州高校联合会和联邦高校联合总会，性质上属于私法社团，但其任务是公益性的，主要是经验交流、参加国家立法、代表高校利益等。④国家保障国立大学的财政经费，具体由大学安排使用。

在学术自治的范围之内，大学属于公法团体和设施，其公务活动受国家主管行政机关的合法性监督。除了一般的监督方法之外，国家监督大学的监督方法主要是：①推荐校长的人选；②进行审计监督；③规章的审查和批

---

〔1〕 Breuer, VVDStRL 44, S. 231；Hofmann, Die Verwaltung 21（1988），S. 66f.

准等。

（七）其他行政主体

主要是根据法律或者规章授权进行特定行政任务的私法组织或者业主，学理上称之为"私法组织形式的行政主体"，其理论基础是公共行政的私有化。

二、行政机关

是行政主体设置的，代表行政主体对外执行公务，仅享有内部法律主体资格的行政组织。

在术语方面，学界主张区分组织意义和功能意义上的行政机关。组织意义上的行政机关是行政主体下设的工作机构，而功能意义上的行政机关是指所有的有权对外采取行政措施的机构，例如联邦总统、联邦议会主体、法院等。

根据联邦体制，国家行政机关分为联邦和州两个系统；根据自治行政体制，各自治行政主体自行决定行政机关的设置，存在独立于联邦和州的行政机关系统。这样，联邦、州、自治团体的行政机关是三套独立的系统，相互之间不存在行政上的隶属关系，而只存在法律上的职务协助、委托和监督关系。

联邦行政机关一般分为最高（联邦政府、联邦总理、联邦各部）和高级（各部的下属行政机关）两级，只在个别领域中存在第三级。其特点是只有部门行政机关，而且主要是没有下属机关的高级行政机关。

州行政机关的设置模式多种多样，共性是：①一般行政机关和部门行政机关。前者主管不属于其他行政机关管辖的事务。②三等级。通常分为州政府、大区政府、县长三级。

学理有关行政机关的研究重点是：①行政机关的内部结构，包括机构、职位、公务员等，以及机构之间的法律关系。②行政机关的设置权和管辖权。③行政组织体制，主要是不同的行政组织结构模式。

三、公务员

德国公务人员分为公务员（Beamte）、雇员（Angestellte）和工人（Arbeiter）三类，各占一定的比例，一般的总体比例是2∶4∶2。具体的比例因不同地方和不同的行政职能而异。这三类人员的一般区别是：

1. 录用方式不同。公务员通过行政行为录用，而雇员和工人则通过合同雇佣。

2. 职务关系的终止方式不同。在一般情况下，公务员法律关系的解除方式是按照纪律法开除公职，而对职员和工人则采取解雇方式。

3. 报酬不同。公务员的报酬根据国家工资法支付，而雇员和工人的报酬根据具体劳动合同支付。

4. 权利不同。雇员和工作人员享有罢工权。

5. 救济途径不同。公务员诉讼由行政法院管辖，而职员和工人提起的诉讼由劳动法院管辖。

6. 服务关系的法律性质不同。传统上认为公务员关系是公务员和行政主体之间的特别义务关系和信任关系。

目前，公务员、雇员、工人三者的法律地位具有接近的趋势。雇员在服务 15 年之后原则上不得解雇。

第四节　行政活动

按照学界通说，行政活动一般分为行政行为和其他活动方式两大类。

一、行政行为

这是指行政机关针对公民、法人或者其他组织就特定具体事件作出的决定。关于行政行为，具有重要意义的两种分类是：一是确认性、形成性和命令性行政行为；二是负担性和授益性行政行为。

（一）行政行为的特征

1. 处理。即行政行为以实现某种法律后果为目的，具有法律约束力的意思表示。

2. 公权力。即行政行为必须以公法为依据，并且包含公权力内容。

3. 具体事件。即行政行为必须针对已经或者可能发生的具体事件。

4. 行政机关。即行政行为由行政机关实施。这意味着，私人、立法机关、统治机关和司法机关实施的行为，通常不是行政行为。

5. 外部直接法律效果。即必须为公民、法人或者其他组织设定权利和义务。

行政行为的一种特殊形态是一般命令（allgemeine Verfügung），是指行政机关针对范围不特定的公民、法人或者其他组织，就具体事件作出的决定。这方面的典型是交通标志和公共设施的使用规则。

（二）生效

行政行为至主管行政机关通知关系人之日起生效，通知可以采取送达、公告等方式。

（三）合法要件

形式要件包括管辖权、程序、方式、说明理由等；实体要件包括符合行政法的一般法律原则和其他实体法规定。

（四）违法的后果

生效的行政行为未必合法。因违法的种类和程度不同，行政行为违法的后果有：

1. 无效。即明显违法或严重违法的行政行为从一开始就没有法律效果（《联邦行政程序法》第 44 条第 1 款）。

2. 可撤销。一般违法的行政行为是可撤销的，即只有通过复议或者诉讼的途径予以撤销，否则，仍然具有效力。

3. 补正。程序违法对行政行为的内容明显没有影响（《联邦行政程序法》第 46 条），或者其违法性经事后治愈（《联邦行政程序法》第 45 条）的，不予考虑。明显失误的行政行为可以随时直接更正（《联邦行政程序法》第 42 条）。

4. 撤回。即行政机关在特定条件下可以撤回违法的行政行为（《联邦行政程序法》第 48 条）。

5. 转换。即在特定条件下可以将违法的行政行为转换为合法的行政行为（《联邦行政程序法》第 47 条）。

6. 延长救济期限。没有或不正确的法律救济不影响行政行为的效力，但可以延长救济期限从 1 个月到 1 年（《行政法院法》第 58 条、第 70 条）。

（五）附款

1. 期限。指限定行政行为的效力期间。

2. 条件。指限定行政行为生效或者失效的条件。

3. 负担。即为相对人设定义务，以相对人是否履行该义务作为行政行为的效力要件。

4. 负担保留。即行政机关针对未来不确定的事件，保留变更或者废止行政行为的权力。这方面的典型是所谓的废止保留。

行政法制度的构建以行政行为为基点，而行政行为制度的构建以效力为核心。将行政行为作为实施信赖保护原则、比例原则的切入点，是德国行政行为制度的特点所在。

二、其他行政活动

（一）法规命令（Verwaltungsrechtsordnung）

法规命令是指行政机关根据法律授权制定的具有普遍约束力的命令。

根据《联邦基本法》第 20 条第 2 款规定的分权原则，行政机关没有原始立法权。行政机关自主制定的规范性文件称为行政规则（Verwaltungss-chrift）。通说认为，行政规则没有法律渊源的资格，不得为公民设定权利义务，不得在行政诉讼中作为证据事实予以审查。

法规命令是行政机关作为授权立法主体制定的规范性文件，特点是：

1. 主体。法规命令的制定主体是行政机关。宪法规定的主体主要是联邦政府机关和州政府机关。关于乡镇和其他公权力主体是否能够成为法规命令的制定主体，宪法没有作出禁止性规定。学界持肯定态度。

2. 依据。根据《联邦基本法》第 80 条第 1 款，议会授权联邦政府和部长制定法规命令的，必须明确授权的内容、范围、目的，禁止一揽子的空白授权。司法实务界认为，只要从授权法的有关关联点中明确授权的目的、范围和内容，就达到了基本法上的明确性要求。在特定情况下可以再授权。

3. 内容。根据与法律之间的内容关系，可以分为以替代或者补充法律为主要内容的法规命令、以执行或者适用法律为主的执行性法规命令。

4. 程序。总体上分为参议院授权、政府制定法规命令和众议院批准等三个阶段。在行政机关制定阶段，公民和利益团体的参与成为越来越多的授权法的强制性要求。对其他程序的要求，现行法没有明确规定。

5. 效力。法规命令具有与授权法律同等的效力。违法的法规命令原则上无效，但在特定情况下可以补正，或者对微小的违法不予考虑。出于重大利益的衡量，可以限制法规命令失效的范围。

6. 审查。对法规命令的审查分为行政机关审查、行政法院审查和宪法法院审查三种。行政机关在执法过程中发现法规命令与宪法或者法律抵触的，应报请上级机关直至联邦政府和州政府处理。公民或者法人发现州行政机关制定的法规命令违反法定程序、滥用立法裁量权或者内容不全面时，可以向州高等法院提起规范审查之诉。法规命令抵触宪法的，宪法法院可以根据政府、系属法院或者利害关系人的申请，进行合宪性审查。

（二）行政合同（Verwaltungsvertrag）

行政合同即设立、变更或者终止行政法律关系的协议。

1. 界限。行政合同与私法合同的区别在于目的和客体不同。行政合同的目的是执行公法规范，包含有作出行政行为或者其他公权力行为的义务，为公民设定公法上的权利义务。

行政合同与行政行为的根本区别在于意思表示构成不同，即公民的意思表示是否为法律关系成立的必要内容。这里，附款的行政行为和格式行政合同是有争议的问题。

2. 种类。行政合同主要分为对等合同和主从合同。前者在法律地位相同的当事人之间签订，例如行政主体之间的行政协议；后者在法律地位不同的当事人之间签订，例如行政主体与公民之间的契约。

3. 合法要件。形式合法性要件包括意思表示一致、采取书面形式、利害关系第三人的附和等；实体合法性要件包括行政机关依法享有裁量的余地和其他特殊要件。

4. 违法的后果。对此，学界有争议：一种观点认为，违法必然导致无效；另一种观点认为，只有法定违法无效的情形才会导致行政合同无效，行政合同部分违法的，不影响其他可分部分的效力。

德国行政合同制度的特点是：①强调当事人的合意性。通常不得约定处罚和强制执行条款，行政机关不享有单方面变更或者解除合同的权力。②注重与行政行为的衔接。即在合法的范围内，鼓励行政机关以行政合同代替行政行为。

（三）事实行为（Tatsakte）

事实行为是指以某种事实上的后果而不是法律后果为目标的所有行政措施。

1. 分类。学理上将事实行为区分为认知表示行为（答复、警告、通知、申请等）和纯业务行为（支付金钱、驾驶公务车辆、注射预防针、清扫街道、修建办公楼等）。学理上关注的热点是所谓的非正式行政活动，主要指行政决定作出时或者作出前，行政机关与公民之间进行协商或者其他形式的接触的行为。

2. 要件。事实行为必须遵守法定管辖权和一般法律原则。事实行为违法可能产生如下后果：行政机关有义务去除违法事实行为造成的现实，并且在可能的和可预期的范围之内恢复合法的状态。因违法的事实行为而遭受损害的公民享有相应的清除请求权和恢复原状请求权。除此之外，还可能产生损害赔偿请求权和补偿请求权。

3. 救济。利害关系人请求行政机关不实施特定的事实行为，清除事实行为造成的后果，或者请求实施特定的事实行为的，适用一般的给付之诉。如果不适用给付之诉，可以根据《行政法院法》第43条第1款提起确认之诉。

4. 计划。是指行政机关对未来的一系列措施作出安排的行为。计划的多样性表现在计划制订机关、相对人、内容、执行方式、持续时间长短、效果和法律约束力等方面。权威观点认为，计划不是行政法上的一种独立活动方式，而只是一个集合标签，对不同计划行为应当根据其特性和相应的法律规定进行判断。

计划中的关键法律问题是法律救济权。学界权威观点认为可以将法律救济权分为存续请求权、执行请求权和补偿请求权三种。其中，补偿请求权针对计划的变更和废除。已经按照计划采取了相应的处置但因计划消灭而遭受财产损失的人，可以要求行政机关为此采取过渡措施或者提供适应性帮助。

5. 行政私法行为。是指行政机关采取私法方式实现公法目的的行为。其最大特点是公法规范和私法规范的重叠适用，典型是行政补贴行为。

三、行政强制执行

这方面的主要法律依据是 1954 年 4 月 27 日的《联邦行政强制执行法》和 1963 年 3 月 10 日的《联邦行政机关行使公权力直接强制执行法》。德国行政强制执行制度的特点是以金钱债权和行为义务、一般强制和即时强制这两个区分为主线，分别规定不同程序和执行措施，采取行政机关自主执行的主体模式。

（一）执行的一般要件

1. 行政行为包含有命令性或者禁止性的内容，可供执行。

2. 行政行为已经生效，不可被诉请撤销；

3. 义务人不履行义务。

（二）金钱债权的执行

这是指税款、规费的执行。条件是：

1. 给付决定已经生效并且履行期限届满。

2. 通知履行期限届满。即自行政机关通知之日起 1 个星期内，义务人仍然没有履行义务。

3. 在采取执行措施之前，再为另一个星期的告戒。

学界认为，义务人寻求救济的最好途径是提起确认之诉，要求法院确认行政行为支持的请求权不存在。

（三）作为、容忍和不作为义务的执行

这里有代履行、执行罚和直接强制三种执行方法。行政机关在开始实施执行之前，应当书面告戒义务人履行的期限、将要采取的执行措施。义务人不在告戒期期限内履行义务的，行政机关作出执行决定，确认告戒中提出的执行措施，然后实施执行。

告戒属于行政行为，义务人可以诉请法院撤销；针对执行措施，可以提起确认之诉。

（四）即时强制

因情况紧急，需要立即执行的，应当符合如下条件：

1. 因情况紧急，没有作出的行政行为的合法性要件已经具备；

2. 采取强制执行措施的条件已经具备。

即时强制性质上属于行政行为决定与行政强制执行决定的合并。

四、联邦行政程序法

1976 年《联邦行政程序法》（2002 年最后修订）的特点是：

1. 在框架结构方面，以行政行为为核心概念，以一般程序和特殊程序的划分为主要线索，规定了行政法的一般原则、行政程序的主体（行政机关和参加人）、行政行为的一般程序和特别程序，以及行政行为的效力和行政行为的监督。

2. 规定了大量的实体法内容。包括行政法的一般原则、行政行为的效力及其变更、撤销、废止和转换等。

3. 《联邦行政程序法》与各州行政程序法典并行，但分别适用。

4. 行政组织法占较大的比重。该法典有关行政组织法（包括管辖、职务协助等）的条文总计为 19 条，占整个法典条文 103 条的 19%。

五、公产

公产（öffentliche Sachen）是指为行政机关所管理，用于公共目的的财产。

（一）界限

这里需要考虑的因素是：

1. 私人财产。只要处于私人的支配之下，即使用于公共目的也不是公产。这方面的典型是私人开设的公共设施，如私立图书馆、私立大学等。

2. 财政财产。这是指间接用于公共行政的财产，主要包括用于公共管理之外的动产、参与工商企业经营的财产以及其他行政机关掌控的资产债权。财政财产受私法的调整，不享有公法上的特殊地位，因此不属于公法的调整范围。行政主体可以以私法方式购买、处分或者转让这种财产，因此发生的争议属于民事争议，由普通法院主管。

（二）种类

1. 行政财产。这是指公共行政主体直接用于执行任务和公务人员的财产。

2. 企业财产。直接用于实现行政主体目的的企业财产都属于行政财产，即使具有营利的目的。

3. 设施财产。是指以设施的形式表现出来的，相对人经明示或者默示许可使用的财产。

4. 一般公产。是指供范围不特定的公众直接使用而无需专门许可的公产，如公路、空间以及水路法规定使用的水体等。

（三）命名

命名是指有关国家机关通过立法、命令、标志等方式，确立公产的支配主体、公用目的和使用范围。

（四）使用

使用分为一般使用和特许使用两类。前者指无需行政机关批准，任何人都可以按照命名确定的目的、功能和条件免费使用的公共设施。这方面的典型是公路。特许使用是指超出一般使用范围因而需要行政机关予以许可的使用，通常实行收费。

第三章

行政诉讼法

第一节　概述

1960 年生效的《行政法院法》是德国行政诉讼制度的主要依据。

一、德国行政诉讼制度的特点

德国行政诉讼制度的特点是：

（一）独特的行政法院体制

德国不仅区分普通法院和行政法院，而且行政法院还可分为普通行政法院和专门行政法院两类。后者包括财政法院、社会法院、专利法院、名誉法院等。《行政法院法》的规范对象是普通行政法院。

普通行政法院分为联邦、州和地方三级，地方行政法院主要根据行政审判负担量的需要设置，行政区划只是其中一个次要的考虑因素。其中，州行政法院和地方行政法院属于州司法的范畴，属于联邦系统的行政法院只有联邦行政法院。

地方行政法院是原则上的初审法院。州行政法院主要管辖上诉案件及有关法规命令和规章的规范审查的第一审案件。涉及有关州法的争议，州行政法院享有终审权。

有关联邦法律的案件，认为高级法院判决违反联邦法律的，由联邦行政法院主管。

审判组织实行合议原则。地方行政法院的合议庭由一名审判长、两名职业法官、两名名誉法官组成。适用简易程序的案件，由职业法官独任审理。高级行政法院合议庭的组成与地方行政法院基本相同，联邦行政法院由 5 名职业法官组成合议庭。

公益代表人是德国行政诉讼中的重要制度。在联邦行政法院，高级联邦检察官作为公益代表人参与诉讼，可以提出诉讼请求。

（二）受案范围实行概括式

《行政法院法》第40条规定，行政法院的受案范围是"非宪法性的公法争议"。具体而言：

1. 公法争议与私法争议的区分。这里的关键是公法与私法的区分。

2. 宪法争议与其他公法争议的区分。宪法争议是指宪法权利主体之间的以宪法问题为客体的争议。德国《联邦基本法》和《联邦宪法法院法》规定了16种宪法争议案〔1〕，其他争议由行政法院管辖。

自1863年巴登州首次建立最高行政法院之后到《行政法院法》之前，德国行政诉讼在受案范围方面存在如下限制：

1. 列举原则。行政诉讼范围限于特定的决定形式，特别是负担行政行为。决定的形式不仅对行政诉讼的类型选择具有重要意义，而且对是否能够诉诸行政法院具有重要意义。列举原则被《基本法》第19条第4款和《行政法院法》第40条的规定废弃。

2. 裁量监督。行政裁量成为行政机关摆脱法律约束和司法监督的借口。

3. 特别权力关系。除了行政机关的内部领域之外，特别权力关系领域也不受司法监督。

（三）以保护公民合法权益为主要目的

这方面的主要体现是，关系人提起行政诉讼必须主张个人权益受到侵害，个人权益是否受到侵害是法院作出诉讼裁判的重要根据。客观法律秩序的维护是主观权利保护的附带结果。

（四）诉讼类型

德国行政诉讼分为确认之诉、形成之诉和给付之诉三大类，每大类之下又有不同的类别，不同的诉讼类型程序有一定的差异。这里需要注意的是：

---

〔1〕 对这16种宪法争议案可以做如下分类：①准刑事案件。包括宣告基本权利的丧失和丧失程度的案件、裁决和宣告政党违宪并解散该政党的案件、联邦总统弹劾案、联邦和各州的法官弹劾案。②宪法审判所固有的案件。包括联邦最高机关或由联邦基本法和联邦最高机关通过议事规程授予固有权利的其他关系人的有关权利与义务范围的争议案、对抽象法律法规违宪的审查案件、联邦与州的权限争议案、各州之间的宪法争议案。③具体的法律法规违宪审查案。④联邦议院议员的选举申诉案。⑤宪法控告案件。

1. 根据《基本法》第 19 条第 4 款有效法律保护规定的要求，对任何一种可能侵害公民权利的高权措施，都必须具有相应的诉讼类型供公民选择。如果没有对应的诉讼类型，则要适用给付之诉和确认之诉等具有普遍性的诉讼类型[1]。

2. 法院不得以诉讼类型的选择不当为由不受理原告的起诉。也就是说，不受理起诉的理由不是诉讼类型选择不适当，而是选择了不存在的诉讼类型。当事人选择诉讼类型错误的，法院应当根据《行政法院法》第 86 条第 3 款规定，通过提示、解释或者转换等方法，建议当事人选择适当的诉讼类型。

3. 行政活动的归类只影响诉讼类型，而不影响受案范围和当事人的诉权。例如，将行政机关的某一个活动纳入行政行为的范畴，其意义并不在于开拓受案范围，而在于确定了针对这种行政活动的诉讼类型。

二、行政诉讼的宪法依据

行政诉讼的宪法根据表现在：

1. 法治国家原则。主要表现在《基本法》第 95 条第 1 款规定的组织保障、第 19 条第 1 款规定的法律救济保障、第 92 条和第 97 条规定的法官独立、第 101 条规定的法官合法的要求、第 103 条规定的法律听证（Rechtliches Gehör）的要求。

学界认为，没有独立的行政法院对行政进行监督，就没有法治国家。行政诉讼是法治国家中国家权力划分的必要形式。行政诉讼不仅是监督行政的一种形式，而且是国家立法的重要推动力。行政诉讼是有关国家权力相互监督、相互制约从而实现相互平衡的方式。

2. 民主原则。根据《基本法》第 20 条第 1～2 款，行政诉讼确保行政处于民主法律的约束之下，是实现少数保护原则的一种途径，是民意形成的一种过程。

3. 联邦国家原则。该原则在行政法院体制方面的反映是地方各级法院都是各州的行政法院，联邦只有联邦行政法院，作为全国最高的行政法院。这种体制是为了保障各州行政的特点和乡镇的自治行政，同时也确保国家法律的统一性。体现联邦国家统一性的联邦忠诚原则和合作型的联邦机制是联邦宪法法院和联邦行政法院。

4. 社会国家原则。表现在：给付行政也处于行政法院的控制之下，行政

---

[1] Friedhelm Hufen, *Verwaltungsprozessrecht*, 3. Auflag, C. H. Beck 1998, S. 233.

诉讼的费用不得危及贫困者的生存，行政法院应当保障社会差别不损害机会均等原则。

5. 自治行政原则。自治行政必须接受行政法院的监督，行政法院的实体和程序监督有助于自治行政正确运用其裁量空间。

6. 基本权利保护原则。基本权利保护最终要通过行政法院在个案中通过比例性、实践的一贯性等具体标准予以落实。

三、行政诉讼的一般行政法基础

行政诉讼法的一般行政法基础表现在：

1. 公法和私法。这涉及行政诉讼的受案范围。

2. 具体和抽象。这涉及行政诉讼类型的选择，例如涉及抽象行为的规范审查之诉。

3. 内部行政与外部行政。除了与公民的外部争议之外，存在没有外部效果的内部诉讼。当国家内部的组成部分构成独立的活动单元时，它们之间就可能产生"机关争议"，从而形成内部诉讼。

4. 主观权利和客观权利。这涉及行政诉讼的目的定位，行政诉讼的首要目的保护公民的主观权利，即特定的法律主体根据立法机关的决定或者具体案件的处理得到的、可以对国家主张的权利。客观的合法性监督不是行政诉讼的主要方面。

四、改革

德国行政诉讼制度面临的主要问题是：

（一）审判负担

表现在诉讼程序过于复杂和迟缓、行政审判的负担过重、案件积压时间越来越长。这方面的典型问题是：

1. "真"集团诉讼和"假"集团诉讼。前者是指众多人针对一个诉讼客体的案件，如慕尼黑第二大型飞机场案件，该案是一个集团诉讼，原告有5724人。后者是指若干"程序的集合"（Masse des Verfahrens），即诉讼客体同类的若干案件，如外国人法和避难法案件。对此，《联邦行政程序法》第17～19条、《行政法院法》第93a条和第67a条作了规定。

学理上提出的解决办法是成立新的行政法院、改善现有行政法院的条件、法律规定审结期限等。比较高的改革呼声是统一行政法院、社会法院和财政法院等的程序，制定统一的行政诉讼法典。

2. 完整的审判权和实行调查原则。行政法院必须对高度复杂的技术性事实或者社会性事实作出决定，例如调查设施是否符合科学技术标准并且作出裁判、审查有关基因技术危险的预测报告、对环境负担状况作出判断、核定教育机构的容量等。

有学者认为，将这些高度复杂的技术性问题的最终判断权赋予行政法院，行政法院可能力所不能及；而将这些影响重大的技术、社会和经济问题的最终判断权赋予行政机关，也令人担忧。可行的办法是成立独立的、与法院分离的专家委员会。

3. 利益冲突的协调。例如对涉及众多利害关系人的核电站或者大范围的经济结构措施等。有学者认为，法院对这种情况作出决定可能会陷入矛盾的一方，合理的做法是审查行政机关如何作出决定，而不是作出了什么样的决定；也就是说，应当审查行政的程序。[1]

（二）欧洲一体化进程的影响

这方面的问题很多，主要是欧洲法院与成员国法院之间的权限划分。

第二节　类型

类型划分是德国行政诉讼制度的一个突出的特色。按照权威观点，基本的诉讼类型是形成之诉、给付之诉和确认之诉。各种诉讼类型之间的界限并非泾渭分明，而是存在并行、主从或者交叉关系。例如，针对具有第三效果的行政行为的撤销之诉同时也是给付之诉，所有的其他诉讼类型都以确认之诉为基础。当事人可以同时提起数个诉讼类型，法院可以合并审理[2]。

一、确认之诉

确认之诉（Feststellungsklage）是指确认法律关系存在或者不存在和行政行为无效的诉讼类型。除非需要确认行政行为无效，确认之诉不得与给付之诉、撤销之诉、职责之诉同时提起。

权威观点构筑的分类比较复杂，其将确认之诉分为具有防御性的消极确认之诉和通过宣告争议的法律状态使地位得到改善的积极确认之诉，或

---

〔1〕 Friedhelm Hufen, *Verwaltungsprozessrecht*, 3. Auflag, C. H. Beck 1998, S. 47.

〔2〕 诉的合并分为客体的合并和主体的合并。诉讼主体的合并属于共同诉讼（《行政法院法》第64条）的范畴。通常所说的诉的合并是指诉讼客体的合并，即若干相对独立的诉讼类型的合并（《行政法院法》第44条），条件是：①诉讼请求针对相同的被告；②若干诉讼请求具有法律上或者事实上的关联性；③属同一个法院管辖。诉的类型可以相同，也可以不相同；这些诉讼类型可以是并行，也可以分为主次；可以同时进行，也可以分阶段进行（Stufenklage）。

者行政行为的无效确认之诉、后续确认之诉、预防性确认之诉、临时确认之诉等。

后续确认之诉（Fortsetzungsfeststellungsklage），又称为事后的确认之诉（Nachtraegliche feststellungsklage），是指行政行为已经被依法废除，但当事人对其违法性或者无效性的确认仍然具有正当的利益时，法院根据当事人的请求予以确认，例如具有歧视影响的行政行为或者行政机关可能反复作出的行政行为。

预防性确认之诉（Vorbeugende feststellungsklage）是指为了防止行政机关反复作出相同的行政行为，即使在该行政行为被依法废除之后，当事人对其违法性的确认仍然具有正当利益时，要求行政法院判决确认其违法性的诉讼类型。预防性确认之诉是否为单独的诉讼类型，学理上存在争议。有人认为是确认之诉之下的单独的诉讼类型[1]；有人认为是后续确认之诉的特殊情况。[2]

临时确认之诉（Zwischenfeststellungsklage）是指某个法律状态是本案的前提，原告一并提起或者被告通过反诉提起的确认该法律状态的诉讼类型。其依据是《行政法院法》第 173 条和《民事诉讼法》第 256 条第 2 款。

规范审查（Normenkontrolle）是确认之诉的一种特殊情况，其客体是州的法律之下的法律规范，严格地说，它并不是一种独立的诉讼类型；根据《行政法院法》第 47 条规定，如果规章或者法规命令的适用侵犯或者可能侵犯其权利，任何行政机关、公民或者法人可以在公布之后的两年之内申请高级行政法院审查规章和特定的法规命令的有效性。

《行政法院法》采取了简便的二分类法，即：

（一）一般确认之诉

《行政法院法》第 43 条规定了一般确认之诉。根据该条规定，原告可以提起确认之诉，请求法院对某一法律关系是否存在进行确认，也可以请求法院确认某一行政行为无效。在形式审查阶段，法院审查以下几个方面：

1. 具体性。原告的诉讼请求为确认某一具体的法律关系是否存在或者某一行政行为无效。

---

〔1〕 Creifelds, *Rechtswoeterbuch*, 15. Aufl., Verlag C. H. Beck 1999, S. 1461.

〔2〕 Mario Martini, *Verwatungsprozessrecht*：*Systematische Darstellung*, Luchterhand Verlag Gmbh, 1997, S. 32.

如果原告请求确认法律关系[1]是否存在，则该法律关系应当为涉及个人具体权利和义务的法律关系，换言之，必须是具体的法律关系。抽象的法律关系，如国家与公民之间的法律关系，虽然也受到法律的调整，但在事实上法院难以对此类法律关系进行确认，因此不属于《行政法院法》第43条规定的法律关系的范围。抽象的法律关系必须通过一定的、具有法律意义的方式被具体化之后才能够由法院加以确认。具体法律关系的产生方式包括行政行为、行政立法、公法合同以及事实行为等。除此之外，具体化的方式还包括其他一些方式，甚至是不具有一定形式的方式。例如，一公民从事某一行业的经营活动，而从事该行业的经营活动是否需要取得许可存在争议，有关的行政机关声明，该公民如果不服从其意见，则该行政机关将强制取缔其经营活动。此时该公民与该行政机关之间就成立了一种属于《行政法院法》第43条规定意义上的法律关系，该公民可以向法院起诉，请求确认其是否需要取得许可。

除了抽象法律关系之外，对于抽象的法律问题也不得提起确认之诉，例如某一法律是否可以适用。法院的任务是解决争端，而不是在理论上解决法律问题本身。此外，对于请求法院对抽象法律问题进行确认的原告而言，并没有法律救济的必要。

原告请求法院确认的法律关系一般是原告与被告行政机关之间的法律关系，但也可以是被告行政机关与第三人之间的法律关系。

如果原告的诉讼请求为确认一行政行为无效，则原告须合理地主张该行政行为无效。至于该行政行为是否无效，则属于实体审查的内容。在此类确认之诉中，原告不得请求法院确认行政行为非属无效行政行为，或请求确认该行政行为含有或不含有一定的内容。

2. 从属性。原告能够或本来能够通过提起形成之诉或给付之诉保护自己的权利的，则不得提起一般确认之诉。

相对于形成之诉和给付之诉，特别是撤销之诉、义务之诉和一般给付之诉，一般确认之诉原则上具有从属性。因此，当一名公务员因一行政行为被解除职务时，其不能够提起确认之诉，而请求法院确认公务供职关系的存在，唯一可能的途径是针对解除职务的行政行为提起撤销之诉。在这种情况下，对该公务员而言，撤销之诉较之于确认之诉更有利于其权利保护。这也是规定确认之诉从属性的一个重要原因：原告所采取的法律救济手段，应当为同

---

[1]　法律关系的概念与《德国民事诉讼法》第256条规定的法律关系的定义相同。

种类型的可选择途径中能够最为充分、最为有效保护其权利的途径。此外，确认之诉的从属性也有利于保证撤销之诉和义务之诉的特别规定不被规避，如其关于诉讼时效和先行程序的规定，以防止因错过诉讼时效而丧失诉权的当事人滥用确认之诉。

确认之诉的从属性存在例外。如果原告请求法院确认某一行政行为无效，则确认之诉的从属性不适用。无效行政行为可以是撤销之诉、拒绝之诉以及确认之诉的审理对象。当然，如果撤销之诉与拒绝之诉的诉讼时效已经错过，则确认之诉是唯一的选择。确认之诉的从属性不适用于确认行政行为的无效，其理由是经常很难确定一个行政行为的瑕疵究竟导致其无效还是可撤销。因此，确认之诉中审理的行政行为不必实际上为无效的行政行为，而撤销之诉中审理的行政行为也可以是无效的行政行为。至于被诉行政行为究竟是无效还是可撤销，则属于实体审查阶段调查的问题。如果法院在确认之诉的审理中认为，被诉行政行为可撤销，而不是无效，则在原告仍然可以提起撤销之诉的情况下，如果原告不请求法院撤销该行政行为，法院应当驳回原告的诉讼请求。

3. 关联性。法院对法律关系存在与否或行政行为的无效进行确认，必须与原告的正当权益有关，换言之，原告必须对此具有正当权益。正当权益的范围比合法权利广。如果法院的确认至少能够影响到原告的法律地位，并且原告的诉讼请求能够改善其法律地位、经济地位或导致其精神上的满足，则原告对法院的确认享有正当权益。

在形式审查阶段，法院还应当确定原告是否适格，但被告是否适格的问题，则属于实体审查的内容。审查被告是否适格之后，法院应根据实体法的规定，审查系争法律关系是否存在及有关行政行为是否无效，并相应作出判决。

（二）继续确认之诉

行政相对人向法院提起撤销之诉后，如果在法院判决之前被诉行政行为终止，则此时原告有两种选择：可以请求法院按照《行政法院法》第161条第2款的规定对诉讼费用的承担进行裁判[1]，也可以请求法院确认原行政行为违法。后者即为继续确认之诉。在继续确认之诉的形式审查阶段，法院应当确定下列几个方面：

---

[1]《行政法院法》第161条第2款规定："案件审理完毕，法院公正裁量后以裁定方式对诉讼费用进行裁判。"

1. 提起原撤销之诉所应具备的实体审查条件应当具备。这是因为，究其本质而言，继续确认之诉无非是转化之后的撤销之诉，而撤销之诉的转化又以原撤销之诉适法为前提。

2. 系争行政行为在撤销之诉提起后、法院判决前终止。

3. 系争行政行为终止后，原告请求法院确认终止的行政行为的违法性。原告无需明确提出请求，只要从其陈述中可以推断出原告的请求即可。

4. 对于法院确认已终止的行政行为，原告须享有正当权益。这一规定的目的，在于当确认已终止的行政行为对于利害关系人的权利保护没有实际意义的时候，法院无需再确认其违法。正义感、报复心理以及追究有过错的公务员的责任的愿望都不构成充分的正当权益。只有当对已终止的行政行为进行确认能够完全或者至少部分保护原告的权益的时候，原告才享有正当权益。判断原告是否享有正当权益的时间点并不限于行政行为终止之时，而是审理终结之前的任何时候，因而审理终结之前发生的事实都能得以考虑。除此之外，如果情况充分表明，行政机关在近期内可能作出类似的行政行为，则原告对法院的确认也享有正当权益。

在审查原告是否享有正当权益的时候，原告适格问题即得到确定。被告适格与否的审查与撤销之诉中的审查相同。在实体审查阶段，法院审查的重点是已终止的行政行为在作出时是否违法，原告权益是否因此受到侵害，以及在原行政行为尚未终止的情况下，该行为是否应当被撤销。

在明确了上述两种基本分类的基础上，需要进一步注意：

1. 继续确认之诉的扩大适用。《行政法院法》第 113 条第 1 款第 4 句规定了在两种情况下可类推适用继续确认之诉，继续确认之诉的适用范围因此得以扩大。

（1）义务之诉的类推适用。《行政法院法》第 113 条第 1 款的规定针对的是撤销之诉，但并没有任何充分理由反对将继续确认之诉适用于义务之诉的两种类型，即拒绝之诉和不作为之诉。如果原义务之诉适法，而且在假定行政机关已经作出原告申请的行政行为且该行政行为此时已经终止的情况下，则原告可以请求法院确认行政机关的拒绝行为或不作为违法。如果在原告申请的行政行为应当终止的时候，在义务之诉中，因事实和法律要件尚不具备，法院不能够对行政机关是否应当作出原告申请的行政行为作出判断的，则在继续确认之诉中，原告的诉讼请求应当为确认行政机关不作为违法。

（2）对在起诉前即已终止的行政行为的类推适用。原告意欲向法院提起诉讼，请求法院撤销一个已经作出的行政行为或请求法院判决行政机关作出其申请的行政行为，但在其提起诉讼之前，该行政行为即终止的，也可以类推适用继续确认之诉。其依据是《基本法》第 19 条第 4 款规定的公民应获得充分的法律救济的保护。而在上述情况下，继续确认之诉是能够最为有效地保护公民权利的救济方式。

2. 预防性确认之诉。这是指原告提起的、请求法院判决行政机关无权作出一定的行为，特别是某一特定的行政行为的诉讼。

如果原告提起预防性确认之诉是为了防止行政机关作出某一行政行为，则该预防性确认之诉的诉讼请求与不得作为之诉相同，因此又产生了确认之诉从属性的问题，在这种情况下，原告不得提起预防性确认之诉。如果原告提起预防性确认之诉的目的是防止行政机关作出处行政行为之外的行为，特别是事实行为，则预防性确认之诉能够起到有效地保护公民权益的作用。

二、给付之诉

给付之诉（Leistungsklage）是原告方要求被告方提供特定的"给付"即作为（Tun）或者不作为（Unterlassen）的诉讼。其既适用于行政主体与公民之间，也适用于行政主体与行政主体之间。其中，典型的是所谓的义务之诉（Verpflichtungsklage），即公民要求行政机关作出原先拒绝或者没有作出的行政行为的职责之诉。

义务之诉又分为拒绝之诉和不作为之诉两类，两者相互补充。下面分别对拒绝之诉与不作为之诉进行分析。

（一）拒绝之诉

原告提起拒绝之诉的目的，是在行政机关已经拒绝原告的申请的情况下，请求法院判决行政机关作出原告所申请的行政行为。对拒绝之诉进行形式审查时，法院应当围绕以下几个实体审理要件进行审查：

1. 原告请求法院判决行政机关作出的行为必须是行政行为。如果原告请求法院判决行政机关作出的行为不属于行政行为，则正确的诉讼类型应当是一般给付之诉，而不是拒绝之诉。除此之外，假定行政机关已经作出该行政行为，则该行政行为尚未终止，换言之，如果行政机关已经作出了该行政行为，该行政行为仍然具有效力，对原告具有实际意义。

如果行政机关的拒绝行为因被撤销或以其他方式终止，则在原告提出申请，并且其对确认享有利益的情况下，必须在其判决中确认原拒绝行为违法，而不是撤销该拒绝行为。

拒绝之诉的标的是原告要求行政机关作出申请的行政行为或要求行政机关作出实体决定的诉讼请求，以及行政机关对原告申请的拒绝。行政机关拒绝原告的申请的行为往往构成一个行政行为，但该行政行为并非拒绝之诉的审理标的。

2. 原告应当合理主张，因行政机关拒绝作出其申请的行政行为致使其权利受到侵害。这一点与撤销之诉相似，但也有不同之处。主要的不同点是权利受到侵害的原因不同：撤销之诉中原告的权利因一行政行为受到侵害，而拒绝之诉中原告的权利因某一行政行为未作出而受到侵害。

3. 提起拒绝之诉之前，应当经过复议先行程序。关于撤销之诉的复议程序的规定，也适用于拒绝之诉之前的复议程序。但在撤销之诉中，复议具有延缓效力，即行政行为暂时不发生效力，而在拒绝之诉中，复议并不具有延缓效力。其原因在于义务之诉的目的并不是防止对原告的负担，而是审查行政机关对原告申请的拒绝。因此，在这种情况下并没有必要通过复议的延缓效力对原告提供临时法律保护，如果原告因行政机关的拒绝行为而面临危险的，只能适用《行政法院法》第 123 条规定的临时保全令。

如果法院经形式审查，认为原告的起诉符合实体审理的条件，则进入实体审查。首先审查原被告是否适格，若适格，则进一步审查行政机关拒绝作出原告申请的行政行为的行为是否违法，这往往取决于原告是否根据实体法的规定有权请求行政机关作出其申请的行政行为。如果原告具有相应的请求权，则行政机关拒绝作出申请的行政行为的行为违法。

法院区分不同情况作出判决：如果决定行政机关是否应当作出申请的行政行为的事实条件和法律条件都具备，原告请求行政机关作出申请的行政行为的，法院在行政机关拒绝作出申请的行政行为的行为违法且原告因行政机关的拒绝而权利受到侵害的情况下，应判决行政机关作出申请的行政行为；如果前述条件并不具备，则原告的诉讼请求只能是要求行政机关根据法院的意见作出答复。

在行政机关通过行使裁量权作出决定的情况下，一般法院不宜判决行政机关作出原告申请的行政行为，因为法院不能以其裁量代替行政机关的裁量。但是，如果行政机关除作出申请的行政行为之外，其他的决定都将构成裁量瑕疵[1]，则法院可以判决行政机关作出原告申请的行政行为。

（二）不作为之诉

如果公民向行政机关提出申请，请求其作出某一行政行为，行政机关在适当的期限内无正当理由未作出任何实体决定，则公民可以向法院提起诉讼，

---

〔1〕　这种情况称为行政机关的裁量压缩至零，也称为裁量收缩。参见［德］哈特穆勒·毛雷尔著，高家伟译：《行政法学总论》，法律出版社 2000 年版，第 132 页。

请求法院判决行政机关作出其申请的行政行为，这种诉讼为义务之诉的第二种类型，称为不作为之诉。不作为之诉与拒绝之诉的区别在于，在不作为之诉中，行政机关未作出任何实体决定，而在拒绝之诉中，行政机关作出了拒绝的行为。

在形式审查阶段，法院应审查下列几个方面：

1. 原告请求法院判决行政机关作出的必须是行政行为，且在该行政行为业已作出的情况下，其效力并未终止。就此而言，不作为之诉与拒绝之诉具有相同点。

2. 原告须合理主张，行政机关未作出其申请的行政行为致使其权利受到侵害。

3. 行政机关在适当期间内，无正当理由未对原告的申请作出决定。

在实体审查阶段，法院先审查原被告是否适格，之后审查实体问题。作出判决时，与拒绝之诉相同，应区分两种情况：如果行政机关作出原告申请的行政行为的事实和法律要件均已具备[1]，则法院判决行政机关作出该行为；如果前述要件尚不存在，则法院判决行政机关根据法院的意见作出实体决定。

需要特别注意的是，两种义务之诉是：

1. 不得作为之诉[2]。这是一种消极的义务之诉，其目的是请求法院判决行政机关不得作出一定的行政行为。这种诉讼类型相对于拒绝之诉和不作为之诉而言是一个例外，只有在特别的情况下才能够提起。提起不得作为之诉，不需要遵守一定的时效，也没有先行程序的要求，但必须有特别的、充分的法律保护的必要性。例如，在公民可能面临事后无法弥补的损害的情况下，就存在这种法律保护的必要性，可以提起不得作为之诉。

2. 规范制定之诉（Normerlassklage）是指因规章或法规命令的制定而可能受益的公民或者法人，请求行政法院判令行政机关在规定时间之内制定并且发布该规章或者法规命令的诉讼类型。例如，公民请求行政机关制定将其作为例外的《店铺停止营业法》，要求大学制定有关攻读博士学位的条例等。[3]

---

〔1〕 在德文中称为 Spruchreif，直译应为"裁判成熟"，即法院进行实质性裁判的条件已经成就。

〔2〕 不作为之诉（Untätigkeitsklage）与不得作为之诉（Unterlassungsklage）在中文表示上仅一字之差，容易混淆，请注意区别：不作为之诉是在行政机关对公民的申请既未许可亦未拒绝的情况下，公民请求法院判决行政机关作出申请的行政行为的诉讼；而不得作为之诉是指公民请求法院判决行政机关不得作出某一行政行为的诉讼。

〔3〕 Friedhelm Hufen, *Verwaltungsprozessrecht*, 3. Auflag, C. H. Beck 1998, S. 405.

三、形成之诉

形成之诉（Gestaltungsklage）是成立、变更或者消灭某种法律状态的事实，是一种开放的、不确定的诉讼类型，其既适用于行政行为，也适用于其他行政活动形式。与确认之诉和给付之诉的不同之处在于，形成之诉直接生效，不可能也没有必要强制执行，除非涉及费用。

（一）种类

形成之诉可以分为诉讼上的形成之诉和实体法上的形成之诉。前者包括变更之诉、强制执行之诉、重新进行之诉，后者包括机关诉讼特别是地方组织争议，以及撤销之诉。

变更之诉（Aenderungsklage）是指因事实或者法律状态发生重大变更，要求调整作为执行名义的连续性给付的诉讼类型。例如，因物价大幅度上涨，要求调整租金、抚恤金、生活费、社会保险金的发放决定中的标准。其法律依据是《行政法院法》第173条、《民事诉讼法》第323条和第258条。

强制执行之诉（Vollstreckungsklage），又称为反强制执行之诉（Vollstreckungsgegenklage，Vollstreckungsabwehrklage），是指对生效判决确认的请求权提出异议，从而使其不能作为执行名义的诉讼类型。强制执行之诉只能在执行过程中针对执行名义提起。其法律依据是《行政法院法》第167条和《民事诉讼法》第767条。

重新进行之诉（Wiegeraufnahmeklage）是指公共利益代表人针对已经生效的判决提起的重审的诉讼类型。其依据是《行政法院法》第153条和《民事诉讼法》第578条以下。[1]

机关诉讼（Organsklage）是指地方自治团体（如县、乡镇）的下设机关因职权职责或者组织法上的权利义务发生争议，如因回避、参与、针对机关成员的措施等，而提起的诉讼类型。[2]

（二）撤销之诉（Anfechtungsklage）

撤销之诉是指要求消除有效行政行为效力的诉讼，属于形成之诉的典型。

原告提起撤销之诉的目的为请求法院撤销被诉行政行为，因此，撤销之诉是一种形成之诉，根据原告诉讼请求作出的判决为形成判决。该种判决中，只有有关诉讼费用方面的内容可以执行：如果法院判决撤销被诉行政行为，则该行政行为将被直接撤销，无需执行；如果法院判决驳回原告的诉讼请求，

---

〔1〕　参见 Schmitt Glaeser/Horn，*Verwaltungsprozessrecht*，15. Aufl.，Verlag Boorberg 2000，S. 235.

〔2〕　Creifelds，*Rechtswoeterbuch*，15. Aufl.，Verlag C. H. Beck 1999，S. 747. 该书认为，地方组织法争议（机关争议）应当适用给付之诉或者确认之诉。

则被诉行政行为被确定为合法，也无需执行。

法院受理原告起诉之后即开始审理原告的起诉，首先对原告的起诉进行形式审查，只有在起诉符合一定条件的情况下，法院才进入实体审理，否则法院将驳回原告的起诉，终结诉讼。从这一意义来说，原告提起诉讼所应符合的条件也可以称为实体审理要件。撤销之诉的实体审理要件包括：

1. 存在行政行为。具体要求是：

（1）原告提起撤销之诉的诉讼请求是撤销行政行为。因此，撤销之诉的首要要件，就是必须有行政行为的存在。换言之，请求撤销的行为必须为一客观存在的行政行为[1]。

（2）被诉行政行为尚未终止[2]。如果在法院审理结束之前，行政行为因撤销或其他方式终止，除非存在《行政法院法》第113条第1款第4句规定的情形，否则法院将以裁定方式对诉讼费用进行裁判。

（3）原告不限于行政行为的相对人，与行政行为有利害关系的人也可以作为原告提起诉讼。至于利害关系人的范围，则根据实体法以及有关规范的保护目的予以确定。利害关系人作为原告的一个典型例子为受建筑规划影响的相邻权人。在提起诉讼时，原告无需充分证明其与被诉行政行为有利害关系，其只需合理主张其权利受到侵害即可，而其权利是否实际受到侵害，则为实体审理的内容。

如果原告是行政行为的相对人，则对于原告资格的确定具有较大意义，因为在一般情况下，相对人的权利最有可能因行政行为而受到侵害。但在原告非相对人的情况下，一般对原告权利受到侵害的主张应当进行比较细致的审查。

2. 原告必须合理主张其自身权利受到侵害。根据《行政法院法》第40条第2款的规定，原告须主张自身权利受到侵害。该规定的目的是防止任何人提起撤销之诉，以达到维护公共利益或维护他人利益的目的。任何人均不得主张公权力行使者对第三人错误适用了法律而提起诉讼。

原告提起撤销之诉，应当合理主张权利受到侵害。但法院是否受理原告的起诉，并不以原告的权利实际受到侵害为条件。原告是否享有其所主

---

〔1〕 行政行为的概念来源于学理和司法实践，并为立法所吸收。《联邦行政程序法》第35条对其进行了定义："行政行为系指行政机关为调整公法领域的具体事务，做出的对外直接产生法律效力的任何处分、决定或其他官方措施。一般命令系指针对根据一般特征确定的或可确定的人员群体作出的行政行为，或涉及某物的公法特性或公众对该物的使用的行政行为。"

〔2〕 行政行为是否终止，主要参照《行政法院法》第113条第1款第4句以及《联邦行政程序法》第43条第2款的规定予以确定。

张的权利，以及该权利是否实际受到侵害，属于实体审理阶段审查的内容。为达到法院受理起诉的目的，原告只需合理主张其权利受到行政行为的侵害即可。

原告主张的权利仅指主观公权利。主观公权利是个人根据法律规定所享有的，请求国家或其他公共行政主体为一定具体行为、履行容忍义务或不为一定行为的法律强制力。基本权利作为最高的主观公权利，经常是单行法律所确定的主观公权利的基础。但单行法律也可以不依据基本权利或超出基本权利的范围创设主观公权利。

主观公权利存在与否，取决于是否有相关法律依据。法律对主观公权利无需为明确具体的规定，关键在于个人的利益是否受到某一法律规范的保护，该法律规范是否不但保护公共利益，还保护个人的利益（保护规范理论），但是这种利益必须为法律上的利益，不得为经济、文化或政治利益。此处的法律规范首先是正式法律，还包括法规、规章以及对行政机关有拘束力的权力行为（也有学者称之为高权行为）。如果在一具体情况下对一法律规范是否保护原告的利益存在疑问，则应当通过法律解释明确这一问题。

《行政法院法》第40条第2款的但书规定，"法律另有规定的除外"。根据这一规定，正式的联邦法或州法可以规定，某些行政诉讼的原告无需主张自身的权利受到侵害而具有原告资格。其典型情况是自然保护协会对于破坏环境、影响生态平衡的行为可以提起诉讼，而不必主张有关行为侵害其权利。

3. 复议先行程序。在提起撤销之诉之前，原则上应当在复议程序中对有关行政行为的合法性以及合目的性进行审查。就性质而言，复议程序属于行政程序，该程序构成了行政法院法和行政程序法之间的连接点。复议程序的意义在于使尽可能多的争议在行政领域即得以解决，无需进入司法领域，这样，一则减轻法院的负担，二则在行政领域争议往往能得到更好的、更彻底的解决，因为在复议程序中，行政机关可以运用其专业知识对系争行政行为的合法性与合目的性进行审查，而行政行为一旦进入司法领域，其审查范围仅限于其合法性。

在下列情况下，提起撤销之诉无需先行复议：法律规定无需先行复议；行政行为是由最高联邦行政机关或最高州行政机关作出的，但法律规定应当进行复议的除外；改正通知书中或复议驳回通知书中第一次含有不利于申请人的内容的[1]。此外，已经通过别的方式达到复议的目的，或者复议明显不可能达到目的的，也无需进行复议。

---

[1] 参见《行政法院法》第68条第1款规定。

4. 时效。提起撤销之诉的诉讼时效为 1 个月。该时效自复议决定送达之日起起算；如果不必进行复议，则自行政行为宣布之日起起算。

原告提起撤销之诉，法院经审查认为符合以上要件的，则进入实体审查阶段。实体审查一般按照如下顺序进行：

（1）审查当事人是否适格。适格原告为实际享有其主张的权利，根据实体法能够以自身名义针对被告提出请求的人；适格被告的确定适用法人原则，正确的被告为作出被请求撤销的行政行为的行政机关所隶属的行政主体，其范围包括联邦、州和公法人，其中公法人的范围又包括市镇、市镇联合会、公共营造物等。

（2）法院对当事人是否适格进行审查之后，对系争行政行为也应进行进一步的审查。如果行政行为违法并且原告权利因此受到侵害，则支持撤销行政行为的诉讼请求，判决撤销该行政行为。

对撤销之诉的审查顺序可以作如下图所示：

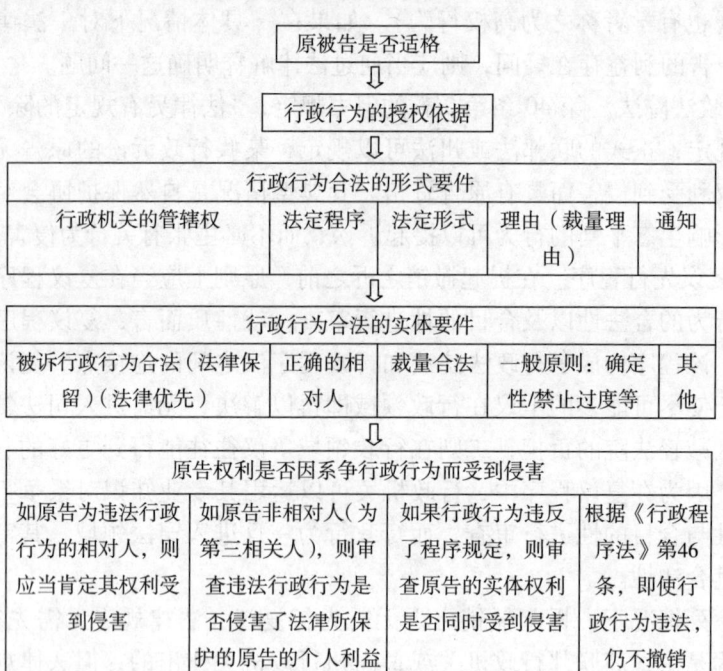

根据《行政法院法》第 113 第 2 款和第 3 款，原告提起撤销之诉时，可一并提起清除后果的诉讼请求，特别是请求对已经执行的行政行为采取恢复原状的措施，或者提出公法上的返还请求。

从诉讼请求的角度，可以对上述诉讼类型做如下归类图示：[1]

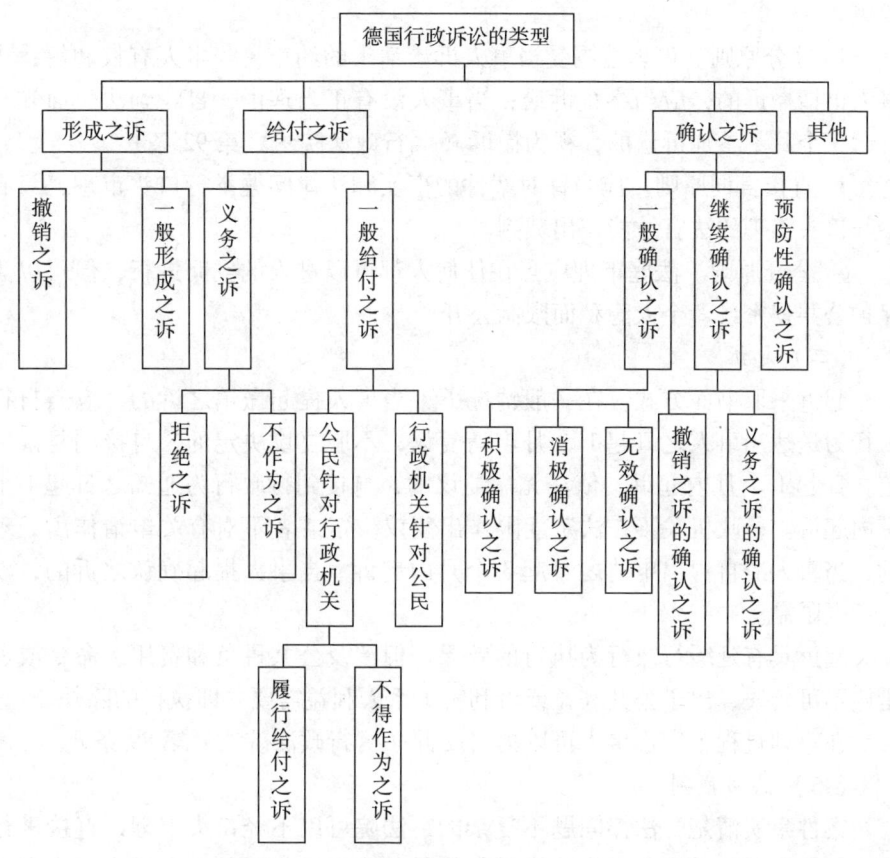

第三节　程序

一、第一审程序

（一）原则

行政诉讼程序遵循如下原则：

1. 听证权保障原则。任何利害关系人都有权得到法院审判，法院应当通过阐明、教示、及时通知、阅卷、言辞辩论、准许提出诉讼请求、翻译等方式，确保参加人有充分发表意见的机会，并且确保其意见对裁判发生影响。

2. 中立原则。通过回避、均衡参与机会确保法院形式和实质的中立性。

---

〔1〕　Friedhelm Hufen, *Verwaltungsprozessrecht*, 3. Auflag, C. H. Beck 1998, S. 234.

3. 调查原则。法院依职权调查案件事实，不受当事人陈述和举证申请的约束。

4. 处分原则。审理范围受当事人诉讼请求的约束，当事人有权和解；当事人申请撤诉的，应当终止诉讼；当事人没有正当理由，自收到法院通知之日起3个月不参加诉讼的，视为撤诉（《行政法院法》第92条）。

5. 直接言词原则。应当针对案件的事实和法律问题举行口头审理，只有参与口头审理的法官才能作出裁判。

6. 公开原则。法庭审理应当在任何人都可以进入的空间进行，但可以为保护公共秘密或者个人隐私而限制公开。

（二）起诉

起诉采取书面方式。在一般情况下，当事人提起撤销之诉的，应当自行政行为送达当事人之日起1个月申请复议；不服复议决定的，自接到复议决定之日起1个月内起诉。依法无需复议的，自接到行政行为通知之日起1个月内起诉。行政机关不在法定期限作出复议决定或者不对有关申请作出处理的，当事人应自提出申请之日起3个月内起诉。当事人提起确认之诉的，没有期限限制。

起诉具有延缓行政行为执行的效果，但涉及公共税负和费用、命令或者措施不可延缓、出于公共利益或者利害关系人利益需要立即执行的除外。

在审理过程中，当事人可以提出反诉（《行政法院法》第89条）。

（三）简易裁判

案件事实清楚，法律问题不复杂的，法院可以不经口头审理，直接进行裁判，但应当事前听取当事人意见。简易判决送达之后的1个月内，当事人可以上诉或者要求进行口头审理（《行政法院法》第84条）。

（四）言词审理

经过准备，法院进行言词审理，审理程序没有固定模式。通常由法官介绍合议庭成员、告知权利并且阐明案件事实争点之后，围绕被诉行政行为的合法要件，由当事人按照法官确定的顺序，进行事实陈述、辩论和最后陈述。在审理过程中，法官应及时总结要点，指导当事人进行下一步的举证、质证和辩论。法庭审理完毕之后，进行合议。应当在言词审理结束之后的两个星期之内宣布判决。言词审理没有审结期限限制。

二、上诉程序和复审程序

具有下列情形之一，当事人不服一审裁判的，有权自裁判送达之日起1月内向地方法院提出上诉请求：①对判决的正确性提出实质性的质疑；②案件的事实或者法律问题存在严重分歧；③案件具有重要意义；④偏离上级法院判例；⑤程序违法导致裁判错误。

被上诉人应自接到上诉状之日起 1 个月内提出答辩。

上诉人可以撤回上诉；上诉人在法院通知 3 个月后不参加诉讼的，视为撤诉。

上诉程序的审查范围原则上限于诉讼请求，但对新提出的事实和证据应当考虑。

上诉程序准用第一审程序规定。

具有下列情形之一，当事人不服上诉裁判的，应当在 1 个月内提出复审请求，由联邦行政法院决定是否准许：①案件具有原则性意义；②偏离上级法院判例；③因违反法定程序而导致裁判错误。

经当事人书面同意并且经地方法院裁判准许，当事人可以越级提出复审（《行政法院法》第 134 条）。

联邦法律规定不能上诉的，经地方法院准许或者联邦行政法院准许，当事人可以越级要求复审。

三、判决

按照不同标准，可将判决分为形成判决、给付判决和确认判决，以及终局判决、中间判决（时机成熟的中间争议）、部分判决（具备裁判条件并且可分割的诉讼请求）、理由判决（给付之诉中的事实或者法律问题）和其他判决（保留判决、变更判决、放弃判决、认诺判决）等。

判决以"人民的名义"作出，包括首部、主文、理由、救济手段告知、费用、临时执行决定等部分。

这里需要注意撤销之诉的判决。法院审查被诉具体行政行为之后认为其违法的，应当予以撤销，但在一些例外情形下，法院不撤销违法的具体行政行为。这里需要注意的是：

（一）部分撤销

行政行为的部分内容侵害了原告的合法权益，并且该部分内容具有可分性的，则法院判决撤销违法的部分，例如附款。

（二）不得撤销

撤销违法行政行为将会给国家利益、公共利益造成重大损失的，法院应当确认被诉具体行政行为违法，而不是撤销该行为。

原告不享有清除请求权（Beseitigungsanspruch）的，行政法院不得撤销被诉行政行为（Verwaltungsakt）。

羁束性行政行为违反法定程序但不影响其内容的正确性的，不得被撤销。

四、执行

根据《行政法院法》第 167 ~ 172 条，行政诉讼裁判的执行适用《民事诉讼法》的有关规定，除非《行政法院法》作了特殊规定。

1. 依《联邦行政强制执行法》执行。生效裁判对行政主体有利的，按照《联邦行政强制执行法》的规定执行，执行机构是第一审法院庭长。针对行为义务的执行，需要州机关协助的，按照州法的规定。

2. 依《行政法院法》执行。行政主体执行金钱债权的，由第一审法院根据债权人的申请执行，法院有权要求有关机构协助执行。在宣布执行命令之前的 1 个月，法院应当告戒相关行政主体将要执行的意旨。对于执行公务必需的物品或者公共利益禁止转让的物品，禁止执行。

3. 罚款。在告戒之后，行政机关仍然不执行法院判决的，可以罚款约 1000 欧元；指定的期限届满之后仍然不执行的，继续罚款。

第四章
国家赔偿法

第一节　现行国家赔偿制度的特点

国家赔偿法是调整公民在遭受国家侵害时提出的损害赔偿、公平补偿、恢复原状等请求的法律规范。德国现行国家赔偿制度的特点是：

一、复杂的法律渊源结构

《基本法》第34条和《民法典》第839条交叉调整职务赔偿责任，但两者不一致，前者限于公权力措施违法的赔偿责任，后者还包括行政私法行为的赔偿责任。除此之外，法官法、习惯法和一般法律原则都从不同侧面调整国家赔偿问题。

二、复杂的请求权结构

以赔偿请求权作为制度构建的核心是德国赔偿制度的特点。问题是，实体法制度确认的请求权的种类繁多，并且相互之间存在重叠关系。除了职务赔偿责任、行政法债务关系中的赔偿责任、征收补偿以及其他形式的赔偿责任（如准征收侵害、征收性侵害和牺牲补偿）之外，还包括内容接近并且部分交叉的不作为请求权和后果清除请求权。

三、并行的救济途径

对于国家赔偿案件，普通法院和行政法院都有管辖权。前者管辖职务赔偿和征收补偿，管辖基于行政法上债权关系的赔偿请求权和后果清除请求权。但是，两者之间的管辖权界限并不明确。

四、赔偿与补偿的融合趋势

现行法以违法过错侵害的赔偿和合法侵害的补偿的二元划分为基础，但学界权威观点认为，国家赔偿的实质是特别牺牲的公平补偿，过错和违法在赔偿责任构成方面的作用越来越小。

第二节　现行国家赔偿责任的结构

现行国家赔偿责任主要由如下情形构成：

一、职务赔偿责任

这是典型意义上的国家赔偿责任，具体可以分为立法赔偿、行政赔偿和司法赔偿。根据《民法典》第 839 条及《基本法》第 34 条，职务赔偿责任的构成要件是：

1. 执行公务。侵害行为必须是公务人员在执行公务过程中实施。通说认为，国家机关为了执行任务对外以私法方式直接实施的活动不产生职务赔偿责任，对此应当适用一般的、没有特权的侵权赔偿责任。

2. 违反对第三人的义务。当行政机关对第三人负有职责，并且该职责以保护第三人为目的（保护规范）时，违反该义务可能产生赔偿责任。

3. 过错。公务员在实施侵害行为时必须具有故意或者过失。

4. 因果关系。公务员实施侵害行为与损害后果之间存在相当的因果关系。

5. 不存在限制赔偿责任的情形。例如受害人通过保险费得到补救、受害人对损害的产生或者扩大具有过错（如不及时寻求法律救济）、对外国人赔偿责任的对等限制等。

根据《民法典》第 839 条、第 852 条第 1 款规定的赔偿请求权时效是从受害人得知损害和赔偿义务人之日起 3 年，而不论受害人是否根据这种认识采取了行动。赔偿请求权时效可以因复议或者诉讼而中断。

二、行政法债务关系中的赔偿责任

具体情形有：

1. 行政法合同债权。根据《联邦行政程序法》第 62 条，行政法合同可以适用《民法典》有关合同赔偿责任的规定。

2. 公法保管责任。即基于公法保管关系产生的赔偿责任。

3. 公法上的无因管理。公民为行政机关提供服务而遭受损害，没有任何法律依据的，可以要求行政机关赔偿损害。

4. 公务员法律关系。主要指违反公务员法上的照顾义务而产生的赔偿责任。

三、危险赔偿责任

危险赔偿责任是指不以违法性和过错为要件，因技术性风险而产生的损害赔偿责任。公法领域中只存在单行法特别规定的危险责任，例如军用飞机、核设施、计算机系统产生的危险责任，私人因暴乱或者暴行而遭受的侵害，不当刑事追诉措施的责任，军事演习的赔偿责任等。

四、补偿请求权

其中主要是：

（一）财产征收的补偿责任

所谓财产征收，是指国家以任何公权力方式限制、剥夺公民财产或者具有财产价值的法律地位的行为。征收及其补偿必须依据议会法律进行。

司法界借用财产征收制度，提出准征收的概念，是指违法的财产侵害行为。

（二）具有财产价值的内容限制

这是指为了公共利益而限制公民财产权利的行为。例如为了文物保护，国家确认公民财产的文物价值，限制公民使用该财产，并且赋予公民文物保护义务；为了保护动植物，设置动植物保护区，限制保护区内的不动产所有人的财产使用权和处分权。

学界有人认为，司法界提出的"征收性侵害"概念应当纳入"具有财产价值的内容限制"制度中。

（三）牺牲补偿

是指行政机关侵害非财产权利的补偿。历史上牺牲补偿针的是对合法的侵害行为，但现在逐步扩展到非法侵害行为。

五、后果清除请求权

权利遭受公权力措施侵害的公民有时不仅需要金钱补偿，还需要恢复侵害行为发生之前的状态。后果清除请求权是对其他请求权缺陷的弥补。

第三节　1981 年《国家赔偿法》

1981 年《国家赔偿法》被联邦宪法法院以联邦没有立法权限为由宣布撤销。1994 年 10 月 27 日的关于修改基本法的法律授权联邦议会制定《国家赔偿法》的并行立法权，清除了联邦立法权的障碍，一部全面而系统的《国家赔偿法》正在酝酿之中，但 1981 年的《国家赔偿法》仍然是蓝本。下文简要介绍。

1. 适用范围。该法的调整范围限于违法公权力措施侵害的赔偿责任，不包括征收或者牺牲的补偿、产生于行政法债务关系的损害赔偿请求权以及法律规定的危险责任和公法返还请求权的案件。

2. 要件。根据《国家赔偿法》第1条第1款，过错不是国家赔偿责任的构成要件。

3. 赔偿责任方式。损害的补偿采取金钱或者后果清除等方式。

4. 设施赔偿责任。包括计算机系统、红绿灯和作出税务决定、兵役登记决定和其他集团行政行为的数据处理设备失灵产生的损害赔偿责任。

5. 赔偿责任的限制。主要情形是：

（1）混合过错。受害人对混合过错承担与其过错相当的责任。

（2）司法赔偿。法官言论特权将赔偿责任限于法官违反法律义务的行为构成犯罪，并且违法判决被撤销的情况。

（3）立法赔偿。只有在法律明确规定的情况下和范围内，立法机关违反法律义务的行为才应当承担赔偿责任。国家赔偿法不适用于正式法律，除非法律就具体事件明确规定适用国家赔偿法。

（4）对外国人的赔偿责任。该法第35条授权联邦政府通过法规命令，在特定情况下，出于对等原则，对不在德国定居的外国人的赔偿责任设定限制。

6. 时效。国家赔偿请求权从请求权人知悉主要情况之日起3年，最长于30年后消灭。

7. 追偿。造成损害的公务员或者其他公务人员对受害人不承担赔偿责任。国家在对公务员的错误行为向第三人承担损害赔偿责任之后，可以对公务人员行使追偿权，但限于公务员具有故意或者重大过失的情况。

8. 法律途径。国家赔偿诉讼由对造成国家赔偿责任的公权力措施的合法性有权裁决的法院管辖。金钱损害赔偿请求应当向普通法院提起，后果清除请求应当向对该行政活动享有主管权的法院提起，但一般情况下应当向行政法院提起。

日本行政法

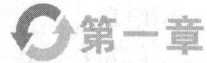

第一章

日本行政法概念的基本内容[*]

第一节　日本国宪法中的行政概念和行政法

自明治维新以来至今，日本先后存在过两部宪法，即明治宪法（大日本帝国宪法）和战后的日本国宪法。在不同的宪法制度之中，"行政"这项概念本身的含义不尽相同。

根据《明治宪法》第 1 条和第 14 条的规定，国家的统治权专属于天皇，国民作为天皇的臣民应服从该统治权。在这种关系中，所谓行政，是天皇统治国家、支配臣民的国家作用，是为了国家的公共利益发动公权力、制约国民的权利和自由的国家作用。其中，所谓的公共利益，是指超越每个国民个人的国家利益。为了实现国家利益或公共利益构成了行政的特征。

但是，1946 年 10 月 29 日公布、次年 5 月 3 日起施行的《日本国宪法》将君主立宪统治作了 180 度的转向，在确立国民主权原则的基础上将国民置于国家政治的主人的地位上。正如《日本国宪法》在前言中所指出的："国政依据国民的庄严委托，其权威来自国民，且其权力由国民代表行使，其福利由国民享受。"据此，包含行政作用在内的全部国家作用，也应以国民共同的福利为目的，由国民的代表来实施。因此，日本国宪法之下的行政被认为应该不是为实现超越国民利益的国家利益为目的，而应该是以实现国民共

---

[*]　本文写作的主要参考文献为：田中二郎：《行政法総論》，有斐閣 1957 年版；塩野宏：《行政法 I》，有斐閣 2013 年版；塩野宏：《行政法 II》，有斐閣 2013 年版；芝池義一：《行政法総論講義（第四版補訂版）》，有斐閣 2007 年版；芝池義一：《行政救济法講義》，有斐閣 2006 年版；芝池義一：《市民生活と行政法》，放送大学教育振興会 2002 年版；芝池義一编：《判例行政法入門》，有斐閣 2005 年版；芝池義一：《行政法読本》，有斐閣 2013 年版；室井力：《現代行政法入門（1）》，法律文化社 1995 年版；藤田梳宙靖：《行政法入門》，有斐閣 1996 年版。

同的利益为目标，以全体国民为对象的服务活动。由此，在日本国宪法之下，必须基于行政的终极理念，即公共服务的立场解释行政法律规范。

由于上述宪法基础的变化，现代日本宪法和行政法对行政概念的认识具有两层意义。

1. 近代性意义。近代宪法的两大要素是人权保障和权力分立。在三权分立这一近代宪政制度结构中，立法、行政和司法三权分别由不同的国家机构掌握，通过彼此之间的制约实现防止权力滥用、保障国民自由的目的。日本国宪法承继了近代宪政的这些制度原则，也建立了三权分立的制度，在第41、76条规定立法权由国会执掌、司法权归属法院的同时，第65条规定行政权归属内阁。因此，在狭义的范围内，行政这个概念通常是指内阁所承担的国家作用。

近代性意义中的行政是以自由主义国家为理念基础的。在这样的国家中，市民社会的自主自立受到尊重，行政被要求应尽可能地避免介入市民社会。因此，这时的行政主要以警察行政和财政作用为核心，前者是以维持国家公共秩序为目的的最小限度地对社会产生危害或者危险的管理行为，后者表现为税赋的征收。二战之前的日本，行政除了主要体现为警察行政和财政作用之外，事实上在一定程度上也在教育、土木建设、福利等领域起着作用，但这些作用较之警察、财政则范围十分狭小。

2. 日本的行政还具有现代性意义，即给付行政的意义。现代行政的一项特征就是伴随着福利国家政策的发展，给付行政逐渐增大。

现代意义中的行政是以福利国家为基础的。在现代社会中，一方面，随着资本主义的高度发展，社会各个阶层之间的所得差别扩大，由此产生的社会生活的弱者需要获得生活扶助；另一方面，由于产业结构的高度化和复杂化，加快了社会分工体制的发展，人口向城市集中，市民彼此之间的生活依存度提高，市民社会在相当程度上丧失了其原有的自给自足能力。由此，国民生活的相当部分不得不依存于公共的行政。《日本国宪法》为此在第25条规定，应努力保障国民享有"健康、最低限度的文明的生活"。根据该条规定，国家和公共团体承担着为维护和增进国民福利而积极提供资金、物资和服务等，完善生活基础，确保每个国民作为人的生活的责任。

因此，在现代行政中，给付行政急剧增大，行政权的范围也由此大规模夸张。日本的国家或者公共团体承担着提供自来水、电力、煤气等生活必需的财物和服务，建设交通和通信设施、文化教育设施、医疗保健福利设施，提供公共扶助和社会保险等事项。给付行政已经与警察行政、税赋等财政作用等权力性行政活动一同在国家法律制度中占据着重要的位置。

上述作为国家作用的行政需要由法律制度加以制约，需要建立规范行政的法律制度。因此在日本行政法学中，就一般意义而言，所谓行政法，是关于行政的法。在这个初步的定义中，行政是形式意义上的行政，其所指的是国家或地方自治团体等行政主体所从事的活动。

但是，规范形式意义上的行政的法并不都是行政法，因为国家或地方自治团体的活动也适用其他的诸如民法的规范。因此，严格而言，所谓行政法，是指规范行政的固有或者特有的国内公法。

第二节　行政法的存在形式

日本的实定法体系中，行政法的表现形式如下：

一、特征：成文法中心主义

法的存在形式被称为法源。日本作为成文法国家，成文法在其法律秩序中占有中心的地位。这是因为：①行政法的内容涉及对专业技术的规范事项；②在行政权的发动方面，应赋予国民预测的可能性；③由于在民主主义社会中，行政权的发动必须具有民主正当性，因此在权力行政的领域，由代表国民的议会制定的法律（或者条例）应该成为第一层次的法源。

二、成文法源的种类

以下为日本行政法的成文法源：

（一）宪法

宪法是规定国家基本统治结构的基本法。《日本国宪法》第 89 条规定宪法具有最高的法律规范性质，因此，宪法是最上位的法源。在宪法典中，规定有行政组织以及行政作用基本原则的部分直接属于行政法的法源。不仅如此，所有的行政活动都必须服从宪法的基本原理。

（二）法律

国会制定的规范形式被称为法律。根据《日本国宪法》第 41 条的规定，国会是"国家的唯一立法机关"，独占国家的立法权。国会依据《日本国宪法》第 56、59 条以及国会法等规定的程序制定的规范形式就是法律。即就形式意义而言，是否属于法律仅仅依制定的主体和程序等判断，而不问内容。但另一方面，当制定涉及国民权利义务的规范时，该规范（实质意义上的法律或者法律规范）原则上必须采用法律的形式。

法律的效力低于宪法，但在功能上则居于中心法源的位置。

（三）命令

所谓命令，是指由行政机关制定的成文规范。因制定机关不同，命令分为政令、内阁府令、省令、规则等。其中，根据《日本国宪法》第73条第6项和《内阁法》第11条的规定，政令由内阁制定，其效力优于其他命令。根据《内阁设置法》第7条第3、4款的规定，内阁府令由总理大臣发布。根据《国家行政组织法》第12条的规定，省令由各个省的大臣制定。根据《国家行政组织法》第13条、《国家公务员法》第16条、《会计检查院法》第38条的规定，规则由行政委员会、会计检查院等具有独立性的行政机关制定。

（四）地方自治体的自主法

根据《日本国宪法》第94条的规定，地方公共团体拥有条例制定权。这项立法权所制定的条例，不仅是形式意义上的条例，同时也具有实质性意义，即条例的制定权是指地方自治体自主法的一般制定权。同时，作为该项自主立法权的形式，还包括《地方自治法》第14条第1款规定的条例、该法第15条第1款规定的地方自治体的首长制定的规则以及该法138条之4第2款规定的委员会规则。

在地方自治体的自主法中，由于条例由地方议会制定，因此其在地方自治体中具有相当于法律的作用。条例可以规定的内容包括自治事务和法定受托事务，以及在没有国家法令委任的情况下所制定的不与法令相抵触的涉及居民权利义务的事项。但是，就形式方面的效力而言，根据《地方自治法》第14条第1款的规定，条例的效力居于法律和命令之下。

地方自治体的首长制定的规则不拥有条例那样的相当于法律的作用，但是由于首长是由居民公选产生的，具有高度的民主正当性，因此，尽管其不得违反法令，但法律并没有明确地规定其与条例之间的关系。地方自治体的首长制定的规则可以根据《地方自治法》第15条第1款的规定，就"属于该首长权限的事项"作出规定。

委员会规则不得违反法令和首长制定的规则。根据《地方自治法》第138条之4第2款的规定，其必须在法律的委任之下，能够就"属于该委员会权限的事项"作出规定。

（五）条约

条约是日本国与其他国家等之间设定的国际法上权利义务的约定，其并不当然具有国内法的效力。但条约的内容中如包含国内行政方面的具体规定，只要一经公布，该方面的内容就直接具有国内法的效力。

三、不成文法源

日本行政法上的法律关系主要由成文法律规范调整。但为了填补成文法的空白或者对成文法的不确定之处进行补充解释，有时也采用不成文的规范为法源。不成文法源主要有：

（一）习惯法

所谓习惯法，是指形成于人与人之间的长期被认为具有法律效力的习惯。在日本行政法中，例如河川水利权、流木权以及在公有原野上放牧权等权利是由地方性民众的习惯法所确认的；由《官报》公布的惯例、内阁决定的方法则构成了行政先例法。

（二）判例

日本的法院只针对个别纠纷作出判决，其并不制定一般性的规范，其判例并不具有法源性质。但当相同内容的判决反复出现时，该内容就具有了法的意义。尤其在行政法方面，由于常常存在着法律规范不够完善和相互矛盾的情况，从而导致法解释方面发生许多问题，因此，判例具有规范以后类似法律关系法源的作用。

（三）条理

在日本法中，针对法令之中没有规定的问题，法官等应该根据健全的社会常识作出判断。这种社会常识作为法源被称为条理，也时常被称作"社会一般理念"。在行政法领域中，条理担负着很大的规范作用。例如，针对裁量权的行使问题，如果依照"社会一般理念"属于显著不合理的，该行政权的行使就构成违法。

第二章

行政活动的基本原理

第一节　法治主义

在日本国宪法之下，行政法中的法治主义被理解为国家、地方自治团体的行政活动在任何情况下都必须遵循的要求。行政法中的法治主义又被称为"法治行政"或"依法律行政的原理"。

一、法治主义的内容

日本行政法中的法治主义由以下几个部分的内容组成：

（一）法律优位原则

法律优位原则是指行政活动不得违反现行的法律规定的原则。与欧洲市民革命以来建立三权分立的国家一样，日本国宪法也不允许行政权违反立法者所制定的规定。这项原则适用的对象是全部的各种类型的行政活动。该行政活动，无论是一般的、抽象的行政立法活动，还是个别的、具体的行政行为，无论其是否直接涉及私人的权利义务，无论其具有权力性还是属于非权力性，均受到该项原则的制约。

（二）法律保留原则

这项原则要求行政在从事一定种类的活动时，必须根据法律的授权。即行政必须通过法律的授权获得行使该项活动的权限。例如，根据《日本国宪法》第84条所规定的"租税法律主义"原则，在课赋新税时，必须要具备法律上的根据。

（三）法律的法律规范创造力原则

这项原则意味着只有法律才能制定出法律规范。这里的"法律规范"是指一般抽象的且涉及国民私人的权利义务的规范。《日本国宪法》第41条规定:"国会是……国家的唯一立法机关。"该条中的"立法"被认为是指制定"法律规范",因此,该条明确地显示了"法律的法律规范创造力原则"。

在上述的三项法治主义的内容中,现在,法律优位原则和法律的法律规范创造力原则已经在日本被毫无疑问地完全接受。与此不同的是,针对"法律保留原则"的具体内容,日本存在着许多不同的观点。

二、法律保留原则中的不同观点

针对"法律保留原则"的具体内容,日本行政法学界中存在各种不同的观点。概括而言,大致有如下几种观点:

(一) 侵害保留说

侵害保留说主张只有以权力方式侵害国民的权利或自由的行政才必须依据法律的授权。依据该项学说,行政在作出诸如课税决定、责令停止营业等行为时必须根据法律的授权,而发放国民补贴、设置体育设施以供国民使用等授益性的行为则无需法律的授权。

侵害保留说主要流行于二次世界大战之前,现在的日本法学界已经没有学者持该主张。该学说的关键之处在于将行政活动划分为侵害性的行政活动与授益性的行政活动两大类别。但在现代现实的行政活动中,这种两分论显现出其局限性,例如,行政作出的公害规制行为对于工厂管理者而言是侵害性的,但对于该工厂周围的居民而言则属于授益性的行政活动。但无论如何,侵害性行政活动必须依据法律授权的要求在今日依然没有被否定。

(二) 权力作用保留说

权力作用保留说认为在行政活动中,具有权力性的行政活动必须依据法律的授权,反之,非权力性的行政活动则无需法律授权。

与上述的侵害保留说相比较,课税决定、责令停止营业等具有侵害性质且具有权力性的行政活动理所当然必须依据法律的授权。不仅如此,授益性的且具有权力性的行政活动也必须依据法律的授权。另一方面,如果行政活动是非权力性的,则不需要法律的授权。例如,行政机关与私人之间缔结的补贴发放契约及行政指导则不需要法律的授权。

(三) 全部保留 (法律规范保留) 说

全部保留说主张不区分行政活动是限制了国民的权利自由还是赋予国民权利或免除国民义务,只要涉及国民的权利义务,该行政活动必须依据法律的授权。

(四) 完全全部保留说 (公行政保留说)

完全全部保留说要求公共行政无论是权力性行政还是非权力性行政,都需要法律的授权。依据这项学说,有关补贴发放的契约以及行政指导都需要法律的授权。完全全部保留说要求全部的公共行政都服从法的统制，其在理念上最符合日本国宪法的精神。但是另一方面，该原则难以符合现实的要求，尤其在非权力性行政的领域更是如此。

第二节　信赖保护

在日本，信赖保护原则是近年来才受到关注的，是在一定的条件下保护国民对行政的信赖的一项行政法原则。例如，在社会保障制度领域，在已经接受行政给付数年之后被发现该项行政给付具有明显的违法性时，如根据"依法律行政的原理"处理，就必须撤销该违法的行政给付行为。但是，如果从相对人的生活状况以及信赖保护的角度考虑问题，则需要对撤销行为加以限制以及提供救济手段。

信赖保护原则是信义诚实这项法的一般原则在行政法领域的体现。作为一项行政法制度，信赖保护是由日本法院分别通过两个划时代性的判例（东京地方法院 1965 年 5 月 26 日判决和最高法院 1981 年 1 月 27 日判决）建立起来的。判例所确立的适用该项原则的案件的主要构成要件是：①个别具体的措施，即适用对象必须是诸如社会保障的给付决定等具体个别的措施；②实行活动，即根据该措施作出的行政实行活动，例如根据社会保障的给付决定实施的作出的给付活动；③客观依存性，例如，在得到行政机关对咨询的回答后，行政相对人不得不依赖行政机关的法律知识，不得不遵从行政机关的回答的，国民私人的活动就对行政活动具有客观的依存性，这是客观基础。

第三节　行政裁量

一、行政裁量的概念

在日本，行政裁量一般被认为是指当行政活动不能依据法令作出唯一定义时，该法令认可的行政的判断余地。例如，法律规定"厚生劳动大臣在存在公益方面的必要时，可以采取必要的措施"。这项规定中，厚生劳动大臣对于认定是否存在公益方面的必要、是否应该采取必要的措施以及采取怎样内容的措施等方面拥有裁量权。一般而言，当法律使用不确定概念规定行政活动的要件或内容时，以及没有规定采取措施的义务而是使用"可以"的词汇时，行政就拥有裁量的权限。

二、行政裁量的种类

（一）依裁量的局面的分类

例如，根据上述事例，"存在公益方面的必要"的局面并非能够由法令本身作出唯一的定义，即法令难以明确规定各种具体情况中"存在公益方面的必要"的要件，因此，当厚生劳动大臣对此进行要件认定时，其所作的裁量就属于要件裁量。而当该要件存在之后，对于厚生劳动大臣而言"可以采取必要的措施"的规定并不是义务性的拘束力，是否采取相应的措施属于厚生劳动大臣的判断，这时的裁量属于行为裁量（也称"效果裁量"）。

（二）依裁量的宗旨的分类

根据确认裁量的法令宗旨，行政裁量可以分为专业技术性裁量、政策性裁量等类别。例如，最高法院在1982年7月15日邮政储蓄贬值诉讼判决中指出，在政府应该采取的政策方面，确认政府具有"裁量性的政策判断"。高松高等法院1984年12月14日在伊方核电站设置许可诉讼判决中区分了"在核电站的安全性被确认的基础上对是否设置核电站的政策性裁量"与"确认安全性的判断中"的"专业技术性裁量"。

（三）依裁量与司法审查的关系的分类

根据与司法审查的关系不同，行政裁量被分为羁束裁量（法规裁量）与自由裁量（便宜裁量）。自由裁量不受司法审查，羁束裁量则与此相反。这种分类在行政法学之中源远流长，日本在战前就存在着这样的分类。由于时代的不同，这一分类的标准以及内容也随之有所不同。

在明治宪法时代的行政法学说中，行政行为被划分为（既不是要件裁量也不属于行为裁量的）羁束行为和裁量行为。裁量行为继而又被划分为法院可以审查的羁束裁量行为和法院不能审查的自由裁量行为。具体的区分标准因学说不同而不同。

形式说（要件裁量说）认为，应从要件中判断是否属于自由裁量。并且，制定法没有设定行政行为的要件或者以"有实现公益目的的必要性时"、"必要的处分"之类的用语表述时，该法律允许行政厅自由裁量；而当制定法采用诸如"有公众卫生上的必要性时"等不确定法令概念表述中间目的时，不存在自由裁量。此外，当法律规定"可以"作出某种行为时，只要要件充足，该行为也属于自由裁量行为。

与此不同的是，实质说（效果裁量说）否认行政对要件认定方面具有自由裁量性，其认为是否属于自由裁量，应在是否作出行政行为的判断阶段之中确定。并且，限制国民权利自由的行为以及对应于国民请求权的给予利益

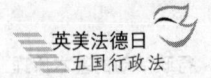
的行为，不属于自由裁量行为；而不对应于国民请求权的给予其自由的行为以及不左右国民权利义务的行为则属于自由裁量行为。

二战之后，在总结了一系列判例的基础上，《日本行政事件诉讼法》第30条规定了裁量处分超越裁量权范围或滥用时，法院可以撤销该裁量处分。由此导致羁束裁量行为与自由裁量行为的区别走向相对化。以此相对化为前提，现今的学说主要有如下的变化：形式说的变化趋向是当法律在要件或法律效果方面使用不确定概念或者"可以"的用语时，承认行政裁量，但该行政裁量即使被认定为自由裁量，如果该行为存在超越裁量范围或者滥用情况的，其亦构成违法。反之，从"法院的法律判断能力"中可以推导出"司法审查不涉及的地方"。即行政行为是否应被司法审查，应通过法律用语以及法院的判断能力决定。而法院的判断能力受到司法审查的基准及其方法的发展阶段的制约。实质说也认为对自由裁量应该适用对裁量的超越范围和滥用进行司法审查的法理，对于羁束裁量行为则依然沿用原实质说的主张。

三、对裁量的超越范围、滥用的审查

《日本行政事件诉讼法》第30条规定，"对于行政厅的处分，当裁量权超越范围或滥用时，法院可以撤销该处分"。根据此项规定，法院有权审查行政裁量行为。在诉讼中，法院应该依据怎样的基准则构成了司法审查时的关键问题。一般而言，法院通常会根据社会一般理念、宪法的要求等进行审查。此外，认定事实错误、法令解释错误等也时常会被作为认定裁量超越范围或滥用的理由。具体而言，审查基准有以下几种表现。

（一）实体审理及其基准

在日本，大量的判例反映出法院通过着眼于裁量行使的目的，审查其是否符合实体性基准，由此判断行政裁量行为是否合法。这些实体性基准主要有：

1. 目的拘束的法理。这是从法治主义中推导出的基准。行政机关基于恣意的保护目的所作出的裁量行为当然违法。此外，行政裁量还必须根据授权法律所规定的宗旨和目的实施。例如，东京地方法院于1969年7月8日作出的一项判决中指出，根据《出口贸易管理令》中原第1条第6项的规定，通产大臣为实现维持国际收支平衡以及外国贸易和国民经济的健康全面发展的目的，必要时可以对出口实施限制，但通产大臣根据"应遵守以减弱（共产主义）各国的潜在战斗力为直接的宗旨和目的的巴黎统筹组织约定这种国际政治理由"而作出不批准出口的处分，超越了裁量范围，构成违法。

2. 国民的权利和自由。行政机关在实施裁量时不得不当地限制国民的权利和自由。例如，最高法院1988年12月20日的判决指出无法律根据侵害隐私的入室检查构成违法。这项基准不仅针对行政相对人，同样也适用于第三人。

3. 宪法原则以及条理和社会一般理念。行政裁量也不得违背宪法以及条理和社会一般理由所确立的原则。其中代表性的原则有平等原则、比例原则等。比例原则要求应该达成的目的与其手段（措施）之间应处在合理的比例关系。这些原则过去都是在条理的层面上被认识的，但现在根据《日本国宪法》第13条和第14条的规定，已经成为宪法原则。

4. 义务的懈怠。即使没有明示性法律规定，但根据一定的法律根据有义务行使裁量权的行政机关如懈怠该义务时，该裁量权的行使也构成违法。

（二）判断过程的审理及其基准

对于行政裁量，法院不仅审查其结果，同时也审查其过程。行政机关考虑了不应考虑的事项（他事考虑），或者未考虑应考虑的事项以及在考虑中存在认识或评价错误时，该行政裁量违法。对行政机关的判断过程进行审理最为著名的判例是东京高等法院1973年7月13日对日光太郎杉案件作出的二审判决。该判例中表现的审查方法也在最高法院的其他判决中有所体现（如最高法院1996年3月8日对"耶和华的证人"剑道实技拒绝案的判决）。该判决主要内容如下：

《土地征收法》第20条第3项规定的"项目规划应有助于土地的正当且合理的使用"是《土地征收法》规定的项目认定中的一项要件，从中可以推导出利益衡量的要求，即该土地用于该项目所获得的公共利益与因此失去的利益之间的衡量，而后者的利益中包含该土地所具有的各种文化价值乃至环境保全事项。因此，建设大臣所作出的项目认定"不当、轻易地轻视了该土地附近具有的不能赎买的各种文化价值乃至环境保全事项。在探寻保全上述结果要求与建设和扩充公路的必要性之间应该如何调和的手段和方法的过程中，没有完全进行当然应该完全的考虑。并且，在这项判断中，考虑了原本不应考虑的事项，即设想了因举办奥林匹克运动会所导致的交通量增加。同时，对因暴风造成树木倾倒的可能性和树木生长衰弱的可能性等原本不应该过重评价的事项作了过重的评价。因此，该裁量判断的方法和过程存在错误，据此判定裁量违法。

（三）程序审查

如果法律要求行政活动需要经过听证或公听会等事前程序的，法院有权在审查行政厅的判断实体结果的同时，另行对该活动的程序是否合法进行审查。

第三章

行政主体与行政机关

第一节　行政主体

在日本行政法学中，以从事行政活动为成立目的，具有独立法律人格的团体被称为行政主体（也被称为行政体）。具体而言，可以成为行政主体的有以下团体：

一、国家

国家属于统治权的一个部分行政权的归属主体。

二、地方自治体（也被称为地方公共团体）

都道府县和市村町等团体属于地方自治体。根据《日本国宪法》第94条的规定，"地方公共团体拥有管理其财产、处理事务以及执行行政的权能，在法律规定的范围之内可以制定条例"，具有统治团体的资格，即可以从事课赋租税、征收受益者负担金等规制性活动。同时，根据《地方自治法》第2条第1款的规定，都道府县和市村町为法人，两者同为受宪法保护的对等的地方自治的行政主体。此外，都（即东京都）的特别区也属于地方公共团体，相当于市村町的地位。都道府县和市村町是普通地方公共团体，而都的特别区是特别地方公共团体。

三、地方自治体以外的其他公共团体

除了上述国家和地方自治体之外，具有行政主体资格的还有诸如日本道路公团、住宅金融公库、放送大学学园、宇宙开发事业团等特殊法人，土地区划整理组合、健康保险组合、国家公务员共济组合等由合伙人构成的属于社团法人的公共组合，以及大学入学考试中心、国立博物馆、航空大学校等独立行政法人。

第二节　行政机关

在日本行政法学中，行政主体通过行政组织从事行政活动，而构成行政组织的基础性单位被称为行政机关。各个省的大臣和地方公共团体的首长各自属于一个行政机关。行政机关的活动所产生的法律效果归属于具有抽象人格的行政主体。

一、行政机关的种类

日本的行政机关因法定功能的不同而可以分为行政厅、辅助机关等类别。

（一）行政厅

行政厅是指决定行政主体的意思或判断，并将此对外表示的行政机关，是最重要的行政机关。各省的大臣、长官，地方公共团体的首长、行政委员会属于行政厅，但是，税务署长、海关关长、消防署长、建筑主事等被授予对外行为权限的下级行政机关也具有行政厅的资格。此外，通过权限委任，下级行政机关有时也能够成为行政厅。

（二）其他行政机关

除了上述的行政厅，行政机关还有辅助机关、执行机关、参与机关、咨询机关、监察机关等几种。

辅助机关是指辅助行政厅以及其他行政机关履行职务的机关。例如国家省厅中的政务次官和事务次官、地方公共团体中的副知事均属于辅助机关。

执行机关是指有权对国民行使权力的机关。例如警察官、消防吏员、征收职员等属于执行机关。

参与机关以及咨询机关都是指参与行政厅决策的机关，前者的参与具有法律效力，而后者则不具有法律效力。

监察机关是指对其他行政机关的事务处理实施监察的机关。例如，会计检查院、地方公共团体中的监察委员属于监察机关。

二、合议制行政机关

大多数行政机关是由一名自然人构成的独任制机关，但在日本的行政体系中也有许多是由多个自然人组成的合议制行政机关。作为合议制的行政机关有内阁、行政委员会和审议会等。

内阁是由内阁总理大臣以及国务大臣构成的合议制行政机关。根据《日本国宪法》的第66条第1项和《内阁法》第2条第1款的规定，内阁是国家最高等级的行政机关。内阁行使国家的行政权，除了拥有编制并向国会提出

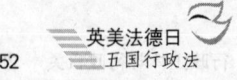

预算案、制定政令等宪法明示的权限之外，只对一定的特别重要的事项，具有决定权。这些所谓特别重要的事项，是指内阁总理大臣通过行使指挥监督权、权限争议裁定权以及中止权来综合调整内阁各个省厅部门之间的关系。

行政委员会是由委员构成的对外行使行政权限的合议制行政机关。例如国家层面的公平交易委员会、中央劳动委员会，以及地方公共团体层面的教育委员会、人事委员会、地方劳动委员会等。行政委员会的共同特征包括：其不具有其他行政组织的阶层结构，行使职权具有独立性，因此，其不受大臣或者地方公共团体首长的指挥监督；委员从国家或者地方公共团体的外部选任；拥有规则制定权（准立法权）；在作出一定的意思表示时采用类似法院裁判的程序。

审议会是指行政机关作出决策时征求意见的合议制机关，其成员一般从该行政主体之外选任。与行政委员会不同的是，审议会不具有独自对外的决定权限，其决策仅仅限于行政内部。

第四章
行政机关制定规范的活动

　　在立宪制度的国家，行政与议会的关系一般体现为首先由议会制定行政活动的规范，在这个前提之下行政负责执行该规范。但是，在实际的制度运作中，议会并没有能力制定所有行政活动所必需的规范，在相当大的程度上，这些规范的制定任务转而由行政机关自身承担。

第一节　行政机关制定规范的必要性及其种类

　　赋予行政机关制定规范权限的理由首先在于议会立法在专业技术方面存在着能力极限，同时也受到时间的制约，并且难以及时应对情况的变化。此外，考虑到制定规范的政治中立性，需赋予人事院规则制定权；考虑到地方性事项的特点，需根据法律的个别委任使地方公共团体获得制定委任条例的权限。

　　行政机关制定的规范，因其实质内容不同而可分为法规命令和行政规则两大类。

　　行政机关制定的规范具有上述法律规范的内容，即涉及国民私人的权利义务的，该规范被称为法规命令。其以正规的命令形式，如政令、府令、省令等表现于世。行政机关制定法规命令的活动属于实质意义上的立法活动。反之，如果行政机关制定的规范仅仅调整行政机关组织内部事务，不涉及权利义务的，该规范被称为行政规则。行政规则不属于法律规范。

第二节　法规命令

一、法规命令的宪法根据
　　如前所述，法规命令是行政机关制定的法律规范，其内容涉及国民的权

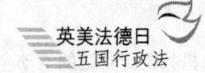

利义务。根据《日本国宪法》第 41 条 "法律的法律规范创造力原则" 的规定，法律规范只能通过国会以法律的方式制定，因此，行政机关只能依据法律的委任制定法规命令。

《日本国宪法》第 73 条第 6 项被认为是行政机关制定法规命令的宪法根据，该项规定列举的内阁职权之一为制定政令，同时要求在制定政令中的罚则时必须根据法律的委任。

二、法规命令的种类及其法律根据

《日本国宪法》第 73 条第 6 项的规定构成了制定法规命令的宪法根据，同时，最高法院通过的 1958 年 7 月 9 日以及 1965 年 3 月 26 日两项判决，认为该宪法条款不仅允许法规命令采用政令的形式，而且法规命令还可广泛地分为执行命令和委任命令。执行命令是以执行上位法令为目的，详细说明上位法令中规定的国民的权利义务，例如申请程序、文书格式等事项；委任命令则属于对国民创设新的权利义务的法规命令。无论是执行命令还是委任命令，都必须具备法律的授权（委任）。但是，两者授权的方法不尽相同。根据《内阁府设置法》第 7 条第 3 款、《国家行政组织法》第 12 条第 1 款的规定，执行命令可以根据一般授权制定。与此不同的是，根据《日本国宪法》第 73 条第 6 项但书、《内阁法》第 11 条、《内阁府设置法》第 7 条第 4 款和《国家行政组织法》第 12 条第 3 款的规定，委任命令的制定必须以法律中的个别授权为根据，且该项个别授权不能属于白纸委任。委任命令在创设国民的权利义务时，首先应确定法律已经规定了基本事项，并在此基础上必须对法规命令作出委任。因此，如果法规命令违反法律的规定，例如出现超越了委任的范围等情况时，该法规命令会因此被法院判决无效。

第三节　行政规则

行政规则是行政机关制定的不具有法律规范性质的规范。行政规则的内容涉及的只是行政组织内部的组织状况或者事务处理程序等事项，不涉及国民的权利义务。对于制定行政规则与法律授权的关系问题，有的学说认为行政机关制定行政规则是基于法律的默示，但也有学说认为制定行政规则是行政权当然具有的权能，总之，行政机关制定行政规则无需法律的授权。

在形式上，行政规则没有必要采用政令或者省令等形式，例如，其针对行政组织内部的事项可以采用纲要等形式，也可以针对必要的事项采用内部通告的方式通知行政机关中的各个成员。因此，行政规则不具有对外的法律拘束力。

　　概括而言，日本行政法中法规命令和行政规则的相互关系如下表所示：

	规范对象	法律授权	形式	法律拘束力
法规命令	国民的权利义务	需要	政令、省令等命令	有
行政规则	国民的权利义务之外的事项或者行政组织内部的事项	不需要	无须特定的形式	无

第五章

行政行为（行政处分）

第一节　行政行为的概念和特征

一、行政行为的概念

在日本行政法理论中，行政行为是指行政主体作出的使行政组织与国民之间或者国民相互之间发生、变更或者消灭法律效果的行为，其具有行使公权力的性质。

行政行为并不是一个法律上的概念，而是由行政法学的理论所建构的，旨在说明其是与私人之间的法律行为契约相对应的，以行政为主作出的行为形式。在日本行政法学的理论体系中，行政行为占据着很大的比重。但是，在今日的日本，由于行政法领域中行政机关在许多场合都采用契约等非权力性的行为形式来实现行政目的，因此，作为行政行为形式的行政行为的比重也相应地有所减少。但是就公共行政的性质而言，因行政行为具有单方面设定法律效果功能，因此至今依然是日本行政法中最为主要的行为形式。

与行政行为这个法学概念类似的概念是法律上的行政处分概念。《行政事件诉讼法》与《行政复议法》使用了"行政处分"这一概念，之后，行政程序法也随其之后使用了这个概念。尽管法律上的行政处分概念与法学中的行政行为概念并不全然等同，但行政处分概念是将行政行为的内涵作为核心部分而构筑起来的。

二、行政行为的特征

概括而言，日本行政法学中的行政行为概念一般为行政机关作出的具有公权力的行使、对外性、起着具体的调整作用的法律行为。具体而言，其内容如下：

1. 行政行为是行政机关作出的行为，因此，立法机关或者司法机关的行为不属于行政行为。被授予作出行政行为权限的行政机关被称为行政厅。

2. 行政行为是对外作出的外部性行为，因此，行政行为不属于行政组织内部机关相互之间的行为。最高法院 1978 年 12 月 8 日作出的成田新干线诉讼判决认为，运输大臣针对日本铁道建设公团以新干线建设为目的制作的工程实施计划作出的许可属于内部行为，因此不属于行政行为。

3. 行政行为是法律行为，因此，行政行为不属于行政指导、行政强制执行、即时执行以及公共工程等事实行为。但近年来法律中出现了一些不明确的归类现象。例如《道路交通法》第 6 条第 3 款及第 15 条设定了授权行政机关作出指示的规定，这些指示属于居于法律行为（行政行为）与事实行为之间的行为。此外，海关关长根据《关税定率法》作出认定进口禁止品的通知，可以看作是单纯的事实行为，但判例上，最高法院 1979 年 12 月 25 日的判决认为该通知属于伴随有禁止进口法律效果的行政行为。

4. 行政行为是公权力行使的行为，因此，行政行为不同于同样属于法律行为的契约。这里，公权力行使的性质体现在单方面性上，即法律效果的最终决定无须根据相对人的同意。

5. 行政行为具有具体调整的作用。因此，行政行为不同于行政机关制定具有抽象性的法律规范的行为，即法规命令的行为。

第二节　行政行为的类型

从行政权对国民生活的介入方式等角度看，在日本行政法上，行政行为可以分为以下各种类型。

一、根据法律效果的内容分类

（一）下命、禁止（义务课赋行为）

所谓下命，是指使相对人发生一定的作为、给付或者受忍义务的法律效果的行政行为。例如，责令改正或者拆除违法建筑、课赋租税或负担金、责令接受健康诊断等行为就属于下命。所谓禁止，是指使相对人发生一定的不作为义务的法律效果的行政行为。例如责令停止营业活动、责令禁止道路通行等行政行为属于禁止。下命和禁止都属于义务课赋行为，但产生法律效果的内容不同。

（二）许可、免除（义务解除行为）

所谓许可，是指具有将法令设定的相对禁止（不作为义务）在特定的条件下予以解除的法律效果的行政行为。例如，颁发汽车驾驶执照或医师执照的行政行为就属于许可。由于许可只是产生了恢复依照法令被禁止的自由的法律效果，因此，许可并不产生权利。许可获得者是基于国民原本所拥有的自由而获得许可的，自由权受到法律的保障。即使被许可人因许可而获得利益，其也无权为了维持该项利益而请求不给予或者撤销第三人同样的许可。在是否给予许可方面，有时行政机关拥有裁量权。从行政裁量的实质说（效果裁量说）的角度而言，这类许可属于羁束裁量，应接受司法审查。

值得注意的是，在日本行政法制度中，需经许可才能作出的法律行为如未经许可就作出时，该行为未必当然无效。该行为的效力应根据设置该许可制度的法令的具体宗旨而定。依照相应法令的规定，未经许可的行为人因此会接受处罚或者成为行政强制执行的对象。

所谓免除，是指具有将法令设定的作为、给付或者受忍义务在特定的条件下予以解除的法律效果的行政行为。例如，免除就学义务或纳税义务等的行政行为就属于免除。

（三）认可

所谓认可，是指行政机关作出的补充其他法律关系主体的法律行为效力，并完成其效力的行为。例如对公共性企业标准契约条款的批准、对建设协定或绿化协定的批准等就属于认可。认可是行政介入社会的一种手段，是通过立法政策使得其他法律关系主体相互之间的法律行为效力的发生依存于行政机关。因此，未经认可的行为属于无效行为。在这一点上，认可与上述的许可不同。

（四）特许

所谓特许，是指对国民设定原本其不拥有的权利或权利能力的行为。例如，矿业权的设定、共有水面填埋许可、占用河川区域内土地的许可等就属于设定权利的特许。

在与第三人之间的关系中，特许所设定的权利受到法律的保障，这是特许与许可的不同之处。与许可中自由恢复的法理不同，特许所设定的权利是一种特权。此外，特许与许可另一项不同之处在于特许被认为属于自由裁量。

（五）设权行为

设权行为是指通过行政活动设定国民原本不拥有的权利的行为，其中不包括特许这种设权行为。典型的设权行为如社会保障中的受给权，这项权利并不是国民理所当然地拥有的权利。由于受给权受到宪法上的保障，因此设定受给权的行政行为只是一种设权行为而不能归类于特许的范围。

二、法律行为的行政行为与准法律行为的行政行为

在日本行政法理论中，根据法律效果产生的方式不同可以将行政行为分为法律行为的行政行为（行政处分）与准法律行为的行政行为（观念表示行为）。法律行为的行政行为是行政机关表示效果意思的行为，即行为的法律效果由行政机关决策。与此不同的是，准法律行为的行政行为是行政机关表示效果意思之外的意思、认识或判断等行为，其法律效果是由法令直接规定的，行政机关对此无法控制。

具体而言，准法律行为的行政行为的具体形态主要有以下几种。

（一）确认

所谓确认，是指行政机关认定是否存在特定的事实并将此对外表示的行为。由于确认行为的法律效果是由法令规定的，因此行政机关在作出确认时在发生法律效果方面不具有裁量的权限。例如共有水面填埋工程的竣工认可、土地征收项目的认定、健康保险法上被保险者取得资格的认定以及公害病患者的认定等都属于确认。

（二）公共证明

日本行政法中的公共证明是指行政机关基于其公共地位证明存在特定事实或法律关系的行为。例如选举人名册上的登录、不动产登记册上的登记等属于公共证明。

（三）通知

通知是指行政机关使他人了解特定的事实或行政厅的意思，由此在法律上产生一定法律效果的行为。例如专利申请的公告属于这里所说的通知。如果被称为"通知"的行为不产生法律效果，则该"通知"不属于准法律行为的行政行为中的通知。

（四）受理

作为行政行为的受理是指行政机关认为申请合法而表示领受，由此在法律上产生一定法律效果的行为。

三、其他的分类

（一）第一次处分、第二次处分以及争讼裁断行为

行政行为因作出的阶段不同而产生第一次处分、第二次处分以及争讼裁断行为的区别。许可、认可、特许等属于第一次处分，而变更、撤回或者撤销属于第二次处分。当这些行政处分被提出复议申请时，行政机关就行政机关与相对人之间的争议作出的行政行为属于裁断行为。

（二）依职权的行政行为与依申请的行政行为

行政机关有时是依据职权作出行政行为，有时则是根据相对人的申请作出行政行为。例如上述许可、认可和特许等授益性行为通常是根据申请作出的。依申请的行政行为在《行政程序法》中被称为"对申请的处分"。

（三）侵害性行政行为与授益性行政行为以及二重效果性行政行为

根据对于相对人而言是给予不利益或者赋予利益，行政行为可以分为侵害性行政行为和授益性行政行为。下命、禁止以及授益性行政行为的撤回或撤销属于前者，而许可、认可、特许以及侵害性行政行为的撤回或撤销则属于后者。侵害性行政行为也常常被称为侵益性行政行为、负担性行政行为或者不利益处分等，《行政程序法》称之为不利益处分。

此外，在行政行为中，有些行为在赋予相对人利益的同时给予了第三人不利益。这类行政行为被称为二重效果性行政行为，有时又被称为具有第三人效果的行政行为。例如，土地征收中对权利作出的裁决就是一种二重效果性行政行为。

（四）要式行政行为与略式行政行为

根据是否需要具备一定形式，如书面形式等，行政行为可以分为要式行政行为和略式行政行为。

（五）要受领行政行为与非受领行政行为

根据产生的效力是否需要相对人的受领，行政行为可分为要受领行政行为与非受领行政行为。

（六）实质性行政行为与形式性行政行为

前面曾提到，在日本行政法理论中，所谓行政行为，在一般意义上而言具有行使公权力的性质，但是，如果只是从解决诉讼的法律立场出发，在行政诉讼中将一些不具有行使公权性质的行政活动在形式上和技术上作为行政处分处理，使其可以成为撤销之诉的对象时，这些行为就被称为形式性行政行为或者形式性行政处分，而原本意义上的行政行为因此被称为实质性的行政行为或者实质性的行政处分。例如，对公务员的不利益处分、行政财产的目的外使用许可等，均是因为法律上有明文规定才成为撤销之诉的对象。

第三节　行政行为的效力

一、行政行为的成立与生效

在日本行政法中，行政行为的成立与生效并不是同时完成的。行政机关决定作出行政行为并对外表示后，该行政行为即成立。但成立的行政行为还尚未发生效力。行政行为还须具备告知的要件才能发生效力。

行政机关在作出行政行为的过程中，先会经过行政内部的事实调查、与其他行政机关的协调、审查等环节才能使该行为对外成立。但是，只是成立的行政行为还不发生效力。就意思表示的一般原则而言，行政行为只有到达相对人时才发生法律效力，但从近年来程序法发展的趋势看，更为正确的表示应该是行政行为自行政机关正式告知相对人起发生效力。

根据日本法律制度中的规定，作为告知的形式具体有：口头告知、交付送达、邮寄送达。由于在行政法领域没有制定过有关送达的一般性规定，因此，行政法上的送达也参考适用民事诉讼法中的送达规定。当相对人为不特定多数时，送达可采用公示的方式完成。

二、行政行为效力的种类

如上所述，当行政行为被告知相对人之时，行政行为发生效力。但是，因此而发生的行政行为效力有时是由多个效力构成的，这些效力并不是同时发生的，并且也不是所有的行政行为都会具备这些效力。具体而言，行政行为的效力有以下几种。

（一）拘束力

行政行为的拘束力是指行政行为的当事人，即行政主体和相对人，都必须尊重和遵守行政行为的内容。行政行为的拘束力涉及该行政行为的相对人、权利的继承人等其他相关人以及作出行政行为的行政厅。

（二）公定力

行政行为即使违法，但除了行政厅自身依据职权撤销或者撤回之外，只要没有在相对人提起争讼（包括诉讼和复议在内）之后行政厅或者法院作出撤销措施，该行政行为依然有效。行政行为的这种效力就是公定力。公定力是行政行为特有的效力，其同时也表示了行政行为所具有的权力性性质。

在日本的法律制度中，公定力具有以下三个方面的功能：

1. 强制服从的功能。公定力使得行政行为具有强制实施拘束力的效力，即使违法的行政行为也被强制要求服从。无论战前还是战后，强制服从常常被认为是公定力的内容。

2. 撤销之诉的排他性管辖的功能。所谓撤销之诉的排他性管辖，是指对行政行为形成的法律关系或者权利义务内容不服，不能直接通过民事诉讼或者当事人诉讼提出争讼，必须通过撤销诉讼要求撤销该行政行为。行政行为由于拥有公定力，所以只能通过撤销之诉否定其效力。另一方面，撤销之诉的排他性管辖也构成了公定力的根据。

3. 使后续行政正当化的功能。即使在先行的行政行为违法的情况下，公定力可以使该行为的后续行为不具有违法性。

二战之前，日本的行政法学者们通常从国家权威中寻求公定力的根据，认为公定力是国家权威的表现，其内容体现为强制服从。但战后这种认识失去了法律制度上的根据。战后的行政法学理论中，行政法学者从各个角度寻找行政行为公定力的根据，例如，实体法公定力理论认为应该从统治权的本质以及权力分立体制中寻找公定力的根据，而程序法公定力理论则认为由于行政行为具有与法院判决相类似的性质，因此其具有公定力。但现今居于支配地位的学说认为，在现代日本行政法中，撤销之诉的排他性管辖既属于公定力的内容，同时又构成公定力的根据。该学说指出公定力并不优先于法律，内在于行政行为之中的效力，而是因制定行政事件诉讼法对行政行为具有排他性管辖的立法政策所导致的结果。由于行政诉讼中的撤销之诉对行政行为具有排他性管辖，因此，只要法院等法定机关没有作出撤销裁判，行政行为即使违法，但在事实上依然有效。这种行政行为事实上广泛存在的效力就被称为公定力。

就公定力的主观范围而言，公定力也涉及行政行为相对人以外的第三人。此外，由于存在撤销之诉的排他性管辖，民事诉讼等其他诉讼也不能否定行政行为的效力，换而言之，公定力也涉及对该行政行为不进行撤销之诉的法院。但是，就另一方面而言，公定力不涉及以行政行为违法而受到损害为理由的（根据《国家赔偿法》第 1 条提起的），损害赔偿请求诉讼。在这类诉讼中，法院即使确认行政行为违法，该行政行为也不因此丧失效力。当私人因违反行政行为而被追究刑事责任时，刑事诉讼中的该被告人可以主张该行政行为因违法而无效，即撤销之诉的排他性管辖不涉及刑事诉讼。1978 年 6 月 16 日日本最高法院的一个判决中也提出了同样的判决理由。

上述战后形成的以撤销之诉的排他性管辖制度为根据的公定力理论尽管具有相当的合理性，但如只要没有提起撤销之诉，当事人就不能得到相应救济的制度则具有相当的不合理性。对此，日本诉讼法律制度中设置了一项例外制度，即作为撤销之诉的排他性管辖的例外；此外，民事诉讼、当事人诉讼中可以对行政行为作出无效认定，在行政诉讼制度中设置了可以确认行政行为无效的无效确认之诉制度。

（三）执行力

课赋义务的行政行为的相对人不履行该义务时，依据法律（例如行政代执行法、国税征收法等）的规定，行政机关有时能够通过自身的力量强制实现该义务，即可以实施强制执行。由于该强制执行既不需要事先得到法院的判决，也非根据合同实施，因此，被称为行政行为的（自力）执行力。

过去，执行力被认为是行政行为原本内在的效力，但在现代日本，执行力必须依据《行政代执行法》等法律的规定才能发生，而不是行政行为理所当然具备的效力，即实施强制执行不是依据行政行为本身的法律规定，而应该依据其他的法律规定。

（四）不可争力（形式性确定力）

相对人或者利害关系人对行政行为不服时，可以提出行政复议申请或者提起行政诉讼。但是，这些争讼的提起都有时间方面的限定，当超过期限时，相应的相对人或者利害关系人就不能对该行政行为提起争讼。这种拒绝争讼的效力被称为不可争力或形式性确定力。

由于不可争力是在超过争讼期限时才产生的，因此该项效力并不是行政行为成立时就具备的，同时，其也不禁止行政厅自身依据职权撤销或者撤回该行政行为。此外，无效行政行为不具有不可争力。

（五）不可变更力（实质性确定力）

对于行政机关经过准司法程序作出的争讼裁断行为，从终局性地解决纠纷的角度考虑，即使这种行政行为是违法的，行政厅也不能对此作出撤销或者变更的决定。这种行政行为所具有的这项效力被称为不可变更力或者实质性确定力。行政行为的不可变更力的范围究竟有多大？对此日本行政法学界存在着各种学说。最窄的学说认为经合议制行政厅的准司法程序作出的行政行为具有不可变更力，较为宽泛的学说认为经行政复议程序作出的裁决等行政行为也具有不可变更力，更为宽泛的学说则将确认行为也纳入其中。

第四节　当然无效的行政行为

一、当然无效的行政行为的性质

如上所述，违法的行政行为因具有公定力而被视为有效的行政行为，其构成行政复议和行政诉讼的对象。这类行政行为属于"可撤销的行政行为"。但超过争讼期限之后，如果该行政行为所具有的违法性十分严重，其效力又事实上可以存续下去时，对国民的权利利益而言会造成很严重的后果。因此，当行政行为的违法性具备达到重大的程度等要件时，该行政行为应该被视为不具有公定力的当然无效行为，即使其已经超过了争讼期限，相对人或者利害关系人依然可以通过法院获得救济。这种不具有公定力的行政行为在日本行政法学中被称为"当然无效的行政行为"。

日本法律制度确立当然无效的行政行为概念，使不能适用撤销之诉的排他性管辖制约的行政行为在超过争讼期限之后，依然能够被法院管辖，即在行政行为是否具备效力成为先决问题的民事诉讼和公法上的当事人诉讼中，原告可以主张该行政行为无效；相对人以及利害关系人可以提起无效确认之诉。

二、当然无效的基准

如何设定是否具有当然无效的违法性，即无效原因的判断标准，涉及公定力的界限问题或者撤销之诉对行政行为的排他性管辖的界限问题。该问题实质上关系到法律制度中如何调整行政法律关系的安定性和国民的权利救济这两项要求之间的关系。日本行政法学界对此存在着多种观点。战前的主要观点是有效要件说，该学说认为行政行为的要件被分为有效要件和非有效要件，当有效要件缺乏时该行政行为当然无效。但战后自 1956 年 7 月 18 日最高法院大法庭作出的一项判决起至今，占据支配地位的是重大明显说。而围绕重大明显说，尤其在如何理解明显性方面，在日本行政法学界又存在两个学说。

（一）外观上显而易见明显说

对于当然无效行政行为的判断基准问题，日本最高法院于 1956 年 7 月 18 日在一项大法庭判决中提出了明显且重大的违法性基准。之后，最高法院分别于 1959 年 9 月 22 日、1961 年 3 月 7 日和 1962 年 7 月 5 日的三项判决中进一步将该基准具体明确化。概括而言，最高法院的这些判例指出明显性的要件主要是：

1. 构成无效原因的重大、明显的违法性属于错误认定处分要件范围中的违法性；

2. 是否明显的判断基准时是行政处分成立时；

3. 所谓明显性，是指外形上、客观上的明显，即依任何人的判断都基本能够得出同一程度结论的明显性；

4. 判断是否具有上述的明显性与行政厅是否因懈怠而忽视了应该调查的资料无关；

5. 上述判断与处分的相关人员是否知道行政厅的处分具有违法性无关。

（二）客观明显说（调查义务说）

客观明显说（调查义务说）具有对上述外观上显而易见明显说的批判倾向，在一定程度上缓和了明显性要件的要求。1961 年 2 月 12 日，东京地方法院在一个判决中提出了这项主张。该判决认为，在认定是否具有违法性方面，不能只限定在即使不作任何调查也能够认定基础事实的范围之内，还需要将此范围作少许扩张，即将即使对事实进行稍许的调查也可知晓存在违法性的情况也归入存在明显性要件范围。这样，该判决将稍许进行调查就明显的事实与即使不作调查也明显的事实置于同列的位置。

在判断明显性要件之外，违法的重大性也是确认当然无效的要件之一。

日本行政法通常情况下将行政厅的越权行为、对行政厅完全不具有意思的行为、没有以书面方式表现应该以书面方式表现的行为、缺乏相对人申请的要申请行为、未被告知的行为、欠缺法律上要求的理由明示或听证的行为、法律上或事实上不能实现的行为以及内容不明确的行为等都规定为重大违法行为。

第五节　行政行为的职权撤销

一、行政行为的职权撤销的概念和行为根据

在日本行政法中，所谓行政行为的职权撤销，是指行政厅依据职权，以行政行为成立之时就存在（违法或不当）瑕疵为理由而使该有效的行政行为丧失效力的行为。

依据职权撤销行政行为时，首先涉及的是行为的法律根据问题。目前的通说认为职权撤销是行政厅通过单方面的判断所作出的，无须特定的法律规定作为根据。也有学者从依法律行政和法治主义的形式性要求的角度指出，当行政行为属于违法时，消除该存在瑕疵状态是法治行政原则的基本要求，因此，职权撤销不需要除原行政行为之外的其他法律根据。但与此相反的观点认为职权撤销的行为包含着行政监督和介入的性质，因此需要独自的法律根据。同时，学术界也从利益的角度关注到职权撤销所面临的复杂关系，认为一旦依据职权撤销了原来的行政行为，那么以该行政行为为前提所形成的各种关系以及其中的利害关系人具有的利益和信赖很可能会遭到损害，因此，从保护这些利益和信赖关系的角度考虑，也应该对职权撤销设置一定的限制。即是否允许作出职权撤销，应该调整法治主义的形式性要求与国民所具有的利益与信赖保护之间的关系（利益衡量）。这类的调整则是分别在授益性行为和侵害性行为两个领域进行分析的。

二、授益性行政行为的职权撤销

对于授益性行政行为的职权撤销，日本行政法学界目前原则上基本持否定性观点。该观点认为，除非行政行为的成立与相对人的不正当行为相关，否则，原则上该行政行为不允许被撤销。此外，只有通过牺牲相对人的既得利益撤销该行政行为具有实现公益的必要性时，才允许作出职权撤销。总之，目前行政法学界主流的观点比较侧重保护相对人的利益。

三、侵害性行政行为的职权撤销

至今为止，日本行政法学界普遍认为，由于依职权撤销侵害性行政行为

不会对相对人造成利益损害，因此，该行为原则上属于行政厅的自由。也有学者认为，从尊重相对人的权利利益的角度而言，职权撤销更应该是行政厅的义务，尤其在针对课税处分这种没有必要考虑第三人利害关系的行政行为时，职权撤销则属于一种撤销义务。

但侵害性行政行为在依职权撤销时，在一定程度上也应该受到利益衡量的限制。例如，如果侵害性行政行为同时也具有保护一般居民的权利利益等公益上的必要性时，职权撤销也应受到保护第三人、公共利益等方面要求的限制。此外，在行政诉讼和行政复议中，受《行政事件诉讼法》第31条、《行政复议法》第40条第6项所规定的情事判决、情事裁决的法理要求，违法的行政处分的撤销应受到限制。依据同样的法理的推理，当维持该行政行为具有公益上强烈的必要性时，职权撤销也应受到限制。

第六节　行政行为的撤回

一、行政行为的撤回的性质

在日本行政法学中，所谓行政行为的撤回，是指行政厅对已有效成立的行政行为以其后发生的原因（后发原因）为理由使其失去效力的行为。这里所谓的后发原因，有诸如相对人违反义务、公益上的必要性、要件事实消灭等情况。例如，行政厅以违反交通规则为理由吊销驾驶执照的行为就属于行政行为的撤回。由于行政行为的撤回是后发原因导致的，因此，与行政行为的撤销相比较，其不具有遡及效力。

行政行为的撤回是在后发事项产生之后行政厅作出的积极介入措施，较之行政行为的撤销，其更加独立于原行政行为之外的个别行政行为。正因为如此，从法治主义的要求出发，日本的行政法基本上倾向于限制其运用。因此，行政行为的撤回是否必须具有与原行政行为不同的个别法律授权根据，成为行政法学中的一个问题。

二、授益性行政行为的撤回

基于对相对人的利益保护或者信赖保护的要求，行政厅的撤回权限受到了相当的限制，即对于授益性行政行为而言，使原行政行为存续的要求强于消灭的要求。

在是否允许撤回授益性行政行为方面，日本行政法学界基本有以下几种学说：

第一种学说认为撤回授益性行政行为无须独自的法律根据。同时，这一学说对是否允许撤回也采取较为宽松的态度，认为当存在公益上的必要性时可以撤回授益性行政行为。除了应归责于相对人的事由或者经相对人同意之外，当因公益上的必要性而撤回时，应该在准用公共征收方面的制度对因此发生的不利益作出相当的补偿的前提之下才能允许撤回。

与上述观点不同的第二种学说认为，除了经相对人同意或在原行为的附款中保留撤回权之外，撤回必须依据原行政行为之外的其他个别授权的法律规范依据。

第三种学说是建立在不同的撤回目的基础上的，因采用的原则不同主张也不同。一种观点认为当行政行为所导致的法律状态可能对社会产生有害的结果时，即使没有明文的规定，行政厅也可以作出撤回行为。另外有观点认为，因外在的优越的公益原因而作出的撤回不需要明文的规定，但需要补偿，但不能认为只要作出补偿，即使没有明文的规定也允许作出撤回。此外还有学说认为，作为制裁的撤回必须具有明文的根据，但因外在的优越的公益原因而作出的撤回则不需要明文的根据。

在授益性行政行为撤回的法律根据方面，除了上述学说提到的相对人的同意和原行为的附款中保留了撤回权之外，最高法院 1995 年 6 月 13 日的判决还指出，当行政行为的要件事实，尤其是基于事实性的要件事实在事后已消灭时，撤回则未必一定需要法律的根据。

在程序方面，根据《日本行政程序法》第 13 条第 1 款第 1 项的规定，授益性行政行为在被撤回之前，必须经过听证程序。

三、侵害性行政行为的撤回

由于撤回侵害性行政行为至少不损害相对人的利益，因此，目前日本行政法学界所持的基本观点认为，除一定的例外情况之外，原则上允许其自由撤回。但也有学者认为并不能以利益为立足点考虑或构筑允许撤回侵害性行政行为的理由，因为从规范理论的角度而言，侵害性行政行为应该基于以下的判断作出，即当具备法律规定的要件时，行政厅有义务作出侵害性行政行为，或者行政厅在是否作出侵害性行政行为方面属于行政裁量，在认定是否具备法律规定的要件时应基于对公益上的必要性或不可欠缺性的判断作出侵害性行政行为。因此，侵害性行政行为的撤回的理论也应该以此为中心构筑，而不应该从撤回是否损害相对人利益的角度考虑。因此，在考虑侵害性行政行为的撤回时，应该区分各种后发原因。

要件事实已被消灭时，即使没有特别的法律，行政厅也有权撤回相应的侵害性行政行为，并且，该撤回行为也同时属于行政厅的义务。但是，当要件事实依然存续时，对于属于行政厅的义务性行为，该行政厅原则上不具有撤回的权限。另一方面，即使要件事实依然存续，但对于行政厅拥有裁量权，且公益上的必要性或不可欠缺性已经消除了的行政行为，允许被撤回。同时，即使不具备这些条件，行政厅对应情况的变化修正公益判断的，有时也允许该行政厅依据新的公益判断作出撤回侵害性行政行为。

第七节　行政行为的附款

一、行政行为的附款的概念和种类

在日本行政法学中，所谓行政行为的附款，是指附加在许可或认可（合称"许认可"）等行政行为上的条件或期限等事项，是行政厅作出的属于附加于行政行为本来内容中的，作为从内容的意思表示。因此，这些附件的内容属于行政裁量的结果而不是法定义务（法定附款）。例如，根据《道路交通法》第91条的规定，公安委员会为了交通安全，可以在汽车驾驶执照上附加身体状况或驾驶技能方面的必要条件，这些附加的条件就是行政行为的附款。

对行政行为设置附款是行政厅行使行政裁量权的表现，因此，首先，在行政厅被允许行使裁量权的情况下允许其对行政行为设置附款。其次，法律规定可以设定附款时，行政厅对相应行政行为可以设定附款。例如，后者的立法例有《日本城市规划法》第79条规定的"可以对依本法规定作出的许可、认可或者批准中附加城市规划上必要的条件"。

二、附款的界限

附款具有以下几种：

（一）期限

所谓期限，是指将行政行为法律效果的发生或消灭与将来确定的事实相关联的附款。

（二）条件

所谓条件，是指将行政行为法律效果的发生或消灭与将来不确定的事实相关联的附款。例如，行政厅在对民间公交公司发出的公共交通项目许可中附加了该许可效力自道路管理者进行的道路铺设工程竣工之日起生效的附款，而该工程竣工之日是不确定的。

（三）负担

所谓负担，是指行政厅责令承担特别义务的附款。例如，行政厅在发放公共汽车项目执照的时候，同时命令公共汽车公司修建公交车站。后者就是负担。

　　作为附款的条件也能以科处义务为内容，但与此相比，负担中所含义务的履行不构成行政行为法律效果发生的条件。即使不履行负担，行政行为的法律效果也同样发生。同样，在所规定的期限之内即使没有履行负担，行政行为的效力也并不消灭。因此，与同样作为附款的期限和条件不同的是，负担可以被认为是一个独立的行政行为或者相当于独立的行政行为的行为。

　　由于相对人即使不履行负担行政行为，行政行为的效力也不因此消灭，因此，在这样的情况下，围绕着行政机关能够采取怎样的措施的问题，大致产生了两种不同的学说。一种学说认为，行政行为可以依此撤回；而另一种学说则认为，法律或者附款本身的内容中如果没有规定撤回，则该行政行为不能被撤回，行政厅只能对相对人采取行政强制措施或者科以行政罚。

　　（四）撤回权的保留

　　所谓撤回权的保留，是指内容中设定有在一定理由具备时行政厅保留有能够撤回该行政行为权限的附款。

第六章

行政强制

日本行政法学有时将共同具有对国民的身体或财产施加强制作用的两种行为，即行政上的强制执行和行政上的即时强制共称为行政强制。但两者之间在其他方面存在着许多不同之处。

第一节　行政上的强制执行的概念和法律根据

在日本行政法中，所谓行政上的强制执行，是指当作为义务人的国民自身不履行法律上规定的或者行政行为所课的行政上的义务时，行政机关通过对义务人的身体、财产或心理施加强制，自身实现该义务或者强制使义务人实现其义务的措施。例如对违法建筑物的纠正措施以及税金的滞纳处分就属于行政上的强制执行。

行政上的强制执行只有在法律规定的范围之内才能适用，在除此之外的情况下，行政机关如果需要强制实现义务，则需要通过司法手段，即即使在行政的范围之内，司法性的强制方法也属于原则性的强制执行方法。

围绕着行政强制执行的法律根据问题，日本行政法学界存在着两种不同的观点：一种是认为自力执行的效力内在于行政行为之中的观点。这种观点认为，授权作出行政行为的权限的法律本身同时也授予作出行政上的强制执行的权限，因此，强制执行无须另行独自的授权。另一种观点则认为行政强制需要不同于授权作出行政行为的权限的法律作为根据。

就具体的法律根据而言，日本行政上的强制执行制度在二战前后曾发生过巨大的变化。二战之前，日本存在过作为一般法的行政强制执行法，其中规定了最为一般的强制执行手段即代执行、执行罚和直接强制。战后，基于对战前强制执行手段被滥用的反省，日本废除了《行政强制执行法》，制定了《行政代执行法》。《行政代执行法》只确认代执行为强制执行的一般性手段，而执行罚和直接强制则失去了一般性手段的地位，只有在具备个别法律根据之时才能成为行政上的强制执行的使用依据。但在现实的法律制度中，规定有执行罚或直接强制的法律并不多见。

第二节　行政上的强制执行的种类

在日本行政法学界，行政上的强制执行较为普遍地被整理为以下四种。

一、行政上的代执行

行政上的代执行是指义务人自身不履行行政义务中的作为义务时，行政机关通过对其财产施加强制，替代义务人实现义务的措施，行政机关将因此从义务人处征收代执行所需要的费用。这里，代执行的对象必须是代替性的作为义务，因此，不作为义务和作为义务中的非代替性义务不能通过代执行实现。

根据作为行政上的强制执行一般法的《行政代执行法》的规定，除了其他法律有规定的外，行政上的义务履行的确保方法依据该法规定，因此，在现行的日本法律制度中，代执行成为行政强制执行的原则性手段。在实施代执行的要件方面，该法律规定，首先，代执行的对象应该是可以由他人替代的作为性义务。该义务是由法律直接规定的或者是由行政厅根据法律设定的，因此，国家或者地方自治体通过签订契约购买土地时，原土地所有权人承担的转移建筑物的义务就不能成为代执行的对象。其次，代执行必须在其他手段难以保证相应义务的履行（即代执行的实施必须受到比例原则的制约），且如不履行则严重违反公益时，才能实施。

二、执行罚

所谓执行罚，是指当相对人不履行行政上的义务时，行政机关设定一定的期限并告诫超过该期限将科处罚款，在该期限超过之后义务依然没有履行时，行政机关通过科处该罚款对义务人施加心理性压力，从而间接地强制履行义务的措施。执行罚中的罚款是确保义务履行的手段，在义务人不履行义务期间可以反复科处，反之，一旦义务人履行了义务则不能科处。作为一种罚款方式，执行罚与行政罚中的罚款不同。日本法律制度中作为行政罚的罚款是针对不履行义务所科处的措施，是针对过去行为的制裁，即使义务人已经履行了义务也不能免除。

三、行政上的直接强制

所谓行政上的直接强制，是指相对人不履行行政上的义务时，行政机关通过对义务人的身体或财产施加强制从而实现义务的，除代执行之外的措施。

四、行政上的强制征收

所谓行政上的强制征收，是指当义务人自身不履行金钱缴纳义务时，行政机关对义务人的财产施加强制，通过强制征收与该金钱价值相当的财产实现该义务的措施。

第三节　行政上的即时强制的概念和种类

所谓行政上的即时强制，是指行政机关不以行政上的存在义务为前提而即时对国民的身体或财产实施强制作用的措施。其在是否存在行政上的义务这一点上与行政上的强制执行不同。

目前，根据即时强制的对象不同，日本行政法学界将即时强制分为两大类别：一类是对身体的强制。例如，《警察官职务执行法》所规定对人实施的保护或救助等措施、传染病预防法规定的强制健康诊断以及强制住院等就属于对身体的强制。另一类是对财产的强制。例如，《消防法》规定的使用及处分消防对象物、《未成年人饮酒禁止法》规定的没收未成年人的酒类和烟草等物品等都属于对财产的强制。

由于即时强制具有强制的性质，因此，行政机关实施时必须具有规定了要件和内容的法律根据。此外，即时强制也必须受到比例原则等宪法上或者条理上的原则的制约。

第七章

行政罚

第一节　行政罚的概念和种类

行政罚是对行政上的义务违反人科处的制裁。行政罚也具有确保义务履行的功能和目的，但就行政罚是对过去的行为科处制裁这一特征而言，显示了其与古典定义中的行政上的强制执行有所区别。

在日本行政法中，行政罚被分为行政刑罚和行政上的秩序罚两种。所谓行政刑罚，是指以刑法的刑名所规定的刑罚为内容的行政罚。行政上的秩序罚是指违反行政上的秩序而被科处的制裁。行政上的秩序罚可以科处的制裁为罚款。例如，《居民基本台账法》第45条规定，违反该法规定的备案义务的，可以科处相对人罚款。

第二节　行政刑罚

一、行政刑罚的概念和法律根据

在日本法律制度中，刑事罚是针对实质上侵害法益的行为人的恶性所作的处罚，与此不同的是，行政刑罚是针对在形式上侵害行政法上的目的的行为人的不遵守行政法律规范的行为的处罚。由于行政刑罚也属于刑罚，因此，其也必须遵守罪刑法定主义的要求，作出的处罚必须具有法律上的根据。进而根据《地方自治法》第14条第3款的规定，地方自治体也可以设定行政刑罚。

《日本刑法》第8条规定："本编规定也对其他法令规定的罪适用。但是该法令中有特别规定时不受此限制。"因此，只要行政法令中没有特别的规定，科处行政刑罚原则上也同样适用刑罚总则的规定。

二、行政刑罚的程序

由于行政刑罚属于刑罚，因此其适用刑事诉讼法的规定，应由法院判决。但是，当制定法上存在特别规定时，相应行政刑罚的程序则依该规定。具体而言，目前日本法律制度中有两个例外规定。

（一）交通案件即决审判程序

依据日本的交通案件即决审判程序的规定，在适用道路交通法规定的罚则时，由检察官提起公诉，在确认嫌疑人是否对适用该即决审判程序有异议的基础上，请求法官作出即决判决。简易法院的法官应此请求开庭审理，经即决程序作出科处刑罚的判决。判决的刑罚为50万日元以下的罚金或者罚款。嫌疑人或者检察官在该即决判决宣布之后的14日之内，可以请求正式的审判。从交通案件即决审判程序法的性质而言，其属于刑事诉讼特别法。

（二）反则金制度

根据《道路交通法》第125条的规定，对于违反道路交通法的行为，作为警视总监和都道府县警察本部长的行政厅将通知相对人缴纳反则金，如该相对人服从该通知，在所定的期限之内缴纳了该反则金，该违法行为将不被提起公诉。反之，如在所定的期限之内不缴纳反则金的，该案件将被适用刑事诉讼程序。此外，国税犯则取缔法也规定了类似的通告处分制度。

一旦缴纳了反则金之后，相对人不得对该通知提起行政诉讼。最高法院1982年7月15日的一项判决也指出了这一点。

第三节　秩序罚

对于违反行政上的秩序而被科处罚款制裁的秩序罚，法律可以作出规定。除此之外，根据《地方自治法》第14条第3款、第15条第2款的规定，地方自治体的条理和地方自治体首长的规则也可以对此作出规定。

由于秩序罚不属于刑罚，因此，其不适用刑罚总则的规定，同时，在程序方面，其也不适用刑事诉讼法的规定。秩序罚适用的程序一般有两种：①在国家的层面上，只要没有其他的法律规定，根据非讼事件程序法的规定，由相对人住所所在地的地方法院科处；②在地方自治体的层面上，根据《地方自治法》第149条第3项、第255条之三的规定，由相应地方自治体的首长科处。

第八章
各种非权力性的、辅助性的行政活动

与上述行政机关制定规范的活动、行政行为、行政上的强制执行和行政上的即时强制等这些权力性行政活动相比，日本现代行政法活动还体现出非权力性的内涵。同时，一些辅助性的行政活动也被纳入了行政法学的范围之中。这些非权力性的、辅助性的行政活动主要有以下形式。

第一节 行政规划

一、行政规划的概念和种类

在现代行政活动中，以城市规划为中心展开的行政规划已经成为现代行政的一大特征。在日本行政法学界，所谓行政规划，基本上是指行政机关针对行政活动制定的规划或者制定该规划的行为。也有学者强调行政规划中存在的目标设定性质和手段综合性质，认为行政规划是行政权为实现一定的公共目的而设定目标，以及为达成该目标而提出的综合性手段。

目前，行政规划存在以下几个种类：

1. 长期规划、中期规划和短期规划。这是根据规划的时间长短所作的区分。

2. 全国规划和地方规划。这是根据行政规划涉及的地域范围不同而作的区分。例如，国土利用规划法设置了全国规划、都道府县规划和市村町规划等三个层级的规划。

3. 经济规划、国土规划等。这是以规划的对象所作的区分。这类规划还有财政规划、防卫规划、道路建设规划、住宅建设规划、医疗规划以及福利规划等。

4. 基本规划和实施规划。这是根据规划的阶段所作的区分。

5. 法定规划和事实上的规划。这是根据规划是否具有法律根据所作的区分。在公害、环境等领域，政府制定的环境基本规划和地方自治体制定的公害防止规划在环境基本法上有根据，这些属于法定规划。环境厅制定的环境保全长期构想属于事实上的规划。

6. 拘束性规划和非拘束性规划。这是以规划对私人是否具有法律拘束力所作的区分。例如，城市规划、土地区划整理项目规划一旦制作并公告后，就限制了私人的权利行使，因此这些规划属于拘束性规划。由于这些规划对私人的权利形式产生了限制的后果，因此其必须具有法律上的根据。拘束性规划必然属于法定规划，而事实上的规划则属于非拘束性规划。

二、行政规划与法律的关系

(一) 法律根据

在日本行政法学中，在制定拘束性行政规划时，由于该行政规划的决定或公示涉及限制国民权利的法律效果，即发生了外部效果，因此，拘束性行政规划在制定时必须具备法律根据。基于同样的原理，一般情况下即使没有法律根据，行政机关也可以制定非拘束性行政规划。

(二) 要件的规制

除了上述法律根据方面的限制外，行政规划的制定还受到要件方面的限制。在这方面，最为简单的要件规制方式是相应的法律规定"必须"制定行政规划。也有规定了较为详细要件的法律规定，例如，《城市规划法》第12条第1款、第12条之2第1款和第12条之4第1款规定的"必须"的判断基准，由其他法令具体化。

(三) 内容的规制

通常的情况下，由行政机关决定行政规划的内容，即法律允许行政机关拥有较为宽泛的裁量判断空间。行政规划的内容与法律的关系方面的特征在于法律并不规定行政规划的具体内容，即承认规划裁量。但是，在日本的现行法律制度中，法律具体对规划内容的限制主要体现在以下三个方面的原则。

1. 整合性原则。这项原则的目的在于确保规划彼此之间的整合性。在法律中规定规划整合性原则并不对规划的内容直接产生规制的作用，即该项原则起着间接规制的作用。

通常情况下，整合性原则在法律中要求地方的规划与国家的规划具有整合性，即表现出了国家优位的思想。在具体使用的用语方面，不同的法律则有所不同。例如，《城市规划法》第13条第1款要求地方的规划"适合"国家的规划；《灾害对策基本法》第40条第1款、第41条、第42条第1款、第43条第1款和第44条第1款以及《交通安全对策基本法》第25条第3款和第26条第4款则要求地方的规划不能与国家的规划相抵触。然而，行政规划即使违反了这些用语的要求，也并不当然地导致该行政规划违法，即该行政规划依然具有合法存续的余地。

2. 考虑事项的指示。有时，法律会指出行政机关在制定行政规划时应该考虑的一些事项。例如，上述整合性原则的要求、法律的目的以及规划的目标等。法律所规定的这些应该考虑的事项，通常属于行政机关在制定行政规划时特别应注意的因素或者应考虑事项的例示。

3. 规划目标的指示。法律有时会指出行政规划的目标或者方向。例如，《城市规划法》第 13 条第 1 款第 2 项规定，区域划分应能够"在调和方便产业活动与保全居住环境的同时，确保国土的合理使用和有效的公共投资"。

三、行政规划与救济制度

行政规划是否能够适用撤销之诉，关键之处在于其是否具有处分性。至今为止，日本最高法院的判决对此持否定态度。最高法院的理由基本上体现在附随性效果论和争讼未成熟论上。

1966 年 2 月 23 日最高法院"高圆寺土地区划整理项目规划案件"判决，对于在土地区划整理项目规划是否涉及限制权利的事项指出，土地区划整理项目规划只具有蓝图的性质，其不属于针对特定个人的具体的处分，该行政规划因公告产生的限制权利效果是附随性效果，并且，尚欠缺作为行政案件的成熟性。该判决的理由体现了附随性效果论和争讼未成熟论。最高法院在 1982 年 4 月 22 日的一项判决中也同样强调了争讼未成熟论。该判决指出，用途地域的指定所产生的权利限制效果只是针对不特定多数人的一般性抽象性结果，相应相对人可以通过对后续的具体的处分提起撤销之诉达到权利救济的目的。

但是，2008 年 9 月 10 日，最高法院变更了长达 40 年之久的先例，否定了附随性效果的观点，从"具有实际效果的权利救济观点"出发，肯定了项目规划的处分性。

第二节　行政契约

一、行政契约的概念和种类

在日本行政法学中，国家或者地方自治体等行政主体在其活动过程中签订的契约总称为行政契约。与行政行为一样，行政契约也是创设或者变更具体的权利义务的法律行为，但因为是基于双方当事人的合意而成立的，属于非权力性的法律行为，因此其与基于单方面权力性支配的行政行为不同。此外，行政行为是行政厅作出的行为，而行政契约则是国家或者地方自治体等行政主体作出的行为。

行政契约因签订主体不同而可以被分为两大类，即行政主体与私人之间的契约和行政主体相互之间的契约。

（一）行政主体与私人之间的契约

这一类别的行政契约还可以细分为以下几种主要类型：

1. 提供行政服务的契约。这种行政契约有时也被称为"以给付行政为目的的契约"或者"给付行政中的契约"。例如，使用公营住宅、公营体育馆等公共设施以及使用邮政、自来水公司等公共企业或者获取补贴等的契约属于提供行政服务的契约。但是依据法律或者条例的规定，对批准使用公共设施或者获取补贴等，往往采用行政处分的方式。在日本行政法学中，这种行政处分被称为形式性行政处分。

2. 以筹措行政手段为目的的契约。属于这种行政契约的有政府契约（例如，物品采购或公共项目承包契约）、公共用地收购契约以及其他各种公用负担契约、公务员雇佣契约等。

3. 以财产管理为目的的契约。这种行政契约有国有或公有财产的出售或者租赁契约。但在国有财产法第 18 条第 3 款和《地方自治法》第 238 条之 4 第 4 款的规定中，行政财产的租赁则采用了许可的形式（目的外使用许可）。

4. 作为行政规制手段的契约。一般情况下，以行政行为或者行政指导等手段表现出来的规制行政应该依据法律作出，但是，当法律的规定不够充分完备时，行政主体会通过签订契约的方式来实现规制的目的。这种行政契约作为典型的事例为公害防止协定。公害防止协定是地方自治体因法令不够完备而通过与相关的项目建设者签订的契约。

（二）行政主体相互之间的契约

例如，行政主体相互之间根据《地方自治法》第 252 条之 14 或者《学校教育法》第 31 条第 1 款的规定签订事务委托契约；根据《道路法》第 54 条或者《河川法》第 65 条签订的道路和河川的管理费用的分担契约就属于这种行政契约。

二、对行政契约的法律规范

（一）法律根据的规范

由于行政契约是行政主体与私人之间基于合意而成立的，因此，一般而言，行政契约本身不需要法律上的根据。但是，如果行政主体享有完全的契约签订自由，那么有时会造成相对人、第三人或者公共利益的损害，所以，行政契约并不能绝对不受法律的规范。例如，在将行政事务委托给私人时，这种委托契约有时也需要法律根据。名古屋地方法院 1990 年 5 月 10 日的一项判决确认"与公权力行使无直接关联的现场作业部分"的业务委托契约合法，也反映出了这种观点。此外，补贴发放原则上需要具备法律根据。行政主体相互之间的事务委托契约因涉及权限范围的变更，因此签订这类契约需要法律上的根据。

（二）实体性制约

行政契约作为契约，其本身原则上适用民法的规定，这意味着其受民商法的实体性规范的制约。但另一方面，由于行政契约与私人相互之间的契约并不完全相同，因为其还受到法律、条例中的特别规定的限制。不仅如此，行政契约进而还受到宪法中各项原则的限制。

（三）程序性制约

行政契约在程序方面受到的制约主要有以下几个方面：

1. 地方自治体签订的涉及财产管理方面的契约有时需要经过议会的表决程序。这些契约由《地方自治法》第96条第1款第5项等条款所规定。

2. 在以筹措行政手段为目的的契约范围内，依照《地方自治法》第234条等的规定，除了允许签订随意契约的种类之外，销售、借贷、承包及其他契约必须通过一般竞争或者指名竞争的招投标方式签订。

3. 《国家公务员法》第36、42条以及《地方公务员法》第17条第3、4款和第18条等要求，在录用公务员方面，应该以竞争考试为原则。

除此之外，地方自治体与项目从事者之间签订公害防止协定时，即使没有法律规定也时常允许居民团体到场或让独立的当事人参与。

第三节　行政指导

一、行政指导的概念和种类

在日本行政法学中，行政指导是指行政机关向国民或其他行政主体施加影响，通过获得其自愿的合作以达到一定行政目的的事实上的行为。通常，行政指导以劝告、建议等形式表现出来。《行政程序法》在第2条第6项的规定中将此定义为：行政指导是指"行政机关在其任务或所掌管的事务范围内为达到一定行政目的，要求特定的人作为或者不作为的指导、劝告、建议以及其他不属于处分的行为"。据此，行政指导可以分为行政机关对私人作出的行政指导和行政主体之间以及行政机关之间的行政指导。

（一）行政机关对私人作出的行政指导

在行政法学中，此种行政指导依其功能可被划分为以下几种基本种类：

1. 助成性、授益性指导。这一种类的行政指导是指行政机关以提高福利

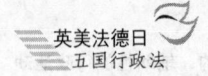
等事项为目的，向私人提供知识或者信息的指导。这类行政指导在社会保障行政领域被广泛采用。

2. 规制性指导。这是内容或者目的中对相对人具有规制性力量的行政指导。这类行政指导还可以被细分为以下几种：

（1）确保私人行为合法性的事前指导。这是在私人提出许可认可申请或税务申报之时，行政机关为确保其合法性而作出的行政指导。

（2）纠正私人违法行为的指导。这是以纠正已经发生的私人违法行为为目的的行政指导。例如，《反垄断法》第48条中规定的公正交易委员会对违反反垄断法的行为人作出的劝告就属于这类行政指导。

（3）达成独自规制目的的行政指导。这类行政指导的目的不是防止或者除去违法行为，而是为了更为积极地实现独自的目的而作出的。例如，过去通产省曾经在经济不景气时期要求业界缩短工作时间的劝告就属于这种行政指导。

3. 调整性指导。这是以解决私人之间的纠纷为目的的行政指导。例如，行政机关为调整大规模零售店与中小零售商店之间的纠纷所作出的行政指导就属于这一种类。

（二）行政主体之间以及行政机关之间的行政指导

例如，各个大臣对地方自治体作出的技术性建议或劝告属于前者。在国家与地方自治体相互之间，由于目前彼此的关系已经属于对立对等关系，因此，国家需要干预地方自治体的事务时，第一层次采用的手段应该是非权力性的，即以行政指导的方式实施干预。环境大臣对有关行政机关作出的劝告、劳动省女性主管局局长对劳动基准主管局局长作出的劝告等属于后者。

二、行政指导与法律的关系

（一）法律根据

作出行政指导是否需要法律根据，日本行政法学界对此一直存在不同见解。着眼于行政指导的非权力性质的学者认为不需要法律根据，而强调行政指导的公共行政性质的学者则认为其必须具备法律根据。从行政指导的功能的角度进行分析的学者指出其在是否需要法律根据方面的多样性。具体而言：①助成性、授益性行政指导不需要法律根据，因为这类行政指导是基于国民的申请而作出的，或者是基于行政的义务作出的。②规制性行政指导属于确保私人行为合法性的事前指导行为，对于私人而言是给予利益性质的，因此，这类行政指导也不需要法律根据。③在纠正私人违法行为的行政指导中，作为命令权限行为的前置而作出的行政指导，因其符合比例原则，因此这类行政指导本身不需要法律根据。④纠正私人违法行为的行政指导中，不以命令权限为背景的行政指导，其不需要法律根据，但如果其不仅仅指出违法状况，还以规制权力为依靠要求相对人作出一定行为时，该行政指导必须具有法律根据。⑤当达成独自规制目的的行政指导的作用接近权力性规制手段时，原则上这类行政指导必须具备法律根据。⑥调整性行政指导针对的是私人之间的纠纷，其也不需要法律根据。

（二）实体性规制

由于行政指导属于非权力性行为，且需要行政机关对应相对人的具体情况作出，因此，法律本身基本不对行政指导的要件或内容作出规定。但个别的法律条款会规定相对人不服从行政指导时予以制裁，或者相对人不服从作为命令权限行为前置的行政指导时就实施该命令权限行为。对此，《行政程序法》第32～34条从实体方面制定了一些基本原则。具体而言有以下几项：

1. 作出行政指导的行政机关不得超越本行政机关的任务或者所掌事务范围，且只能通过相对人的自愿合作完成行政指导的内容。

2. 作出行政指导的行政机关不得以相对人不依从该行政指导为理由而作出不利益的措施。

3. 对于要求撤回或变更内容的行政指导，当申请人已经表示不依从的，作出行政指导的行政机关不得为以继续作出该行政指导等方式妨碍申请人行使权利。

4. 具有许可认可权限或者具有根据许可认可能作出处分的权限的行政机关，在不能行使该权限或者无行使的意思而作出行政指导时，作出行政指导的该行政机关不得就能够行使该权限作特别的表示而使相对人只能服从该行政指导。

（三）形式性规制

《行政程序法》第35、36条以及其他诸如医疗法等法律中也对行政指导形式方面的法律规制作了规定。概括而言，其主要内容如下：

1. 作出行政指导的行政机关应明确告知相对人该行政指导的目的、内容和责任人。若行政指导是以口头方式作出的，相对人要求该行政机关出示记载有目的、内容和责任人等事项的书面文件时，只要行政上没有特别的障碍，该行政机关必须出示相应书面文件。

2. 当向多人作出行政指导时，行政机关应该事先根据案件的情况，就该案件的共同内容事项作出规定，且只要没有行政上的特别障碍就必须公布该规定事项。

第九章

行政程序和信息公开

第一节　行政程序

一、行政程序的概念和种类

在日本行政法学中，行政程序有广义和狭义之分。广义的行政程序是指行政活动的程序方面的制度，通常限定在到作出行政决定为止的事前程序的外延之内。而狭义的行政程序是指听证、公听会以及理由明示等制度结构。

从不同的角度，行政程序可以被分为不同的种类。

（一）事前程序和事后程序

事前程序如上所述，是指到作出行政决定为止的行政程序。事后程序指行政决定作出之后行政活动的程序，例如行政复议程序等被称为事后程序。

（二）事前程序中各种行政活动的相应程序

事前程序中，主要有行政行为程序（行政处分程序）、行政立法程序、行政契约签订程序、行政规划的制定决定程序以及行政指导程序等行政程序。

（三）作为上述各种程序正当化装置的程序

对应于上述各种程序的不同特性，为了达到正当化的目的，作为装置的程序也不尽相同。例如，行政行为程序、行政规划程序正当化的装置有听证、公听会、提交意见书、向审议会咨询、理由明示、制定和公布裁量基准、文件查阅以及会议公开等程序。

（四）权利保护程序和参与程序

在法律制度中，上述作为装置的程序的目的各不相同。依照程序的目的大致可以将行政程序分为权利保护程序和参与程序。以权利保护为目的的程序，如撤回驾驶执照时的听证程序。以参与为目的的程序，如城市规划制定程序中的公听会和提交意见书等程序。

二、行政程序法及其主要内容

(一) 行政程序法的性质

1993 年 11 月，日本颁布了行政程序法，建立了通过法律规范行政程序的一般法。

行政程序法由总则、对申请的处分、不利益处分、行政指导、申报和补则等 6 章共 38 条组成，其中最主要的是对申请的处分、不利益处分和有关行政指导的规定。

对申请的处分和不利益处分均属于行政处分的范围，依照《行政程序法》第 2 条第 2 项规定的定义，所谓处分是指 "行政厅的处分和其他属于公权力行使的行为"，即其基本上与行政行为属于同义词。因此，可以说行政程序法基本上是规定了行政行为程序和行政指导程序的法律。

但是，行政程序法所规定的内容不仅仅局限在单纯的程序规定之中，有关行政指导的规定则基本上都属于实体性规定，而申请的标准处理期间等规定则属于行政运营法方面的内容。在程序性规定之中，该法律在 1993 年颁布之时只是规定了权利保护方面的制度，而没有涉及参与程序（例如行政立法程序、行政规划制定程序等）方面的制度。在权利保护程序之中，该法律也主要规定了保护处分相对人的权利的程序，而基本没有规定对除此之外的与该处分有利害关系的第三人的保护程序制度。2005 年，该法律经修改，增加了行政立法的相关程序——"命令等制定程序"，其中导入了行政立法过程中公开征求意见的程序，由此在一定程度上修正了立法之初的不足。

(二) 行政程序法中的总则规定

1. 《行政程序法》在第 1 条中就该法律的目的作出了明确的规定。即行政程序法设定该法律的目的是 "为确保行政运营的公正以及提高其透明性……，以此保护国民的权利利益"。

2. 行政程序法规定了 16 项适用除外的事项。这些适用除外事项是在性质上不适合适用行政程序法的有关学识技能考试结果等的处分，以及适用于特别规范调整的例如学校与学生、监狱与服刑人员之间关系的处分。

3. 行政程序法在总则部分还规定地方公共团体的机关根据条例、规则作出的处分、所有的行政指导以及根据条例或规则向地方公共团体的机关提出的申报不适用该法律。换而言之，行政程序法所适用的是根据法律、政令和省令等作出的处分和申报。这一适用限制是出于尊重地方自治的目的。

(三) 审查基准、处分基准

在行政程序法中，首先被规定的程序制度是行政厅作出处分时基准的设定事项。在学理上，这项基准被归入裁量基准的范围。

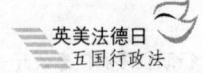

1. 审查基准、处分基准的设定和公布。行政程序法将上述学理上的裁量基准分别规定为审查基准和处分基准两个部分，并对此设定了设定和公布的要求。对申请的处分的裁量基准被称为审查基准；对不利益处分的裁量基准被称为处分基准。

（1）行政程序法要求行政厅应制定必要的审查基准，并且，该基准必须根据相应许可认可等行为的性质，尽可能具体化。同时，除非在行政上存在特别的障碍，行政程序法要求行政厅必须在法令规定的该申请所提交机关的办公地点张贴或以其他适当的方式公布审查基准。行政程序法对行政厅设置了设定和公布审查基准的义务。

（2）对于不利益处分，行政程序法要求行政厅努力设定且公布处分基准，该处分基准的内容必须尽可能具体化。与上述审查基准相比较，行政厅在设定和公布处分基准方面所承担的是努力义务。

2. 审查基准、处分基准的功能。具体而言，审查基准和处分基准具有以下各项主要功能：

（1）行政厅在作出行政行为时适用该相应基准，即基准具有对行政的自我拘束作用。但基准并不是法令，因此在例外的情况下行政厅可以不适用该基准。

（2）行政厅适用相应的基准作出行政行为，可以排除行政厅在判断方面的恣意，从而保障行政判断的合理性。

（3）设定和公布基准可以使国民对相应的行政行为具有预测可能性。

（4）设定基准能够给予司法审查一定的衡量标准。

（四）听证程序

1. 听证程序的种类。在日本的行政法学中，听证在最广义的层面上被理解为在行政厅作出决定之前预先听取相对人意见的制度，这是使行政程序正当化的最基本的手段。日本行政程序法直接规定了三种具体的听证制度，即正式的听证程序制度、付与辩明机会的程序制度以及公听会制度。其中，第一种听证制度在学界有时被称为正式听证，以区别于最广义的听证概念。第二种付与辩明机会的程序制度有时也被简称为辩明程序，属于略式的听证程序。

所谓正式听证程序，是指行政厅作出撤回许可认可、直接剥夺相对人的资格或地位等重大不利益处分时适用的听证程序。在该程序中，当事人或者参加人有权通过口头方式表达意见，出示证据，提问行政厅职员。正式听证程序是一种接近司法程序中事实审理型理念的听证程序制度。

所谓辩明程序，是指行政厅作出除上述正式听证所适用的不利益处分之外的其他不利益处分时适用的程序。在该程序中，除了经行政厅的同意可以以口头方式进行之外，当事人均以书面的方式表达意见。

除了行政程序法中规定的正式听证程序和辩明程序之外，在其他个别法律中也规定有听证制度，例如，《道路交通法》第 104 条规定的"听取意见"。

在行政程序法中还规定有公听会制度。该项制度是行政厅对申请作出处分之前听取第三人意见的程序制度。此外，其他个别法律制度也规定了公听会制度。例如，《城市规划法》第 16 条第 1 款和《土地征用法》第 23 条规定了听取"居民的意见"或"一般意见"的公听会制度。

此外，在行政程序法之外，在日本的法律制度中，最为正式的听证程序应该是行政裁判程序。有的学者称之为完全的听证。所谓行政裁判，是指行政委员会以及其他拥有职权形式独立性的合议制行政机关在作出一定的决定时，所采用的相当于司法审判程序的制度。例如，公平交易委员会在作出排除违反反垄断法行为的措施命令时就适用该类程序。经过行政裁判程序之后，当事人如对裁判决定不服而提起撤销之诉的，东京高等法院为其一审法院。根据《反垄断法》第 80 条的规定，在该诉讼中，实行实质性证据规则，即行政裁判中认定的事实在举证中属于实质性证据时，该证据对法院具有拘束力。

2. 听证的过程。根据行政程序法的规定，听证程序依照以下的步骤进行。

第一，正式听证的主要过程如下所述：

（1）行政厅在举行听证的期日之前相当的期间内以书面的方式通知当事人预定的不利益处分的内容以及作为根据的法令条款、构成不利益处分原因的事实、听证的期日以及地点、主管听证事项的组织和地址等事项。

（2）当事人和一定的参加人从接到听证通知至听证终结为止，有权要求行政厅提供证明构成该不利益处分原因的事实的资料。

（3）听证由行政厅指定的职员以及其他由政令规定的人员主持。

（4）在听证开始之时，听证主持人有权要求行政厅的职员必须就不利益处分的内容、构成根据的法令的条款以及构成不利益处分原因的事实向出席听证的人员作出说明。

（5）在听证中，当事人以及参加人可以陈述意见、提出文件等证据、提问行政厅的职员。

（6）除了行政厅认为合适的情况外，听证以非公开的方式进行。

（7）听证主持人根据在听证期日之内的听证结果认为有必要继续进行听

证的，可以进一步规定新的听证期日。

（8）听证主持人在各个听证期日内应制作听证案卷，并且在听证终结之后制作报告书，提交给行政厅。该报告书中应就当事人构成不利益处分原因的事实的主张是否有理提出意见。当事人或参加人有权查阅这些案卷和报告书。

（9）行政厅在作出不利益处分决定时，必须充分参酌上述案卷和报告书中记载的主持人的意见。

第二，作为略式听证程序的辩明程序的主要过程如下所述：

（1）行政厅必须在辩明书提出期限终止之前的相当期间之内，以书面的方式通知不利益处分的当事人该不利益处分的内容、构成不利益处分原因的事实等事项。在例外的情况下，行政厅也可以采用公示的方式进行通知。

（2）除了行政厅准许口头进行的场合外，辩明程序以辩明书的方式进行。

（3）辩明程序中不适用查阅文件、案卷或报告书的制度。

尽管《行政程序法》第10条规定了公听会制度，但在该法之中没有就公听会的过程作出规定。

（五）理由明示

1. 理由明示的义务性质。所谓理由明示，是指法律要求行政厅对所作出的行政决定附加理由的程序制度。1963年最高法院在一项判例中指出这项制度具有两项意义：①保障行政厅在作出行政决定时谨慎地进行判断，有助于抑止恣意；②通过告知相对人或其他的利害关系人行政决定的理由，可以使得相对人等方便进行行政复议或行政诉讼。此外，学者又指出，除此之外，理由明示还具有另外的两项意义：①理由明示制度具有公开行政厅判断根据的功能。这里所谓的判断根据，并不是指客观事实或记录这些事实的文件以及其他资料，而是作出行政决定时行政厅的主观理由。②理由明示制度通过公开行政判断的根据，可以使相对人接受该处分的内容，即具有对国民的说服功能。

根据行政程序法的规定，行政厅作出驳回申请许可认可的处分，或者作出不利益处分时，原则上应该同时向申请人或者当事人明示理由。即驳回处分和不利益处分应该附记理由。并且，当处分是以书面方式作出的时，该附记的理由也应该以书面方式明示。

2. 理由明示的程度。究竟附记的理由应该详细到什么程序，行政程序法对此没有作出具体规定。至今为止的判例表示，理由明示如仅仅表示出处分所根据的法条是不够的，还必须明示是根据怎样的事实或者怎样的理由作出处分的等事项。

一些行政法学者认为，处分作出之前，先行作出的通知之中就已经公开了构成不利益处分根据的条款或构成不利益处分原因的事实，理由附件就是要将这些事项与处分之间的相关性具体地明示出来，因此，理由明示中所谓的理由是指对行政厅的判断过程的逻辑整理结果，所谓附记是指行政厅的具体判断过程的显示。

（六）文件查阅和会议公开

在行政决定的事前程序中，行政程序法设定了若干项公开相关信息的制度，例如上述的事前通知、听证期日内对构成处分原因事实的公开以及作出处分之时的理由明示制度就属于具有这种性质的制度。除此之外，文件查阅和合议制行政机关会议的公开制度也属于体现了相应特点的行政程序制度。

1. 文件查阅。文件查阅制度是指行政程序中的信息展示制度。《日本行政程序法》第 18 条建立了此项制度。该条款规定，当事人以及因认为不利益处分损害自己利益的参加人在接到听证通知书之时起至听证终结之时为止，有权向行政厅提出查阅该案件记载调查结果的案卷以及证明构成该不利益处分原因的事实的资料的要求。该条文在正式听证程序中建立文件查阅制度，并且将此作为程序参加人的权利，这在日本行政法的发展史上具有划时代意义。

2. 会议公开。作为行政程序制度的会议公开是指行政委员会或者审议会等合议制行政机关将作出行政决定之前的意思形成过程予以公开的程序法律制度。目前，在日本的各项法律制度中，明文建立这项程序制度的并不多。

（七）行政立法程序

2005 年《行政程序法》修改之时，增加了这一部分。该部分设置了制定命令等行政立法时适用的公开征求意见程序。这里的命令是指依据法律制定的命理、规则、审查基准、处分基准以及行政指导指针。该部分内容规定，行政机关在行政立法之时，须确定行政立法必须符合相应的法令根据的宗旨，并在行政立法之后研讨社会经济情况的变化，努力确保该立法的正当性。

公开征求意见程序的核心内容由这几个方面组成：①行政立法机关在事前应公示该立法的草案和与此相关的资料，广泛征求一般性意见。意见提出期限为 30 日以上。②行政立法机关必须充分考虑该期限之内收到的意见。③行政立法机关在公布相应立法的同时，还必须公布征集到的意见（或者这些意见的概要）、对这些意见的考虑结果以及理由。

第二节 信息公开

一、信息公开制度的法律性质和基本结构

自 20 世纪 80 年代开始，日本的许多地方公共团体纷纷开始制定地方的

信息公开制度。在国家层面上，1999 年日本也颁布了《行政机关掌握信息公开法》（简称《信息公开法》）。

就原理本身而言，信息公开制度是指任何人都有权请求国家、地方公共团体公开其掌握的全部行政文件的制度。这项请求权的行使无须以保护自身权利利益为目的，即信息公开法律制度不是属于以权利利益保护为目的的主观法律制度，而是一项客观法律制度，是以国民监督行政的公共利益和民主主义为目的的法律制度。

依照日本行政法学家的说法，日本信息公开制度可以通过三重的无限性或者包括性来体现其性质。这就是：公开请求权主体的无限性，即任何人都可以成为公开请求权的权利人；公开对象文件的无限性，即所有文件都能够成为公开请求权的对象；公开方式的无限性，即公开的方式本身是公开的，并不禁止请求权人获得文件之后转告给其他人。

二、公开对象文件与不公开的信息

（一）公开对象文件

信息公开制度中公开请求权的对象是行政机关掌握的全部文件。对此，地方公共团体的信息公开条例中，有许多条例规定公开请求权的对象是裁决或者陈示已经终结的文件。而与此不同的是，《信息公开法》第 2 条第 2 款对作为公开对象的行政文件的定义是："本法中的'行政文件'是指行政机关的职员在职务活动中制作或获得的，供组织性使用的，且由该行政机关掌握的文书、图画以及电磁性记录"。该定义从组织性使用的角度确定公开对象，而没有将裁决或者陈示终结作为公开对象的要件。

（二）不公开的信息

在上述规定的公开对象文件中，如果存在《信息公开法》第 5 条各项规定的信息，那么，这些信息就属于不公开信息。这些不公开信息是指个人信息、团体信息、防卫外交信息、警察信息、审议检讨信息（意思形成过程信息）和事务项目执行信息。在这些不公开信息中，个人信息属于原则上不公开信息，与此相反的是，团体信息等其他不公开信息属于原则上应该公开的信息。

这些不公开信息的规定所要保护的利益主体各不相同。其中，对于防卫外交信息和警察信息给予了特别的保护。《信息公开法》第 5 条第 4 款、第 5 款规定了"行政机关的首长有相当的理由"时对这些信息可以不公开。当行政文件中记录有第三人的信息时，行政机关的首长在作出是否公开的决定之前应该给予该第三人提出意见书的机会。当第三人表示反对而行政机关仍然决定公开的情况下，行政机关的首长应当在公开决定作出之后立即将该决定内容通知该第三人，并且，公开决定之日与公开实施之日之间必须至少有两周的时间。在涉及生命信息的公开时，《信息公开法》第 5 条第 2 项但书将"为保护人的生命、健康、生活或财产，有必要公开的信息"作为不公开信息的例外规定。这里，《信息公开法》要求相应的行政机关对"非公开的利益"与"公开的利益"进行衡量。

三、公开的程序

（一）公开请求

依据《信息公开法》第 3 条和第 4 条的规定，任何人都可以向行政机关的首长请求公开该行政机关掌握的行政文件，该请求必须以书面方式向行政机关的首长提出。请求书中，应记载请求人的姓名等事项，但没有必要填写公开请求的理由或者目的。这是因为信息公开制度并不考虑是否存在公开的利益。

（二）公开或者不公开的决定

行政机关的首长必须在公开请求之日起 30 日内作出公开、不公开或者部分公开的决定。如有正当理由，可以延长该期限，但延长不得超过 30 日。行政机关的首长所作出的决定，必须以书面方式告知公开请求人。当作出不公开决定或者部分公开决定时，行政机关的首长必须明示不公开的理由。

即使行政机关的首长认为公开请求的行政文件中存在不公开信息时，如果其认为在公益上有特别的必要性的，依然可以决定公开该行政文件。另外，当是否存在行政文件的回答本身会导致不公开信息的公开结果时，行政机关的首长可以以不明确是否存在该行政文件的方式拒绝该公开请求。

四、救济——行政复议、咨询和诉讼

（一）对不公开决定的救济

1. 行政复议。在信息公开方面，适用行政复议制度时有以下几个特点：

（1）自由选择主义。依据《信息公开法》的规定，公开请求人对于不公开决定可以自由选择是否提起撤销之诉，或者在提起诉讼之前提出行政复议申请。这种信息公开的救济制度中，行政复议不是行政诉讼的前置程序。

（2）向信息公开审查会提出咨询。在行政复议程序中，作出裁决的行政机关的首长原则上应向信息公开审查会提出咨询。

（3）信息公开审查会的审查。根据《信息公开法》的规定，在内阁府中设置信息公开审查会。该审查会由 12 名具有优越见识的，经两议院批准并由内阁总理大臣任命的委员组成。

在审查过程中，原则上由审查会中的 3 名委员组成合议体对具体咨询问题进行审查。

信息公开审查会的审查活动所具有的最大特征在于"屏蔽审查"制度。《信息公开法》规定，审查会认为必要时，可以要求咨询提出机关提交公开

等决定所涉及的行政文件，而任何人不得要求审查会公开该被提交的行政文件。审查会的整个调查审议程序不公开。

审查会认为必要时，可以要求咨询提出机关依照审查会指定的方法，对被作出公开等决定的行政文件中记录的信息内容进行分类或整理，并将分类或整理后的资料提交审查会。

从法律性质而言，信息公开审查会属于咨询机关，答询意见并不对提出咨询意见的行政机关具有拘束力。但是，在制度的实际运行中，信息公开审查会的答询意见一直受到尊重。

2. 诉讼。在通过诉讼寻求救济的程序中，常常遇到的是原告适格问题。因为行政诉讼中的撤销之诉中确认原告适格的条件是原告"法律上的利益"受到侵害，即撤销之诉是保护权利利益的主观法律制度。而信息公开是公益性的客观法律制度，不公开决定并不侵害公开请求人固有的"法律上的利益"，而是侵害了国民或者居民整体的公开请求权。围绕着原告适格问题，至今为止的判例有持消极观念的，但目前基本被接受的是积极的观念。东京高等法院 1984 年 12 月 20 日在神奈川县公寓设计图纸公开请求案中的判决就是积极观念的代表。该判决指出，在县内的居住者、工作者、就学者、在县内拥有办公场所或项目场所的法人以及其他团体可当然视为与县的行政有着利害关系的人员，为了保护这些利益，应该认为这些人员被赋予了个别的、具体的可以请求查阅公共文件的权利。

此外，相对于信息公开审查会的审查程序中的屏蔽审查制度，由于受《日本宪法》第 82 条审判公开原则的约束，信息公开诉讼程序不适用屏蔽审查制度。

（二）对公开决定的救济

如上所述，当行政文件中记录有第三人的信息时，行政机关的首长在作出是否公开的决定之前应该给予该第三人提出意见书的机会。在第三人表示反对而行政机关仍然决定公开的情况下，行政机关的首长应当在公开决定作出之后立即将该决定内容通知该第三人，并且，公开决定之日与公开实施之日之间必须至少有两周的时间。在这两周的时间之内，第三人能够使用法律上的对抗措施，如行政复议或者行政诉讼来寻求救济。

行政救济法律制度

第一节　行政争讼制度概况

《日本法院法》第 3 条规定法院有权裁判一切法律上的争讼。就行政法领域而言，争讼不仅具有纠纷的内涵，而且还包含裁判机关审理和解决行政上的纠纷的制度。因此，行政诉讼制度和行政复议制度就是构成日本行政争讼制度的两个部分。

一、行政诉讼

（一）行政诉讼的概念和性质

行政诉讼是通过法院的司法权解决行政活动中纠纷的特别法律制度。

作为一种诉讼制度，严格意义上而言，行政诉讼是一种法律救济手段。行政复议也是一种法律上的救济手段，但行政诉讼与其不同的是纠纷解决机关是法院而不是行政机关。

在历史上，战前的日本曾经设立过行政法院以专司行政方面的法律救济。但战后，日本现行宪法实行一元化的司法权体制，不允许设立独立的行政法院，因此，在现行法律体制中，行政诉讼也同样由司法法院管辖。

（二）行政诉讼的类型

根据《行政事件诉讼法》第 2 条的规定，日本行政诉讼分为抗告诉讼、当事人诉讼、民众诉讼和机关诉讼四大类型。此外，诉讼还可以被分为主观诉讼和客观诉讼两个类型。前者是指以保护国民的个人权利利益为目的的诉讼制度，后者则是指以维持客观的法律秩序为目的的诉讼制度。抗告诉讼和当事人诉讼属于主观诉讼，民众诉讼和机关诉讼属于客观诉讼。

1. 抗告诉讼。抗告诉讼是对行政厅的公权力形式不服而提起的诉讼。公权力的形式即行政处分。《行政事件诉讼法》以抗告诉讼为主轴构建起了日本的行政诉讼制度。抗告诉讼具体又分为以下几种具体类型。

（1）撤销之诉。所谓撤销之诉，是指请求撤销行政处分的诉讼。由于行政处分具有公定力，而受撤销之诉排他性管辖制度的约束，消灭行政处分的效力只能通过撤销之诉进行。因此，如要通过诉讼消灭违法行政处分，请求人必须提起撤销之诉。

（2）无效等确认之诉。无效等确认之诉是《日本行政事件诉讼法》第3条第4款规定的一种诉讼类型，是请求确认行政处分是否存在或者行政处分是否具有效力的诉讼，其中最为主要的是行政处分的无效确认之诉。

由于行政处分具有公定力，因此受撤销之诉排他性管辖制度的约束，要消灭其效力必须通过撤销之诉。但是，相关的利害关系人如果超过了撤销之诉受诉讼期限，或者没有在必须经过的前置行政复议程序的申请期限提出复议申请，就有可能使得对行政处分效力的争议在法律上得不到承认。因此作为撤销之诉制度的例外性制度，无效确认之诉制度就应运而生了，其不受上述诉讼期限的制约。

根据无效确认之诉制度，当行政处分具有重大且明显的违法性时，该行政处分因不具有公定力而当然无效。相应地，国民可以通过无效确认之诉来实现对行政处分无效的确认。

（3）不作为违法确认之诉。所谓不作为违法确认之诉，是指当行政厅根据法令对申请进行审查，在相当的期间之内没有作出任何应该作出的行政处分时，请求确认该不作为违法的诉讼。《行政事件诉讼法》第3条第5款设定了这一种类的诉讼类型。

（4）课予义务之诉。2004年日本修改《行政事件诉讼法》，明确设置了课予义务之诉这一类型。这是请求对行政厅课予一定义务的诉讼类型。

课予义务之诉分为两个类型，即申请型课予义务之诉和非申请型课予义务之诉。前者包括行政厅对国民的申请作出驳回处分和不作出回答时可以提起的诉讼。后者是指国民对行政厅请求行使规制权限时提出的诉讼。

（5）禁止之诉。禁止之诉是指请求法院在行政厅作出行政处分时，命令其不得作出该行政处分的诉讼类型。这一诉讼类型也是在2004年《行政事件诉讼法》修改之时增加的，属于预防性诉讼。

（6）法定外抗告诉讼（无名抗告诉讼）。除了在行政事件诉讼法中明文设定的诉讼类型之外，该法律也允许在抗告诉讼的框架中存在一定的未被法律明文规定的诉讼，这些诉讼被称为法定外抗告诉讼或者无名抗告诉讼。

目前被学界认为属于法定外抗告诉讼的有行政立法或行政规划的违法确

认诉讼、义务确认诉讼和权力性妨碍排除诉讼等不具有法定固定类型的诉讼。

2. 当事人诉讼。当事人诉讼可分为形式性当事人诉讼和实质性当事人诉讼两大类别。

（1）形式性当事人诉讼。形式性当事人诉讼是指在确认或者形成当事人之间法律关系的行政处分的诉讼中，根据法令的规定法律关系的一方当事人成为被告的诉讼。《日本行政事件诉讼法》第4条设置了这种类型的诉讼。

形式性当事人诉讼的典型事例如根据《土地征收法》第133条第2款提起的损失补偿诉讼。在土地征收案件中，土地补偿金额是由征收委员会的裁决决定的，因此，当土地所有权人对裁决决定的金额不服时，因受撤销之诉排他性管辖制度的约束，其只能以征收委员会为被告提起撤销裁决之诉。但是，《土地征收法》第133条第2款对此制度作了修正，规定就损失补偿存在争议时，土地所有权人应以取得该土地的项目建设者为被告，即诉讼应该在法律关系的当事人之间展开。

（2）实质性当事人诉讼。实质性当事人诉讼是指有关公法上的法律的诉讼。正如民事诉讼是有关私法上的法律关系或者权利义务的诉讼一样，该诉讼是就公法上的权利义务进行的诉讼，与民事诉讼具有同样的性质。

（3）确认诉讼。这里的确认诉讼是指有关公法上的法律关系的确认之诉，以及其他有关公法上的法律关系的诉讼。这个诉讼类型也是2004年《行政事件诉讼法》修改时增加的制度。

（4）争点诉讼。《行政事件诉讼法》第45条规定，在民事诉讼中如涉及行政处分是否存在或者其效力是否具备争议时，可以准用撤销之诉或者当事人诉讼中的相关规定。准用这些规定的诉讼在日本法律制度中被称为争点诉讼。

3. 民众诉讼。所谓民众诉讼，是指国民或者居民请求纠正国家或者地方自治体等机关的违法行为的诉讼。根据《行政事件诉讼法》第5条的规定，在民众诉讼中，原告不以自身与所诉行为具有法律上的利益为条件。在日本，典型的民众诉讼有根据《公职选举法》第203条对公职选举法规定的选举或当选效力提起的诉讼以及根据《地方自治法》第242条之四提起的居民诉讼。前者中选举的选举人或者候选人有权提起诉讼，后者则由相应地方自治体的居民提起，且居民诉讼只限于地方自治体的公共资金和财产管理范围之内。

4. 机关诉讼。所谓机关诉讼，是指国家或者地方自治体等机关相互之间就有关权限是否存在以及权限形式存在纠纷的诉讼。《行政事件诉讼法》第6条设立了这项行政诉讼类型，使法院的司法权能够参与到依照法律解决机关权限行使是否合法正当以及机关之间相互对立的纠纷解决的制度中。例如，当地方自治体的首长与地方议会对立时，根据《地方自治法》第176条第7

款的规定，为了确保议会的议决或选举的合法性，法院可以作为第三方机关对此作出裁判。

二、行政复议

（一）行政复议的法律性质

日本法律制度中的行政复议是指行政机关对国民提出的对行政处分不服的申请进行审理并作出裁断的行政活动。行政复议制度的具体内容由行政复议法具体规定。

如上所述，行政复议属于行政争讼制度的一个部分，与行政诉讼不同的是裁断机关为行政机关，且其属于行政组织内部性质的监督活动，但同时，行政复议制度也是保护国民权利利益的救济制度。通过行政复议可以命令撤销、变更违法或者不当的行政处分以及通过作为行为等方式纠正行政活动。因此，就救济方法而言，行政复议制度基本上与撤销之诉和不作为违法确认之诉有着对应性。

根据审查行政复议的机关不同，行政复议制度可以分为异议申请、审查请求和再审查请求。异议申请是指向作出行政处分或者不作为的行政厅提出的行政复议；审查请求是指对作出行政处分或者不作为的行政厅以外的行政机关提出的行政复议；再审查请求是指已经经过一次行政复议之后再次提出审查请求的行政复议。

（二）行政复议的有关内容

1. 行政复议的对象和申请资格。根据《行政复议法》第 1 条第 2 款的规定，行政复议的对象是"行政厅的处分以及其他属于公权力行使的行为"。

对于行政复议申请人的资格，《行政复议法》第 4 条和第 7 条规定，申请人为"对行政厅的处分不服者"和"与不作为相关的处分以及其他行为的申请者"，但最高法院 1978 年 3 月 14 日在关于主妇联合会果汁不当表示案件的判决中将行政复议申请人资格等同于撤销之诉的原告资格。

2. 行政复议的裁决和决定。行政复议最终以裁决或者决定的方式表现结果。其中，行政复议审查机关针对异议申请作出决定，针对审查请求和再审查请求作出裁决。

裁决和决定如同法院的诉讼判决一样，可以作出驳回请求或者支持请求裁决或决定。根据《行政复议法》第 43 条第 1 款、第 2 款的规定，裁决和决定和撤销之诉的判决一样，对相关的行政厅具有拘束力。同时，如果裁决或决定是撤销行政处分的，则该裁决或决定使得行政处分自始失去效力，因此其具有形成力。此外，由于裁决和决定是经过争讼程序作出的行政行为，因此，其具有公定力，一旦超过撤销之诉的起诉期限则原则上具有不可争力，并且其也与其他行政行为一样具有执行力和不可变更力。

第二节 撤销之诉

在日本行政事件诉讼法中，撤销之诉占据着中心的地位。

一、诉讼要件

行政事件诉讼法在诉讼方面设定的要件主要有以下几项：

（一）对象：行政处分

撤销之诉最基本的特征是其对象为"处分以及其他属于公权力行使的行为"，即行政处分。

在日本行政诉讼制度中，已成定论的行政处分有：学理上所说的行政行为（实体性行政处分）、依照《行政复议法》规定构成行政复议对象的行为以及法律上规定可以适用撤销之诉的其他事项。

（二）原告适格

在撤销之诉的原告适格方面，《行政事件诉讼法》第9条规定，只有拥有"法律上的利益"者才能提起撤销之诉，请求撤销行政处分。现今日本行政法中形成的对"法律上的利益"的解释基准有以下几种：

1. 权利说。权利说将拥有权利解释为"法律上的利益"。

2. "法律上被保护的利益"说。"法律上被保护的利益"说认为是否有"法律上的利益"，应从法律规定中理解，即通过法律的解释来判断。在该说的观点中，权利也属于"法律上的利益"。"法律上被保护的利益"说在目前日本行政诉讼实务中居支配地位。最高法院在1978年3月14日关于主妇联合会果汁不当表示案件的判决中将"法律上的利益"解释为"法律上被保护的利益"。针对行政复议申请人的资格，判决认为，"对该项处分拥有提出复议申请的法律上的利益者，是指因该项处分使得自身的权利或法律上被保护的利益受到侵害或者必然地存在被侵害的可能性的人"。至今，下级法院相当多的判例也采用了该说。

3. "值得法律保护的利益"说。"值得法律保护的利益"说认为"法律上的利益"是指值得由法进行保护，即值得司法保护的利益。该说的特征在于不是通过法律来判断"法律上的利益"的范围，而是着眼于利害关系的实际状态构筑理论，从而判断相应问题。

4. 合法性保障说。合法性保障说从保障行政处分合法性的立场出发，确认在恢复合法性方面拥有利益的人为原告适格。

目前，自 1985 年 12 月 17 日最高法院作出"伊达火力发电站填埋许可撤销请求案件"判决之后，尤其是 1992 年 9 月 22 日最高法院作出的"文殊诉讼"判决以来，判例所确立的原告适格判断标准，已经使法律上"被保护的利益"说和"值得法律保护的利益"说趋于接近。2004 年《行政事件诉讼法》修改时，增加了判断原告适格的考虑事项。这些事项是：相应法律法规的宗旨和目的；相应行政处分中应该加以考虑的利益的内容和性质；与相应法律规范具有共同属性的相关法律法规的宗旨和目的；在与相应行政处分中应该加以考虑的利益相关方面，该处分或者裁决违反其所根据的法律法规时所损害的利益的内容、性质以及被损害的情形和程度；这些考虑所依据的不得仅仅是该处分或裁决所根据的法律法规的文字表述。

（三）诉的客观利益

撤销之诉中，还必须具备值得进行审判的客观事项或者实际利益，即撤销之诉还必须具备诉的客观利益（或简称为狭义的诉的利益或者单称为诉的利益）。《行政事件诉讼法》第 9 条规定的"法律上的利益"除了属于原告适格概念之外，还同时表述了诉的利益概念。

（四）被告适格

行政事件诉讼法规定作出行政处分的行政厅应该成为行政诉讼的被告。

（五）起诉期限

《行政事件诉讼法》第 14 条第 1 款和第 3 款分别就起诉的主观起诉期限和客观起诉期限作了规定。其中，将主观起诉期限规定为"撤销之诉必须在知道处分或者裁决之日起的 3 个月之内提起"；将客观起诉期限规定为"处分或者裁决之日起经过 1 年的，不能提起撤销之诉"。

二、违法性

撤销之诉中，撤销行政处分的理由是该处分的违法性。除了情事判决之外，法院必须撤销具有违法性的行政处分。因此，违法性构成了撤销之诉的诉讼标的。

所谓行政处分的违法性，是指行政处分违背宪法、法律、条例和其他成文法律规范，以及条理等不成文法律规范构成的客观的法律规范。法院在撤销之诉中只能通过对法律规范作出解释或运用来审查行政处分是否存在违法性，而不能涉及行政厅裁量权行使的当与不当问题。但是，当行政处分的裁量权超越范围或者被滥用时，法院有权对此进行审理和撤销该行政处分。

三、审理程序的主要内容

（一）要件审查与本案审查

撤销之诉与其他诉讼一样，将法院的审查分为要件审查和本案审查。前者是指对是否存在诉讼要件进行的审查；后者是指原告的请求理由是否能够成立，即审查系争行政处分是否具有违法性。

（二）诉的变更

所谓诉的变更，是指在原诉的基础上，维持诉讼程序和继承诉讼资料的同时允许请求变更的制度。在日本，在不改变请求基础的前提下，行政事件诉讼法允许将原来撤销行政处分的请求变更为要求国家或者公共团体损害赔偿或者其他的请求。

（三）诉讼参加

诉讼参加是指诉讼当事人之外的人员参加进诉讼的制度。行政事件诉讼法就此规定了作为第三人的国民的诉讼参加制度和行政厅的诉讼参加制度。

1. 第三人的诉讼参加制度。第三人的诉讼参加制度是指使因原告与被告行政厅之间的诉讼结果导致权利受到损害的第三人参加到该诉讼中的制度。当这样的诉讼结果有可能发生时，法院可以依据职权或者根据当事人或第三人的申请使该第三人参加到诉讼中去。

2. 行政厅的诉讼参加制度。行政厅的诉讼参加制度是指使作出行政处分的行政厅的上级行政厅或者同意作出行政处分的行政厅等相关行政厅参加到诉讼中的制度。同样，参加以当事人或行政厅的申请或者法院的职权决定为前提。

（四）职权证据调查

日本的行政诉讼实行辩论主义，主张和举证由当事人承担。法院根据当事人提出的证据进行事实认定。但是作为辩论主义制度的例外，《行政事件诉讼法》第 24 条规定，"法院认为必要时，可以依据职权调查证据"。

（五）举证责任

行政事件诉讼法没有对行政诉讼的举证责任作出规定。目前，就举证责任问题存在以下各种学说：

1. 从行政处分具有公定力，被推定为合法的角度而言，举证责任完全应该由原告承担。

2. 模仿民事诉讼法理论中法律要件分类说，将行政法律规范分为权限行使与权限不行使两个种类。对于权限行使，由主张处分权限行使者承担要件事实的举证责任；对于权限不行使，由主张处分权限不行使者承担要件事实的举证责任。

3. 着眼于行政处分性质的实质说认为，侵害处分以及二重效果处分原则上由行政厅承担举证责任；对于驳回申请处分，如果该申请属于警察许可申请或者属于补充社会保障受给权的申请，则由行政厅承担举证责任，对于资金交付请求，则由原告承担举证责任。

4. 行政厅应该在调查义务的范围之内，就使行政处分具有合法性的主要事实承担举证责任。

5. 需要根据举证的难度、与证据之间的距离以及当事人之间的公平等事项个别地作出判断。

四、判决

（一）判决的种类

1. 驳回判决。驳回判决是指当诉讼要件缺乏时法院作出的排除诉的判决。

2. 支持请求判决。在具备诉讼要件的前提下，法院通过本案审理认为原告的理由成立，即存在撤销行政处分所需要的违法性时，支持原告请求撤销行政处分的判决。

3. 驳回请求判决。在具备诉讼要件的前提下，法院通过本案审理认为原告的理由不能成立，即不存在撤销行政处分所需要的违法性时，不支持原告请求撤销行政处分的判决。

（二）判决的效力

在撤销之诉的判决中，存在着以下几种法律效力：

1. 既判力。所谓既判力，是指已经判决的诉讼的当事人以及法院拥有的，拒绝在以后的诉讼判决中对于同一事项作出与该判决内容相矛盾的主张或判断的效力。

2. 形成力。行政诉讼中支持原告请求的撤销诉讼判决一旦成立，行政处分的效力将溯及处分时起消灭。撤销诉讼判决所具有的这项效力被称为形成力。

3. 拘束力。《行政事件诉讼法》第33条第1款规定，撤销行政处分的"判决拘束该案件中作为当事人的行政厅以及其他相关的行政厅"。撤销诉讼判决所具有的这项效力被称为拘束力。具体而言，拘束力具有两项内容：一是拘束力的消极效果，即禁止针对与被撤销的行政处分相同的事项，作出相同理由和相同内容的行政处分；二是拘束力的积极效果，即根据撤销诉讼判决的内容，应该重新作出行为。

（三）情事判决

一般而言，当行政处分违法时，法院必须撤销该行政处分。但是，作为例外性的制度，《行政事件诉讼法》第31条第1款规定了一种特殊类型的判决，即情事判决。该款规定，如果撤销行政处分不符合公共福利时，法院可以不撤销该行政处分而作出不支持原告请求的判决。

该条款同时要求情事判决的主文中必须宣布行政处分违法，同时，判决还必须考虑原告所受的损害程度、损害赔偿或者预防的方法和程度以及其他一切相关事项。

第三节　国家赔偿

一、国家赔偿法律制度的意义

二次大战后，《日本国宪法》第 17 条规定："任何人由于公职人员的不法行为而受到损害时，可以依照法律的规定，向国家或公共团体请求赔偿。"以此为依据，日本 1947 年制定了《国家赔偿法》，规定了国家和公共团体的赔偿责任的类型、公权力违法行使造成的损害责任（由《国家赔偿法》第 1 条设定，简称公权力行使责任或一条责任）和因公共营造物的设置或管理瑕疵造成的损害责任（由《国家赔偿法》第 2 条规定，简称营造物管理责任或二条责任）等事项。战前，日本行政法律制度中，国家和公共团体只有非权力性行政活动之中的私经济行政活动适用民法规定，承担相应的责任。国家赔偿法规定的营造物管理责任与此具有相同的性质，因此这项规定是对战前制度的确认。但战前的法律制度中不存在对公权力行使责任的规定，因此，《国家赔偿法》第 1 条设定的责任类型是对战前国家责任法律制度状况的克服和超越。

《国家赔偿法》除了具有上述性质之外，根据其第 4 条的规定，其还具有民法的特别法的性质。该条规定，当国家赔偿法中没有规定时，适用民法的规定。另外，国家赔偿法是国家和公共团体承担赔偿责任的一般法，其他个别法中有特别规定时，适用该特别规定。

二、公权力行使责任

（一）适用范围

确认国家或公共团体公权力行使的责任，需要存在加害行为，即"公权力行使"这项要件。"公权力行使"要件确定了公权力行使责任条款，即《国家赔偿法》第 1 条的适用范围。

需要注意的是，"公权力行使"不仅是指行政权的行使，同时也包含了立法权和司法权的行使。此外，"公权力行使"的概念中还包含了公权力不行使的内涵。

（二）公权力行使责任的要件

1. 公务以及公务关联性方面的要件。

（1）"公务员"要件。《国家赔偿法》第 1 条规定，"公务员在执行其职务时"，造成他人损害的，国家或者公共团体承担责任。因此，公权力行使责任的成立要件之一是加害人必须是"公务员"。该条规定的公务员，并不一定必须是正规的公务员，基于委托从事国家或者公共团体的部分事务的私人造成市民损害时，该私人被视为公务员，相应的责任由国家或者公共团体承担。

（2）公务要件。公权力行使责任还要求加害行为具有公务的性质。"公权力行使"概念本身就包含着加害行为应该是公务行为。上述公务员要件中私人被视为公务员时国家或者公共团体也承当国家赔偿责任的内涵中，实质上也要求加害行为应当属于公务行为。

（3）公务关联性要件。《国家赔偿法》第 1 条"公务员在执行其职务时"的规定除了具有上述两项要件内容之外，还包含有另一项内涵。这项内涵是，即使严格而言加害行为不属于上述公务行为，如该行为与公务之间存在一定的关联性，国家或者公共团体也承担赔偿责任。

2. 违法性。日本行政法学界对于公权力行使责任的违法性要件，存在着两种观点。

（1）行为违法说。行为违法说所说的违法性是指公权力行使行为违背法律、条例等客观法律规范。这样的违法性概念与法治主义的要求以及撤销之诉中的违法性概念相同。

（2）结果违法说。结果违法说所说的违法性是指被害人承受的结果是违法的。具体而言，在判断结果违法性时，需要考虑加害行为的性质、状态与被害的种类、内容之间的相关性。

3. 故意和过失。故意和过失也是公权力行使责任的基本要件。《国家赔偿法》第 1 条对此作了明文规定。

在实际的适用该条的案件中，以故意为理由确定损害赔偿责任的案件并不多，大多数案件是以过失为理由确认国家的损害赔偿责任的。但该条所规定的过失责任主义中过失的内涵逐渐趋向客观化，即判断《国家赔偿法》规定的过失时，法院以从事公务的标准的、平均的公务员的能力为基准判断公务担当者应承担注意义务的内容。这改变了以加害人的心理状态，即以主观事项判断是否存在过失的判断方法。目前，判断是否存在过失的基准是是否违反客观性注意义务，即对于损害发生是否存在预见可能性和回避可能性。

由于过失的客观化，即过失内容被理解为违反客观性注意义务，因此，过失与违法性之间产生了下面的关系：由存在违法性而确认存在过失，反之，由存在过失而确认存在违法性，因此就结果而言，只要违法性或者过失其中一项存在就可以确认国家或者公共团体的赔偿责任。

三、营造物管理责任

（一）营造物管理责任的性质

日本的《国家赔偿法》第 2 条设置了公共营造物的设置、管理责任。该条规定，因道路、河川以及其他公共营造物的设置、管理的瑕疵造成他人损害的，国家或者公共团体对此承担赔偿责任。

对于该条规定中营造物的设置、管理中的"瑕疵"概念，最高法院 1970 年 8 月 20 日关于高知落石案的判决将此作了公式化理解。该判决指出："所谓《国家赔偿法》第 2 条第 1 款规定的营造物设置或者管理的瑕疵是指营造物欠缺通常应该具有的安全性，国家或者公共团体因此承担赔偿责任时，不需要存在过失。"这个判例指出了营造物管理责任属于无过失责任。但是，在其他关于该条责任的判例中，法院对是否存在瑕疵基本上是以是否存在预见可能性和回避可能性为基准的。

（二）营造物管理责任的适用范围：营造物

营造物管理责任是因营造物的设置或管理造成的损害而成立的，因此，营造物构成了该条责任的适用范围。

一般而言，营造物是指国家或者公共团体设置、管理的公物或公共设施。具体而言，营造物是指道路、河川、国立或者公立学校的教育设施、国营机场、警察的手枪等。营造物是用于公共目的的，因此，非用于公共目的的财产不属于营造物。

（三）设置或管理的瑕疵

1. "设置、管理的瑕疵"的内容。存在瑕疵是营造物管理责任成立最重要的要件。关于设置或者管理的瑕疵的认定方面有以下几种观点。

（1）行为瑕疵说和营造物瑕疵说。行为瑕疵说认为，就"营造物设置、管理的瑕疵"的文字表述而言，可以解释为营造物的设置管理行为中存在瑕疵时营造物管理责任成立。而营造物瑕疵说认为当营造物本身存在瑕疵时营造物管理责任才能成立。

（2）社会性营造物瑕疵说。社会性营造物瑕疵说从营造物的设置或管理的瑕疵的被害人的角度，划分出该营造物的使用者和非使用者。例如，日本最高法院 1981 年 12 月 16 日在关于大阪空港诉讼的判决，以及 1995 年 7 月 7 日在关于国道四十三号线诉讼的判决中指出，尽管营造物的使用者与该营造物之间不存在缺陷，但是当噪音等因素使周边居民遭受损害时，也可以认定营造物的设置和管理上存在瑕疵。

2. "设置、管理的瑕疵"的判断标准。

（1）危险。上述最高法院在高知落石案的判决指出了营造物的危险，即

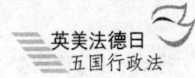

"营造物欠缺通常应该具有的安全性"。一系列的判例也分别指出营造物管理责任的成立必须存在危险，且该危险是不容易回避的，也不是被害人自身导致的或者被害人自是接近的危险。

（2）预见可能性与回避可能性。在存在危险的前提下，判例指出只有当危险或者被害的发生具有预见可能性或者回避可能性时营造物的设置、管理责任才成立。其中，所谓预见可能性是指"通常可以预测"。

3."本来的用法"论。近年来在一些判例中即使存在预见可能性和回避可能性，法院也否定存在营造物管理责任，其论据就是"本来的用法"论。该观点认为，营造物被"本来的用法"之外的方法使用时发生损害的，营造物的管理者不承担赔偿责任。最高法院在 1993 年 3 月 30 日的网球场裁判台倾倒案的判决中表达了这样的观点。